# Bases de datos

Teoría y práctica aplicada a la
ingeniería del software

Rafael Socas Gutiérrez

Amador Maho Etohá

Luis Gómez Déniz

Acceda a www.marcombo.info
para descargar gratis
*contenidos adicionales*
complemento imprescindible de este libro

Código: DATOS25

Marcombo

*Bases de datos: teoría y práctica aplicada a la ingeniería del software*

© 2025 Rafael Socas Gutiérrez, Amador Maho Etohá y Luis Gómez Déniz

Primera edición, 2025

© 2025 MARCOMBO, S. L. www.marcombo.com
Gran Via de les Corts Catalanes 594, 08007 Barcelona
Contacto: info@marcombo.com

Ilustración de cubierta: Jotaká
Corrección: Héctor Tarancón
Directora de producción: M.ª Rosa Castillo

ISBN: 978-84-267-4027-4
D.L.: B 8485-2025

Impreso en Servicepoint

*Printed in Spain*

**Libro ecológico**
Impreso con papel procedente de bosques gestionados
de manera eficiente, libre de cloro

Rafael Socas Gutiérrez
*Profesor Área de Ingeniería. Centro Universitario de Tecnología y Arte Digital*
*(U-TAD)*
*Madrid, España*


Amador Maho Etohá
*Profesor Área de Ingeniería. Centro Universitario de Tecnología y Arte Digital*
*(U-TAD)*
*Madrid, España*


Luis Gómez Déniz
*Catedrático de Universidad. Departamento de Ingeniería Electrónica y Automática,*
*Universidad de Las Palmas de Gran Canaria*
*Las Palmas de Gran Canaria, España*

*A mis padres, a ellos les debo quien soy. A Nati, Sergio y Alejandro, que son mi fuente de inspiración, además de mi energía para afrontar nuevos retos profesionales y académicos.*

**Rafael Socas**

*A Gloria. A Sàddy, madre, por tu esfuerzo. A mi familia, soy porque sois y porque estáis. A todas las personas promotoras de mi vida, que me sostenéis cuando me pongo de puntillas para ir por los retos que se me plantean. Gracias.*

**Amador Maho**

*A mi familia, siempre a mi familia. Y a mis amigos, siempre también a mis amigos.*

**Luis Gómez**

# Índice de contenidos

# Presentación

En esta obra se pretende dar respuesta a la necesidad de disponer de un texto integrado que ayude en el proceso de formación en las asignaturas de *Bases de Datos* en el ámbito de las ingenierías y disciplinas científico-técnicas en general. Es cierto que para este tipo de asignaturas existe infinidad de textos con una alta calidad académica y podría pensarse que este objetivo está suficientemente cubierto. Sin embargo, los autores de este libro (profesores de universidad con dilatada experiencia en el campo de las ingenierías) han observado las siguientes carencias:

- Es necesario recurrir a muchos textos diferentes para cubrir las necesidades curriculares de esta asignaturas,

- un gran número de los libros están en lengua inglesa,

- los textos analizados, o bien están orientados a un ámbito teórico, o bien a uno práctico, pero no a ambos a la vez,

- por último, no se aborda de manera integrada los conceptos de bases de datos con las modernas herramientas disponibles.

Por tanto, para satisfacer estas necesidades, la presente obra ve la luz. Con esta aportación, los autores anhelan llenar este vacío. Según esto, las principales aportaciones de este libro son:

- Se trata de una obra académica que pretende ser autosuficiente y que pueda ser empleada como texto de referencia para asignaturas de *Base de Datos* que sigan las directrices curriculares al uso.

- Aparte de disponer de los contenidos necesarios para afrontar con mejores garantías la asignatura, el libro aporta material adicional para ampliar y profundizar en los conceptos de estudiados.

- Si bien este texto comprende la mayoría de conceptos que figuran en los currículums académicos de la mayoría de centros universitarios a nivel de introducción a las bases de datos, puede, asimismo, servir también de manual de consulta en el desarrollo académico y profesional posterior del alumnado siempre que tenga que tratar temas relacionados con las *Bases de Datos*.

- Se presenta en cada capítulo una amplia colección de problemas resueltos, a la vez que un volumen similar de actividades propuestas para que las desarrolle el estudiante. Además, todos los conceptos se explican con ejemplos prácticos, lo que asegura que se cubre la formación tanto teórica como práctica, tan necesaria para el desempeño profesional.

- Todos los conceptos explicados se desarrollan y analizan en entornos Linux y DBMS como MySQL o MariaDB.

- También se ha creído oportuno incluir algunos códigos de los problemas resueltos y ejemplos presentados en el libro para que los estudiantes puedan ejecutarlos por sí mismos e incluso modificarlos y obtener versiones mejoradas.

Con todo esto, el libro que presentamos se compone de los siguientes capítulos:

- **Capítulo 1. Introducción a las bases de datos**
  Se introducen las bases de datos y se resume su evolución en el tiempo. Se presenta lo que es un gestor de base de datos (DBMS) y la diferencia entre los relacionales y los no relacionales (NoSQL). Se define el lenguaje modelo relacional de bases de datos y se finaliza explicando los lenguajes para definir y manipular datos (DDL y DML).

- **Capítulo 2. Modelo y álgebra relacional**
  Se describe el modelo relacional en profundidad y las reglas de Codd que modelan las bases de datos relacionales. Se explican las elementos que conforman el modelo relacional. Este capítulo concluye con un exhaustivo análisis del álgebra relacional.

- **Capítulo 3. El lenguaje SQL**
  Se describe la evolución del lenguaje SQL hasta nuestros días y se presentan los cuatro ámbitos principales entre los que se divide dicho lenguaje (DDL, DML, DCL y TCL). Se analiza en profundidad y con ejemplos prácticos las diferentes funciones que aporta el lenguaje SQL para crear las bases de datos, insertar datos en ellas y realizar cualquier tipo de consultas.

- **Capítulo 4. Modelo E-R y diseño de bases de datos**
  En este capítulo se presentan los modelos entidad relación (E-R), que permiten el diseño de las bases de datos, además de todos los aspectos clave, tales como la cardinalidad que permite hacer el diseño de las mismas. Termina el capítulo con los métodos de normalización que se aplican a las bases de datos tras su diseño y que permiten almacenar la información en la base de datos de la forma más óptima.

- **Capítulo 5. Administración con MySQL y MariaDB**
  Se presenta una introducción de los DBMS más populares del mercado a la vez que se detallan las diferentes operativas que debe llevar a cabo un administrador de bases de datos. Se presentan las operativas y comandos SQL necesarios para gestionar usuarios, roles y privilegios. Finaliza el capítulo con el análisis de los procedimientos de copias de seguridad y el uso de algunos entornos gráficos para la gestión de bases de datos.

- **Capítulo 6. Integración SQL en otros lenguajes**
  Se muestra un análisis de los diferentes opciones para acceder a las bases de datos tanto desde el entorno de comandos como a través de entornos gráficos. En este ámbito se muestran los acceso por consola, mediante *scripts* o con herramientas gráficas como DBeaver. Se concluye el capítulo mostrando cómo se puede interactuar con una base de datos a través de lenguajes de programación como Python, PHP y otros.

- **Capítulo 7. Gestión del almacenamiento e indexado**
  El capítulo comienza presentando los diferentes dispositivos de almacenamiento que utilizan los gestores de bases de datos para almacenar la información. Para cada dispositivo se explican sus principales propiedades, a la vez que las arquitecturas de almacenamiento redundante tipo RAID. Para finalizar, se presentan los sistemas de almacenamiento tanto locales como en red, a la vez que el concepto de indexado y sus principales propiedades en la consulta de información de las bases de datos relacionales.

A su vez, cada capítulo tiene una estructura compuesta por:

- Objetivos

- Desarrollo de los capítulos

- Resumen

- Problemas resueltos

- Y actividades recomendadas

Para complementar toda la materia aportada en cada uno de los capítulos, se añaden los siguientes apéndices:

- **Entorno VirtualBox y SO Ubuntu**

- **DBMS MySQL y MariaDB**

- **DBeaver: entorno gráfico de gestión**

Los autores desean que este libro sea de interés y ayuda a los estudiantes universitarios de ingenierías y al público en general para comprender y disfrutar del apasionante mundo de las bases de datos.

Los autores,

Rafael Socas Gutiérrez
Amador Maho Etohá
Luis Gómez Déniz

# Lista de siglas y acrónimos

ACID: *Atomicy Consistency Isolation Durability.*
BASE: *Basic Availability Soft state Eventual consistency.*
CLI: *Command Line Interface*
DAS: *Directly Attached Storage*
DB: *DataBase*
DBA: *DataBase Administrator*
DBMS: *DataBase Management Systems*
DCL: *Data Control Language*
DDL: *Data Definition Language*
DML: *Data Manipulation Language*
ER: *Entity Relationship*
FK: *Foreing Key*
GUI: *Graphical User Interface*
HDD: *Hard Disk Drive*
IMDB: *In-Memory Database*
IOPS: *Input/Output Operations per Second*
JSON: *JavaScript Object Notation*
MTTF: *Mean Time To Failure*
NAS: *Network Attached Storage*
NoSQL: *Not only SQL*
PHP: *Hypertext Preprocessor*
PK: *Primary Key*
RAID: *Redundant Arrays of Independent Disks*
RAM: *Random Access Memory*
RDBMS: *Relational Data Base Management System*
ROM: *Read Only Memory*
RW: *Read and Write*
SAN: *Storage Area Network*
SQL: *Structured Query Language*
SSD: *Solid State Drive*
TCL: *Transactional Control Language*
UML: *Unified Modelling Language*

# Capítulo 1

# Introducción a las bases de datos

*"¡Los datos! ¡Los datos! ¡Los datos!", gritó con impaciencia."¡No puedo hacer ladrillos sin arcilla!".*

**Sherlock Holmes**

Este capítulo comienza definiendo las bases de datos y cuáles son sus principales aplicaciones dentro de los sistemas de información. También se describe, de forma breve, la evolución histórica de las bases de datos, desde su inicio en la década de los años 70 hasta la actualidad.

Seguidamente, se detallan las ventajas que tiene utilizar un sistema de gestión de bases de datos DBMS (*Database Management System*) frente a los sistemas anteriores a la aparición de éstos, los cuales estaban basados en ficheros planos[1]. Se define a su vez los dos tipos de bases de datos más importantes que existen hoy en día, como son las relacionales y las no relaciones o NoSQL (*Not only SQL*). Aparte de su definición se presenta una comparativa de las propiedades y prestaciones que ofrecen cada una ellas.

Posteriormente se centra el estudio en las bases de datos relacionales, que serán el objeto de este libro, presentando el modelo relacional que las define y las herramientas para su diseño, como los esquemas entidad relación E-R (*Entity Relationship*). Termina el capítulo introduciendo los lenguajes que se utilizan para la gestión de las bases de datos relacionales y presentando las diferentes formas de acceder a ellas.

---

[1]Es un fichero informático que contiene únicamente texto formado solo por caracteres que son legibles por humanos y carece de cualquier tipo de formato tipográfico.

## 1.1.   Objetivos

Los objetivos marcados en este capítulo son:

- Entender el concepto de base de datos DB (*DataBase*) y el concepto de sistema de gestión de bases de datos DBMS y sus principales propiedades.

- Conocer los dos tipos principales de bases de datos que existen: las relacionales y las no relaciones, también denominadas NoSQL, además de las principales diferencias entre ellas.

- Entender con cierto nivel de detalle cómo se modela una base de datos relacional, qué elementos posee y cómo se almacena la información.

- Como último objetivo, se provee de las nociones necesarias para gestionar de forma eficiente una base de datos relacional.

## 1.2.   Definición y usos de las bases de datos

Un sistema de gestión de bases de datos DBMS es un software que se utiliza para acceder a un conjunto de datos interrelacionados. Este grupo de datos se denomina base de datos y contiene información relevante para una empresa, institución o sistema que tenga que almacenar un gran volumen de información. La principal función de un DBMS es almacenar y recuperar información de la base de datos de forma segura y eficiente.

Las bases de datos se usan para dos propósitos principales:

- **Procesamiento de transacciones online:** donde un gran número de usuarios utilizan la base de datos, accediendo y añadiendo pequeñas cantidades de información de forma simultánea (actualizando información en tiempo real). Este es el modo principal de uso para la mayoría de los usuarios de aplicaciones de bases de datos.

- **Data Analytics:** es decir, el tratamiento de los datos para obtener conclusiones e inferir reglas o procedimientos de decisión, que luego se utilizan para tomar las decisiones empresariales.

Puede afirmarse, sin temor a equivocarse, que las bases de datos están presentes en casi la totalidad de los sistemas informáticos con los que interactuamos a diario y su uso está presente en casi cualquier aplicación. Algunos ejemplos de uso de las bases de datos pueden ser:

- Sistemas de información de las empresas: registro de ventas, clientes y nóminas de los empleados

- Medios de transporte: registro de vuelos, reservas e incidencias de los viajeros

- Banca y finanzas: inventarios de préstamos, cuentas, y movimientos bancarios

- Universidades: registros de matrículas, listados de estudiantes y tasas académicas

- Sistemas industriales: piezas fabricadas, inventarios de materias primas y consumos de energía

- Aplicaciones web: ventas on-line, usuarios registrados y registro de transacciones.

- Sistemas de navegación: almacenamiento de coordenadas, rutas óptimas y listados de incidentes

- Telecomunicaciones: registro de llamadas, mensajes, volumen de navegación e inventarios de elementos de red.

## 1.3. Evolución de las bases de datos

Los gestores de bases de datos (o de forma simplificada las bases de datos) aparecen en los años 70 del siglo XX por la necesidad de almacenar volúmenes de información de tamaño considerable de manera eficiente. Estas primeras bases de datos se conocen como bases de datos relacionales RDB (*Relational DataBase*) y sus gestores RDBMS (*Relational DataBase Management System*). Con los años, éstas han ido evolucionando y siguen presentes hoy en día en gran parte de los sistemas de información. En este período, también han aparecido nuevas bases de datos, como son las bases de datos en memoria IMDB (*In-Memory DataBase*), las NoSQL y las bases de datos en la nube (Amazon RDS, Google Cloud SQL o Microsoft Azure SQL) para cubrir nuevas necesidades de los entornos software actuales. En la Fig. 1.1 se muestra gráficamente esta evolución.

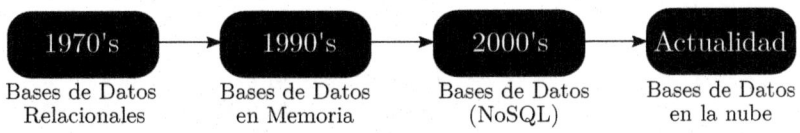

**Figura 1.1** Evolución de las bases de datos.

La bases de datos aparecen en el panorama del mundo de la informática gracias a Edgar Frank Codd (puede consultarse su biografía en `https://en.wikipedia.org/wiki/Edgar_F._Codd`). Codd fue el creador del modelo relacional, una idea que fue una verdadera revolución en el mundo computacional del siglo XX. El modelo relacional fue una aportación transcendental, simple y radical que logró que se pudiera almacenar y gestionar grandes cantidades de datos de una manera eficiente y segura. En la actualidad son el tipo de bases de datos más usadas en el mundo. Es por esta contribución por la que a Edgar Frank Codd se le considera el referente de las bases de datos. Su trabajo sobre el modelo relacional se publicó en 1970 y sentó los cimientos de las bases de datos que gestionan todas nuestras transacciones a día de hoy.

## 1.4.   Sistemas de ficheros vs. gestores de DB

Antes de la aparición de los DBMS, los sistemas informáticos almacenaban la información en ficheros tipo texto, los cuales presentaban muchos inconvenientes. Los principales problemas que se encontraban en estos sistemas de almacenamiento basados en ficheros son:

- Redundancia e inconsistencia de los datos

- Dependencia de los datos física-lógica

- Dificultad para tener acceso a todos los datos

- Problemas de separación y aislamiento de la información

- Dificultad para el acceso concurrente

- Dependencia de la estructura del archivo con el lenguaje de programación

- Problemas en la seguridad de los datos

- Pocas garantías de integridad de la información

En la Fig. 1.2 se muestra un ejemplo de uno de estos sistemas en el uso empresarial para una corporación que maneja información de clientes, empleados y nóminas. Analizando esta arquitectura se identifican todos los inconvenientes mostrados anteriormente.

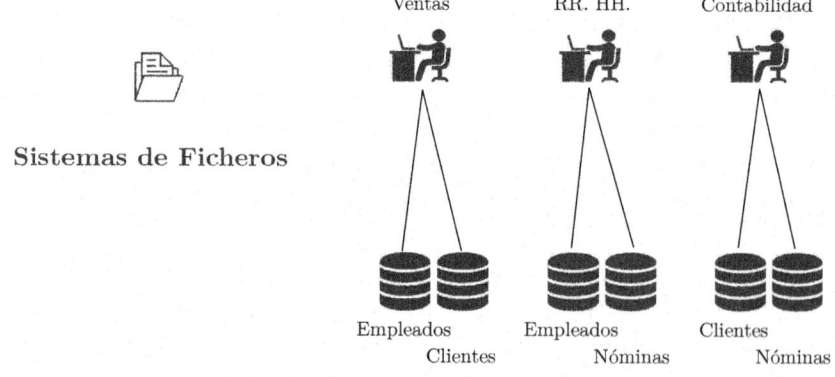

**Figura 1.2**   Almacenamiento de información basada en ficheros tipo texto.

Con la aparición de los DBMS estos problemas se redujeron, ya que el propio gestor tiene una serie de funcionalidades que elimina estos inconvenientes. Con esto se puede indicar que las principales funcionalidades que aporta un DBMS se pueden resumir en:

- Creación y definición de la base de datos (DB)

- Acceso controlado a los datos

- Acceso compartido a la DB

- Manipulación de los datos

- Mantener la integridad y consistencia de la información

- Proporcionar mecanismos de respaldo y recuperación

Con estas características, y volviendo al ejemplo de la Fig. 1.2, la solución basada en un DBMS resuelve todos los problemas que presentaban los sistemas de almacenamiento basados en ficheros tipo texto (ver Fig. 1.3).

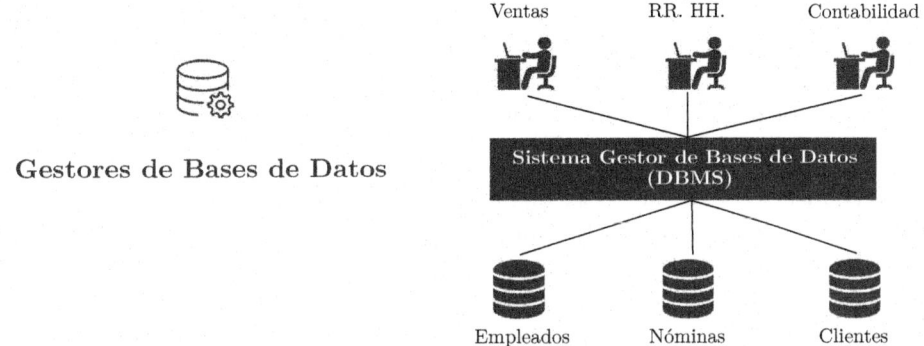

**Figura 1.3** Almacenamiento de información basado en sistemas de gestión de bases de datos (DBMS).

En este caso, el software DBMS se encarga de gestionar de forma centralizada toda la información contenida en la base de datos y aporta todas estas nuevas funcionalidades. Por último, se indica que existe un elemento clave en esta arquitectura, y es que hay una interfaz común para todos los usuarios de la base de datos: el lenguaje SQL (*Structured Query Language*). Este lenguaje permite que entornos muy diferentes puedan acceder de forma normalizada a la información contenida en la base de datos. En este caso, se puede integrar, sin ninguna dificultad, en equipos con cualquier sistema operativo, aplicaciones desarrolladas en lenguajes de programación diferentes, y todo ello interactuando de forma natural. En este libro, el lenguaje SQL se explicará de forma pormenorizada a lo largo de los diferentes capítulos.

## 1.5. DB relacionales vs. NoSQL

Haciendo una clasificación muy general, podemos decir que las bases de datos (o gestores de bases de datos) se pueden clasificar en:

- **Bases de datos relacionales (RDBMS):** las bases de datos relacionales almacenan la información en un conjunto de tablas relacionadas. Estas tablas tienen un esquema fijo, utilizan el lenguaje SQL (*Structured Query Language*) para administrar los datos y proporcionan garantías ACID (ACID es un acrónimo en inglés de *Atomicity, Consistency, Isolation and Durability*: Atomicidad, Consistencia, Aislamiento y Durabilidad, en español).

- **Bases de datos no relacionales (NoSQL):** las bases de datos NoSQL se refieren a almacenes de datos no relacionales de alto rendimiento. En lugar de unir tablas de datos normalizados, NoSQL almacena datos no estructurados o semiestructurados, a menudo en pares clave-valor o documentos JSON. Las bases de datos NoSQL normalmente no proporcionan garantías ACID. Los servicios de alto volumen que requieren un tiempo de respuesta inferior al segundo normalmente se apoyan en este tipo de bases de datos.

Las bases de datos relacionales han sido una tecnología prevalente durante décadas, están muy maduras, son sistemas muy robustos y se usan ampliamente hoy en día en muchos sistemas al margen del impulso que están teniendo las bases de datos NoSQL. Este libro se centrará exclusivamente en las bases de datos relacionales.

Desde un punto de vista de las garantías que ofrecen los diferentes tipos de bases de datos, ya se mencionó que las bases de datos relacionales ofrecen garantías ACID, en cambio, las NoSQL ofrecen las denominadas garantías BASE. Veamos qué significa cada uno de ellos.

Las garantías ACID las podemos definir como:

- *Atomicity* (Atomicidad): significa que las transacciones son completas, es decir, que si hay que dar una serie de pasos se ejecutan todos o si no ninguno.

- *Consistency* (Consistencia): garantiza que se ejecutan aquellas operaciones que no van a romper las reglas y directrices de integridad de la base de datos. Por tanto, la información que se ofrece siempre será la misma.

- *Isolation* (Aislamiento): es la propiedad que garantiza que una operación no puede afectar a otras. Define cómo y cuándo los cambios producidos por una operación se hacen visibles para las demás operaciones concurrentes.

- *Durability* (Durabilidad): asegura que una vez realizada cualquier operación, ésta persistirá y no se podrá deshacer aunque haya fallos en el DBMS.

En cambio, para las bases de datos NoSQL, éstas cumplen las garantías BASE, cuya definición es:

- *Basic Availability* (Disponibilidad Básica): el enfoque de base de datos NoSQL se centra en la disponibilidad de datos incluso en presencia de múltiples fallos. Esto se logra mediante el uso de un enfoque altamente distribuido para la administración de bases de datos.

- *Soft State* (Estado Blando): se eliminan los requisitos de consistencia del modelo ACID casi por completo. Aquí uno de los conceptos clave en *Soft State* es que la consistencia de los datos es un problema del desarrollador y no debe ser manejada por el DBMS.

- **Eventual Consistency** (Consistencia Eventual): el único requisito que las bases de datos NoSQL tienen con respecto a la consistencia es requerir que en algún momento, en el futuro, los datos converjan a un estado consistente. Sin embargo, no se ofrecen garantías sobre cuándo ocurrirá esto. Ésa es una desviación completa del requisito de consistencia inmediata de ACID que prohíbe que una transacción se ejecute hasta que la transacción anterior se haya completado y la base de datos haya convergido a un estado consistente. Este conjunto de propiedades en función de la base de datos utilizada puede sintetizarse en la Fig. 1.4.

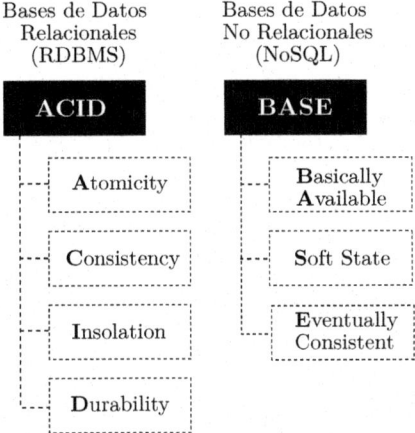

**Figura 1.4**  Garantías que ofrecen los diferentes tipos de gestores de bases de datos (RDBMS y NoSQL).

Otro enfoque que puede darse para comparar las garantías que ofrecen estos dos tipos de bases de datos está basado en la consistencia (*Consistency*), disponibilidad (*Availability*) y en la tolerancia a la partición de datos (*Partition Tolerance*) definidas de la siguiente forma:

- **Consistency** (Consistencia): cada nodo del clúster responde con los datos más recientes, incluso si el sistema debe bloquear la solicitud hasta que se actualicen todas las réplicas. Si se consulta un elemento que se está actualizando, esperará a mostrar esa respuesta hasta que todas las réplicas se actualicen correctamente. Sin embargo, recibirá los datos más recientes.

- **Availability** (Disponibilidad): cada nodo devuelve una respuesta inmediata, incluso si esa respuesta no es con los datos más recientes. Si se consulta un elemento que se está actualizando, obtendrá la mejor respuesta posible que el servicio puede proporcionar en ese momento.

- **Partition Tolerance** (Tolerancia de Partición de Datos): garantiza que el sistema continúe funcionando incluso si un nodo de datos replicados falla o pierde la conectividad con otros nodos.

La comparativa de las bases de datos RDBMS y NoSQL según estas nuevas definicio-
nes puede verse en la Fig. 1.5

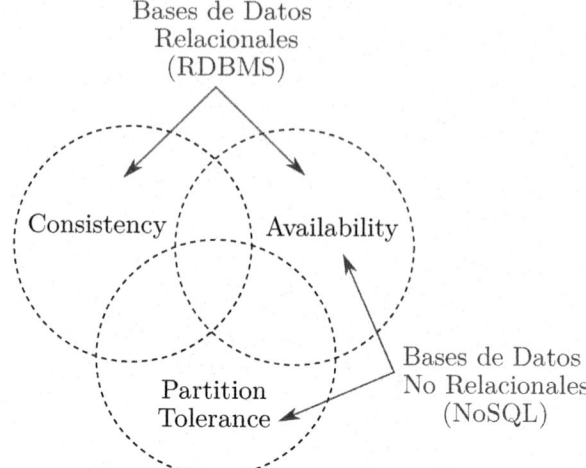

**Figura 1.5**   Comparativa entre RDBMS y NoSQL desde el punto de vista
de la consistencia, disponibilidad y tolerancia a la partición de datos.

Otra comparativa interesante que puede hacerse de las bases de datos es desde el
punto de vista del *performance* (prestaciones), y que además es una de las razones
por las que aparecen las bases de datos NoSQL en el panorama actual. El primer
concepto a incluir es el modo en que escalan estos sistemas, es decir, cómo crecen
cuando necesitan más capacidad (memoria, CPU, número de nodos, etc.).

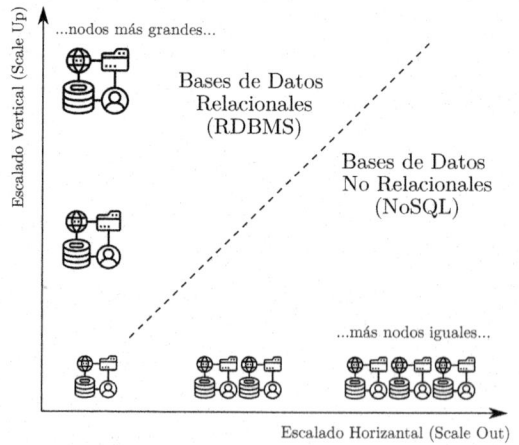

**Figura 1.6**   Formas de escalado de los DBMS.

Estos conceptos pueden resumirse de la siguiente forma:

- **Bases de datos relacionales** (RDBMS): escalan de forma vertical - *scale up*, es decir, los nodos disponibles se hacen más grandes ampliando sus CPU, memorias, discos, elementos de comunicaciones, etc.

- **Bases de datos no relacionales** (NoSQL): escalan de forma horizontal - *scale out*, en este caso, lo que se hace es ampliar el número de nodos y hacer una red de elementos aún más distribuida.

Estos principios de escalado vertical/horizontal se esquematizan en la Fig. 1.6

Por tanto, fruto de las diferentes características (ACID/BASE) de estas bases de datos y las formas en las que escalan (Vertical/Horizontal) presentan una serie de prestaciones (*performance*) desde el punto de vista de la velocidad de respuesta en función del volumen de información que manejan tal y como se ilustra en la Fig. 1.7.

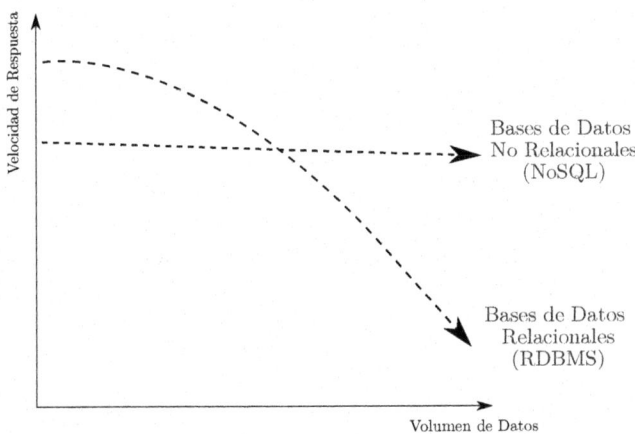

**Figura 1.7**  Comparativa del *performance* entre RDBMS y NoSQL.

Como resumen general, se puede indicar que las RDBMS almacenan la información de una forma más rigurosa, y la disponibilidad de la misma es más precisa. En cambio, las NoSQL priman la velocidad de respuesta ante la gestión de grandes volúmenes de información. También es importante resaltar que las RDBMS están más orientas a tratar información estructurada (números, fechas, cadenas de caracteres), en cambio las NoSQL están más enfocadas a gestionar información no estructurada (imágenes, audio, vídeo, etc.). En el siguiente enlace `https://www.ibm.com/cloud/blog/sql-vs-nosql` se dan algunas pautas para seleccionar qué tipo de base de datos RDBMS o NoSQL deben escogerse según el proyecto al que nos enfrentemos.

Por otro lado, y aunque a día de hoy hay DBMS que pueden tratar tanto bases de datos relacionales como no relacionales, los gestores más comunes según esta tipología son:

- **Gestores RDBMS**: Oracle, MySQL, MariaDB, SQL Lite, SQL Server, etc.

- **Gestores NoSQL**: Redis, mongoDB, Cassandra, Apache HBASE, etc.

## 1.6.  Modelo de una DB relacional

Como se ha comentado anteriormente, este libro versará exclusivamente sobre las bases de datos relacionales. Pudiera pensarse que son una tecnología obsoleta, ya que en este mundo de las redes sociales, llena de información no estructurada y con volúmenes de información casi infinitos pareciera que las bases de datos NoSQL serían las únicas que tendrían sentido. Pues nada más lejos de la realidad, las bases de datos relacionales siguen siendo de las más usadas frente a las NoSQL, ya que son una tecnología clave en muchísimas aplicaciones que gestionan los sistemas de información actuales. Sirva como ejemplo el ranking mensual `https://db-engines.com/en/ra nking` que hace BD-Engines donde los RDBMS siguen siendo las protagonistas.

Respecto al modelo de una DB relacional, en el Capítulo 2 se describe exhaustivamente esta entidad que modela este tipo de bases de datos. Aquí, de momento, se hará una introducción somera de éstos para ir asimilando los conceptos de manera paulatina. El modelo relacional aparece gracias a Edgar Frank Codd, de él ya hablamos en la sección 1.3, indicando que ésta puede considerarse como su mayor contribución en el ámbito de las bases de datos y que gracias a él estos sistemas han cambiado el mundo de los sistemas de información. En este modelo se utiliza un grupo de tablas para almacenar los datos y las relaciones entre ellos. Cada tabla está compuesta por varias columnas (atributos) que identifican a los elementos de ésta. Estas tablas, además, tienen una serie de filas (tuplas) que contienen la información que almacenan. Además, las diferentes tablas se asocian a través de unos atributos especiales (claves foráneas) permitiendo así distribuir la información por la base de datos de forma eficiente y sin redundancias. En la Fig. 1.8 se muestra un ejemplo de tablas de una base de datos relacional en la que se registra la información de los clientes de un banco, sus cuentas bancarias y la relación entre ambos.

Lo que se ha presentado anteriormente es el esquema (tablas, atributos y relaciones entre tablas) de una base de datos relacional ya definida. Previo a esta estructura, existen una técnicas de diseño de bases de datos que se apoyan en un modelo denominado entidad relación (E-R). El modelo E-R, que se estudiará en el Capítulo 4, es una potente herramienta para el diseño de bases de datos relacionales. De momento, simplemente comentaremos que es un esquema que representa las entidades, los atributos y la relaciones que debe tener una base de datos para poder almacenar de forma eficiente la información del modelo de negocio (o sistema de almacenamiento de información) bajo estudio, y a partir de él obtener el esquema de la base de datos que se está diseñando. En la Fig. 1.9 se muestra un ejemplo de modelo E-R para la base de datos que se presentó en la Fig. 1.8.

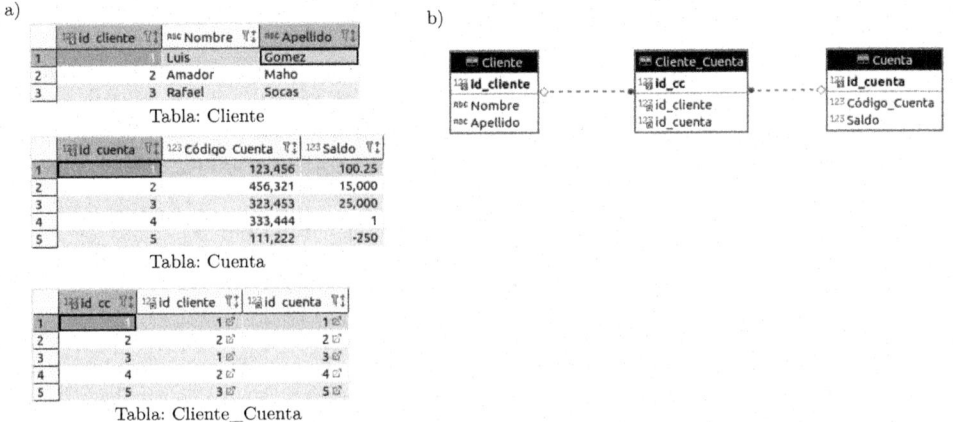

**Figura 1.8** Ejemplo de una base de datos relacional. a) Tablas con los diferentes atributos y tuplas, b) esquema de la base de datos donde se representan las relaciones entre las diferentes tablas.

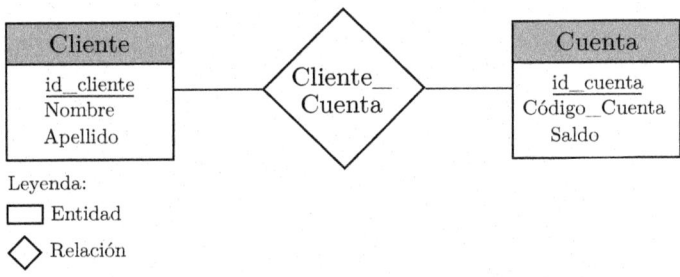

**Figura 1.9** Ejemplo de modelo ER.

Al igual que cuando se habló del modelo relacional no podíamos dejar de mencionar a Edgar Frank Codd, ahora que se comenta el modelo ER es de justicia mencionar a Peter Chen https://es.wikipedia.org/wiki/Peter_Chen y Charles Bachman https://en.wikipedia.org/wiki/Charles_Bachman.

A Peter Chen se le conoce por el desarrollo del modelo ER para el diseño de bases de datos allá por los años 70. Cuando era profesor adjunto en la Escuela de Administración y Dirección de Empresas Sloan en el MIT, publicó en 1976 un artículo denominado *Modelo entidad-relación: hacia una visión unificada de los datos*. Por otro lado, en los años 60 y 70, Charles Bachman propuso un tipo de diagrama de estructura de datos que lleva su nombre, *el diagrama de Bachman*, y que puede considerarse como el antecesor de los desarrollados posteriormente por Chen. El trabajo de Chen y Bachman contribuyó además al desarrollo del lenguaje unificado de modelado UML (*Unified Modelling Language*), ampliamente utilizado en el diseño de software.

## 1.7.  Lenguajes DDL y DML

Llegados a este punto, y una vez definido lo que es una base de datos y un sistema gestor de base de datos, necesitamos un lenguaje para manipular y gestionar tanto la información, los usuarios que acceden, como los diferentes procedimientos que se llevan a cabo en este gestor. Para ello, definimos los siguientes conceptos:

- **DDL** (*Data Definition Language*), Lenguaje de Definición de Datos: es el lenguaje o el conjunto de comandos de un lenguaje de gestión de base de datos que se utilizan para definir la estructura de una base de datos.

- **DML** (*Data Manipulation Language*), Lenguaje de Manipulación de Datos: la manipulación de datos consiste en la recuperación de información almacenada en la base de datos, la inserción de nueva información, el borrado o la modificación de información almacenada en la misma. Por tanto, un lenguaje de manipulación de datos es un lenguaje o un conjunto de comandos de ese lenguaje que permite a los usuarios acceder o manipular los datos almacenados en esa base de datos.

En el caso de las bases de datos relacionales, se definió hace ya muchos años el lenguaje SQL, que contiene comandos específicos tanto de DDL como de DML. En el Capítulo 3 se presenta un desarrollo pormenorizado de este lenguaje. Se indica también que, dentro de este contexto de acceso a la base de datos a través de un DBMS y los lenguajes DDL/DML, se definen dos tipos de usuarios característicos como son:

- **Usuarios**: suelen tener ciertos privilegios, como acceder y manipular la información almacenada en la base de datos, y se pueden considerar como que son los que explotan la información contenida en ella.

- **Administradores** (DBA, *DataBase Administrator*): son usuarios con todos los privilegios que pueden desde definir y modificar la estructura de las bases de datos, realizar procedimientos de mantenimiento y restauración hasta definir y restringir los usuarios que acceden a la información.

Por último, y para terminar el capítulo, indicar que el acceso de los usuarios a la base de datos se hace siempre a través del DBMS, bien sea por una conexión directa a éste mediante la interfaz SQL, o a través de una aplicación que medie entre el usuario final y el DBMS. Se indica que la primera forma es más propia de usuarios expertos en el uso del lenguaje SQL y con ciertos privilegios en la base de datos, y la segunda para usuarios finales que son meros usuarios de la información que acceden vía web bien desde sus teléfonos móviles o desde sus ordenadores personales. En la Fig. 1.10 se presentan de manera esquematizada estas dos formas de acceso. Tal y como se observa en la Fig. 1.10 a), el método de acceso directo al DBMS puede hacerse bien por consola o mediante un entorno de gestión gráfico (ambos métodos se estudiarán en el Capítulo 3). En cambio, cuando se tiene una aplicación mediando entre el usuario y el DBMS (ver Fig. 1.10 b)), son los lenguajes de programación (Python, PHP, Java, etc.) los que marcan las diferentes posibilidades de acceso y las formas de integrar los comandos SQL en dicho lenguaje. Esta integración de SQL en otros lenguajes de programación se estudiará en el Capítulo 6.

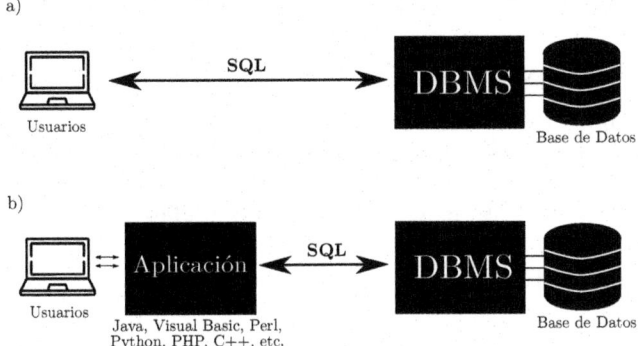

**Figura 1.10**  Métodos de acceso a bases de datos: a) directamente a través de DBMS y b) a través de una aplicación.

## 1.8. Resumen

Como resumen de este capítulo, puede indicarse que se han tratado los siguientes aspectos:

- Qué es una base de datos y cuáles son sus principales aplicaciones.

- Se ha realizado un recorrido histórico para ver cómo han evolucionado hasta nuestros días.

- Se ha clasificado las principales bases de datos en relacionales y NoSQL, y las principales diferencias entre ellas.

- Se ha explicado el modelo relacional y cuáles son sus principales elementos.

- Se ha presentado el modelo entidad relación (E-R) como herramienta de diseño de bases de datos.

- Y finalmente, se han descrito los lenguajes para la interacción con bases de datos y los métodos de conexión a ellas.

La bibliografía consultada para elaborar este capítulo ha sido la siguiente:

- *Introducción a las bases de datos relacionales* [7].

- *Relational database theory* [2].

- *Bases de datos* [35].

- *Professional NoSQL* [43].

- *NoSQL: database for storage and retrieval of data in cloud* [16].

# 1.9. Problemas resueltos

## Problema 1.1: uso de las bases de datos

○ **Enunciado:** indique cuáles son los dos usos principales que se dan a las bases de datos y ponga un ejemplo de cada uno de ellos.

○ **Solución:** las bases de datos se usan principalmente para:

- Procesamiento de transacciones online

- Data Analytics

Como ejemplo del primer caso podemos indicar la base de datos de un banco que va registrando en tiempo real las diferentes transacciones que hacen sus clientes. Como ejemplo del segundo, podemos pensar en la DB de la AEMET `https://www.aemet.es/`, que almacena la información meteorológica a la que se le aplican unos algoritmos de AI (*Artificial Intelligence*) para ir prediciendo los fenómenos atmosféricos severos que va a provocar el cambio climático en el corto plazo.

## Problema 1.2: evolución de las bases de datos

○ **Enunciado:** ¿en qué año aparecen las bases de datos relacionales y cuándo las bases de datos NoSQL?

○ **Solución:** podemos decir que las bases relacionales aparecen en el mundo de la informática a partir de los trabajos de Edgar Frank Codd allá por los años 70's del siglo XX. Con la necesidad de procesar grandes volúmenes de información en tiempos de ejecución muy cortos, sobre el año 2000 se desarrollan las bases de datos NoSQL para dar respuesta a estas necesidades.

## Problema 1.3: sistemas de ficheros vs. bases de datos

○ **Enunciado:** indique algunos de los problemas que presentan los sistemas de almacenamiento basados en fichero tipo texto y que son los antecesores de las bases de datos.

○ **Solución:** los principales inconvenientes que presentan estos sistemas de almacenamiento de información son:

- Inconsistencia de los datos almacenados

- Dificultad para tener acceso a todos los datos

- Problemas en el acceso concurrente a la información

- Falta de seguridad

- ...

## Problema 1.4: propiedades de una base de datos relacional

○ **Enunciado:** enumere las cuatro propiedades básicas que debería cumplir una base de datos relacional.

○ **Solución:** las principales propiedades que debe cumplir una base de datos relacional se enumeran según el acrónimo ACID, que significan:

- A: Atomicidad

- C: Consistencia

- I: Aislamiento (*Isolation* en inglés)

- D: Durabilidad

## Problema 1.5: propiedades de una base de datos NoSQL

○ **Enunciado:** a las bases de datos NoSQL se les exige que cumplan las propiedades descritas por el acrónimo BASE. En este conjunto, ¿cuál es la propiedad que hace alusión a la letra S y qué significado tiene?

○ **Solución:** dentro del conjunto de propiedades BASE de las bases de datos NoSQL, la S hace alusión a *Soft State* y significa que la consistencia de los datos es responsabilidad del programador y no se le exige esta característica al software que hace las funciones de DBMS.

## Problema 1.6: propiedades de consistencia, disponibilidad y tolerancia a la partición de datos según el tipo de base de datos

○ **Enunciado:** considerando el tándem de propiedades, como son: la consistencia (*consistency*), la disponibilidad (*availability*) y la tolerancia a la partición de datos (*partition tolerance*), ¿cuáles de ellas son propias de las bases de datos relacionales y cuáles de las NoSQL?

○ **Solución:** considerando este grupo de tres propiedades y teniendo que cuenta los dos tipos de bases de datos estudiados, podemos asignarlas de la siguiente forma:

- Bases de datos relacionales: consistencia y disponibilidad

- Bases de datos NoSQL: disponibilidad y tolerancia a la partición de datos

## Problema 1.7: escalado de una base de datos

○ **Enunciado:** ¿qué significa que una base de datos escale de forma *scale up*?

○ **Solución:** el escalado *scale up* o vertical significa que cuando la base de datos necesita más recursos, éstos se le aportan haciendo los servidores disponibles más grandes (aumentado la memoria, el número de CPU, añadiendo más elementos de conectividad, etc.). Este es el método que utilizan las bases de datos relacionales.

## Problema 1.8: elección del tipo de base de datos

○ **Enunciado:** imagine que tiene que diseñar una base de datos para una red social donde hay millones de usuarios y la información intercambiada es básicamente posts, vídeos y chats entre los diferentes usuarios. ¿Qué tiempo de base de datos utilizaría?

○ **Solución:** en este tipo de bases de datos, que tendrá un volumen de información considerable (millones de usuarios e información muy pesada como es el vídeo), además de que debe responder en tiempo real para ofrecer una buena experiencia de cliente, la base de datos más apropiada será una NoSQL.

## Problema 1.9: modelo relacional y modelo E-R

○ **Enunciado:** indique en pocas palabras qué es el modelo relacional y para qué se usan los modelos ER.

○ **Solución:** tanto el modelo relacional como el modelo ER son dos herramientas clave dentro de las bases de datos relacionales. Por tanto, se puede decir que:

- Modelo relacional, es el modelo que define una base de datos relacional y que además rige cómo se debe almacenar la información en ella.

- Modelo E-R (Entidad Relación), es una herramienta de diseño que se utiliza para que a partir de unas necesidades de negocio podamos diseñar la base de datos relacional que lo soporte.

## Problema 1.10: lenguaje DDL y DML

○ **Enunciado:** dado los dos siguientes supuestos sobre una base de datos de un banco:

1. Se accede a la base de datos para obtener un informe de los clientes del banco que no han pagado la letra de la hipoteca este último mes.

2. El administrador de la base de datos tiene que crear una nueva tabla en la DB para almacenar un nuevo tipo de cuenta bancaria que se acaba de definir en el banco para clientes extranjeros.

En cada uno de esto supuestos indique el lenguaje (DDL o DML) o grupo de comandos del lenguaje (DDL o DML) para realizar estas operaciones.

○ **Solución:** recordemos que el lenguaje o grupo de comandos DDL significa Lenguaje de Definición de Datos y DML, Lenguaje de Manipulación de Datos. Por tanto, para la operación (1), que es una consulta de datos, se utilizaría DML y para la operación (2), que supone cambiar la estructura de la base de datos, el DDL.

## 1.10.   Actividades recomendadas

### Actividad 1.1

Busque algunos ejemplos de uso de bases de datos donde se trate su información con propósito de Data Analytics.

## Actividad 1.2

Analice la documentación de un DBMS, por ejemplo MySQL o MaríaDB, y verifique que cumple las propiedades ACID.

## Actividad 1.3

Busque información sobre las bases de datos NoSQL e indique en qué aplicaciones se están usando. Para este tipo de aplicaciones, ¿basta con que cumplan las propiedades BASE?

## Actividad 1.4

Respecto al escalado de bases de datos existen básicamente dos métodos: *Scale Up* y *Scale Out*. Investigue las razones del por qué el *Scale Out* se aplica a las bases de datos NoSQL.

## Actividad 1.5

Revise el esquema de la base de datos relacional ***Classicmodels*** en `https://www. mysqltutorial.org/mysql-sample-database.aspx` e identifique las tablas y los atributos de cada una de ellas.

## Actividad 1.6

Un modelo ER es una herramienta para diseñar bases de datos relacionales que se compone de entidades con sus atributos y relaciones. Las relaciones pueden ser de cuatro tipos, investigue un poco sobre los modelo ER a ver si es capaz de identificar qué cuatro tipos de relaciones se pueden dar en estos esquemas.

## Actividad 1.7

Aunque dentro de los lenguajes o grupos de comandos de esos lenguajes que gestionan las bases de datos hemos hecho una clasificación en dos grupos (DML y DDL), existen otras dos categorías cuyo estudio resulta interesante. Estas son DCL (Lenguaje de Control de Datos) y TCL (Lenguaje de Control de Transacciones). Investigue sobre ellas e intente analizar qué operaciones pueden hacerse con estos grupos de comandos en las bases de datos.

## Actividad 1.8

El lenguaje por excelencia para gestionar bases de datos es el SQL: busque comandos SQL que puedan agruparse en la categoría DML.

## Actividad 1.9

Se ha explicado anteriormente que en las bases de datos existen de manera genérica dos tipos o perfiles de accesos, que son los usuarios y los administradores. Dentro de los usuarios, éstos pueden tener diferentes tipos de privilegios en función de las actividades que tienen que hacer en la base de datos. Busque información del DBMS MySQL y analice qué tipo de privilegios permite este gestor.

## Actividad 1.10

Tal y como se explicó en este capítulo, una de las formas de acceder a una base de datos es directamente a través del gestor mediante lenguajes SQL. Se ha visto que podemos usar un cliente de consola o un cliente gráfico. Analice qué aplicaciones hay disponibles para acceder de forma gráfica a un gestor de base de datos. Puede tomar como ejemplo herramientas como DBeaver.

# Capítulo 2

# Modelo y álgebra relacional

*"Todo saber tiene de ciencia lo que tiene de matemática".*

**Poincaré**

En el capítulo anterior se han estudiado entre otros contenidos importantes las principales ventajas que ofrecen los sistemas gestores de bases de datos relacionales frente a los sistemas precedentes, que eran sistemas de gestión basada en el procesamiento de archivos. En este capítulo, se van a tratar los fundamentos de los sistemas de gestión de bases de datos relacionales: estudiando el modelo relacional, las reglas de Codd y el álgebra relacional, sin entrar en grandes formalismos matemáticos. Esto permitirá ampliar los conocimientos sobre las principales propiedades que permiten atribuir las mencionadas bondades al modelo relacional frente al resto de los modelos. Para poner ejemplos prácticos relacionados con algunos conceptos del tema se utilizará una base de datos relacional de prueba llamada *Librería* concebida con criterios básicos de diseño para este menester. Se empezará haciendo una breve introducción sobre el modelo relacional, que es uno de modelos de datos ya introducidos en el capítulo anterior, luego se enunciarán las reglas de Codd, se estudiará la estructura del modelo relacional y se cerrará el capítulo analizando y practicando las operaciones del álgebra relacional.

## 2.1. Objetivos

Los objetivos que se marcan en este capítulo se resumen en:

- Conocer los fundamentos del modelo de datos relacional.

- Saber distinguir las características que debe tener una base de datos para que sea coherente con los fundamentos del modelo relacional.

- Comprender las ventajas del modelo relacional que derivan del alto grado de independencia de los datos que proporciona, y de la simplicidad y la uniformidad del modelo.

- Identificar la estructura de una base de datos relacional dada, describiendo las relaciones de las que está formada, así como los componentes de cada una de ellas según el modelo relacional.

- Construir el diagrama de esquemas de una base de datos dada a partir de su esquema, interpretando los datos contenidos en el mismo e identificando los vínculos entre las relaciones.

- Realizar el esquema de una relación a partir de una tabla dada identificando los principales elementos de los que consta según el modelo relacional.

- Enunciar las reglas de Codd asociándolas con las características de los RDBMS en su implementación real.

- Entender la importancia de las reglas de Codd para los sistemas gestores de bases de datos relacionales.

- Conocer las operaciones del álgebra relacional y saber utilizarlas para consultar una base de datos.

- Analizar expresiones de álgebra relacional dadas interpretando la simbología establecida en el reconocimiento de consultas en una base de datos

- Ejecutar consultas a una base de datos aplicando procedimientos de escritura de operaciones de álgebra relacional y utilizando la simbología establecida.

## 2.2. El modelo relacional

El modelado de datos se puede entender como la estructuración y ordenamiento de un conjunto de datos para que puedan ser procesados correctamente y sin mucha dificultad. En el tema anterior estudiamos tres modelos de datos: físico, lógico y conceptual. El modelo relacional corresponde al modelo de nivel lógico.

El modelo relacional para bases de datos se entiende siempre acompañado de los sistemas gestores de bases de datos relacionales, que están entre los más utilizados en la actualidad. Basado en la teoría de conjuntos, se caracteriza principalmente por el uso de tablas para el almacenamiento de los datos dentro de una base de datos. O sea, consiste en representar datos por medio de tablas relacionadas cuyas filas se llaman tuplas y las columnas atributos.

Fue propuesto por Edgar F. Codd en 1970 para, entre otras cuestiones, dar respuesta a distintas problemáticas relacionadas con la independencia de los datos, y prevenir ciertas formas de inconsistencia de datos que se esperaba se volvieran inconvenientes para los grandes bancos de datos del momento.

La idea de la independencia de los datos (en realidad hace referencia a distintas formas de dependencia: ordenamiento, indexación, ruta de acceso, entre otras) señala que cuando se producen modificaciones en la estructura interna, la forma de acceso, la organización de la información o, en definitiva, en la representación interna de los datos en una base de datos, los usuarios de dicha base de datos no deben verse afectados en su forma de trabajar con la misma.

## 2.3.  Las 12 (+1) reglas de Edgar F. Codd

Son un conjunto de reglas definidas por Edgard F. Codd en 1985 que establecen los requisitos generales que todos los sistemas gestores de bases de datos relacionales deberían cumplir para poder ser considerados como tales. Codd las enuncia porque en ese tiempo la mayoría de los sistemas gestores de bases de datos que se decían relacionales utilizaban tablas, pero no cumplían con las características de las relaciones definidas en su modelo relacional.

Aunque en la práctica es muy difícil cumplir esas 12 reglas (realmente son 13, van de la 0 a la 12), se dice que un sistema se considerará tanto más relacional cuanto mayor sea el número de estas reglas que cumpla o cuanto mayor sea su aproximación al cumplimiento de las mismas. Para nosotros y para la mayoría de usuarios corrientes de sistemas gestores como MySQL, que está entre los más utilizados, comprobar el cumplimento de estas reglas es un ejercicio que no pretendemos realizar, aunque hay publicaciones donde se realizan comparaciones entre distintos RDBMS del mercado y ahí pueden analizarse. A continuación se enuncian las 12 reglas acompañando cada enunciado con breves comentarios aclaratorios:

### Regla 0. La Regla Fundamental

*El sistema debe ser relacional, tanto la base de datos como la administración del mismo.*

Esto significa que todo sistema que se defina como sistema de gestión de base de datos relacional, o se anuncie como tal, ha de poder gestionar las bases de datos exclusivamente con sus capacidades relacionales.

### Regla 1. La Regla de la Información

*Toda la información en la base de datos relacional se representa exactamente de una sola manera: por valores en tablas.*

O sea, en una base de datos relacional no hay información que no esté en tablas.

### Regla 2. La Regla del Acceso Garantizado

*Cada valor o dato individual de la base de datos debe ser accesible sin ambigüedad recurriendo a una combinación del nombre de tabla, valor de clave principal y nombre de columna.*

Esta regla enfatiza la importancia de las claves primarias para localizar datos en la base de datos. El nombre de la tabla localiza la tabla correcta, el nombre de columna encuentra la columna correcta y el valor de la clave principal busca la fila que contiene un elemento de datos individual de interés. En otras palabras, cada pieza (atómica) de datos es accesible mediante la combinación del nombre de la tabla, el valor de la clave principal y el nombre de la columna.

## Regla 3. Tratamiento Sistemático de Valores Nulos

*Los valores nulos se admiten en el sistema de gestión de bases de datos relacional de forma sistemática para representar la falta de información, con independencia del tipo de datos.*

Esta regla requiere que los sistemas de gestión de bases de datos relacionales permitan valores nulos (NULL). Un NULL no es lo mismo que una cadena de caracteres vacía o en blanco, ni es equivalente al valor numérico cero. El NULL dentro de una base de datos representa información desconocida o no aplicable. El sistema gestor de bases de datos lo reconocerá como un valor distinto a cualquier otro y sabrá aplicarle la lógica adecuada.

## Regla 4. Catálogo Dinámico Online Basado en el Modelo Relacional

*La descripción de la base de datos se representa a nivel lógico de la misma manera que los datos ordinarios, por lo que los usuarios autorizados pueden aplicar el mismo lenguaje relacional a su interrogación que a los datos regulares.*

Esta regla requiere que el sistema deba soportar un catálogo en línea, que es la estructura de la base de datos. Esta estructura debe estar contenida en tablas del sistema que sean accesibles a los usuarios autorizados.

Todo en la base de datos está definido dentro de la misma base de datos, incluso su propia estructura, es decir, hay tablas con los nombres de las tablas de todas las bases de datos, tablas con los nombres de todas las filas, tablas con los nombres de todos los índices, etc.

**Regla 5. Regla Comprensiva del Sublenguaje de Datos**

*El sistema debe soportar un lenguaje relacional que:*

- *Tenga una sintaxis lineal y comprensible.*

- *Pueda ser utilizado de forma interactiva.*

- *Soporte operaciones de definición de datos, operaciones de manipulación, seguridad e integridad, y operaciones de administración de transacciones.*

Esta regla exige la existencia de un lenguaje relacional como SQL para manipular datos, o un lenguaje alternativo que sea capaz de soportar las principales funciones de un sistema gestor de bases de datos: creación de una base de datos, recuperación e introducción de datos, implementación de la seguridad de una base de datos, etc. SQL es un lenguaje no procedimental en el que no se especifica cómo suceden las cosas, o incluso dónde. Simplemente se hacen las preguntas al servidor relacional y éste hace el trabajo.

**Regla 6. Regla de Actualización de Vistas**

*Todas las vistas que son teóricamente actualizables deben ser también actualizables por el sistema de forma transparente.*

Las vistas son tablas virtuales utilizadas para dar a los usuarios de una base de datos diferentes aspectos o apariencias de su estructura. Se dice que ésta es una de las reglas más difíciles de implementar en la práctica, y ningún producto comercial la satisface completamente hoy en día.

**Regla 7. Alto nivel de Inserción, Actualización y Borrado**

*La capacidad de manejar una relación base o una relación derivada como un solo operando no solo se aplica a la recuperación de los datos, sino también a la inserción, actualización y eliminación de datos.*

Requiere que las filas se traten como conjuntos en las operaciones de inserción, eliminación y actualización. La regla está diseñada para prohibir las implementaciones que solo admiten la modificación de la base de datos trabajando con registros individuales, como hacen los programas de tercera generación como Java o C, que para modificar, añadir o eliminar datos utilizan bucles que van recorriendo cada fila de forma individual. SQL con DML cubre este requerimiento con las sentencias INSERT, UPDATE, DELETE, que trabajan con conjuntos de filas a la vez y no con registros individuales.

### Regla 8. Independencia Física de los Datos

*Los clientes (programas de aplicación y las actividades de terminal) permanecen lógicamente inalterados cuando se realizan cambios en las representaciones de almacenamiento o en los métodos de acceso a los datos.*

Las aplicaciones deben seguir funcionando con la misma sintaxis, incluso cuando se realizan cambios en la forma en que la base de datos implementa internamente los métodos de almacenamiento y acceso a los datos. Esta regla implica que la forma en que los datos se almacenan físicamente debe ser independiente de la forma lógica en que se accede a ellos. Esto dice que los usuarios no deben preocuparse por cómo se almacenan los datos o cómo se accede a ellos. De hecho, los usuarios de los datos solo necesitan poder obtener la definición básica de los datos que necesitan.

### Regla 9. Independencia Lógica de los Datos

*Los clientes (programas de aplicación y las actividades de terminal de usuarios de la base de datos) permanecen lógicamente inalterados cuando se realizan cambios en la estructura de la base de datos.*

Nótese que esta regla no funcionará si se eliminan columnas o tablas de la base de datos, pero sí si simplemente se agregan columnas y datos. Es decir, cuando se modifica el esquema lógico preservando información (sin realizar eliminaciones) no es necesario modificar nada en niveles superiores. Por ejemplo, añadir un atributo es un cambio que preserva la información.

## Regla 10. Independencia de la Integridad

*Las restricciones de integridad específicas de una base de datos relacional en particular deben definirse en el sublenguaje de datos relacionales y almacenarse en el catálogo, y no en los programas de aplicación.*

Como parte de las restricciones inherentes al modelo relacional están:

- La **integridad de entidad**: toda tabla debe tener una clave primaria, y ninguno de los componentes de esta clave primera puede tener valores nulos.

- La **integridad referencial**: para toda clave foránea de valor no nulo en una base de datos relacional debe existir una clave primaria de valor coincidente del mismo dominio en esa base de datos.

Según esta regla, debe ser posible modificar las restricciones sin afectar innecesariamente los programas de aplicación existentes. El objetivo de esta regla es evitar que estas restricciones se codifiquen en los programas de aplicación.

## Regla 11. Independencia de la Distribución

*La distribución de las porciones de base de datos en varias localizaciones debe ser invisible a los usuarios de la base de datos. Los usos existentes deben continuar funcionando con éxito: cuando una version distribuida del sistema gestor de base de datos se introduce por primera vez y cuando los datos existentes se redistribuyen en todo el sistema*

En términos reales, el usuario final o el desarrollador no debe de preocuparse por la partición en la que estén los datos, ya que el motor de la base de datos debe saber dónde se encuentra cada dato y extraerlo cuando una consulta lo requiera.

**Regla 12. Regla de la no Subversión**

*Si el sistema proporciona una interfaz de bajo nivel de registro, además de una interfaz relacional, que esa interfaz de bajo nivel no se pueda utilizar para subvertir el sistema.*

Cualquier interfaz que se pueda añadir al sistema debe trabajar relacionalmente y no permitir no hacerlo de esta forma. Si hay problemas que no pueden resolverse directamente con el lenguaje de alto nivel, es posible hacerlo integrando éste en un lenguaje de bajo nivel, pero nunca subvirtiendo las restricciones de integridad expresadas en el lenguaje de nivel alto.

## 2.4. Estructura del modelo relacional

Desde el punto de vista de la evolución histórica, existen diversos modelos de bases de datos. Aquí mencionamos unos pocos por su relevancia: el modelo relacional, el modelo jerárquico, el modelo de estructura en red y el modelo relacional con estructura orientada a objetos. De todos estos, el modelo de base de datos más comúnmente utilizado en la actualidad es el modelo de base de datos relacional. En la Fig. 2.1 se muestra una representación gráfica de algunos de estos modelos.

En una base de datos relacional, todos los datos se almacenan y se accede a ellos por medio de **relaciones** o **tablas**. Una base de datos relacional consiste en un conjunto de tablas, a cada una de las cuales se le asigna un nombre exclusivo. Cada fila de la tabla representa una relación entre un conjunto de valores.

### Estructura Básica

Considérese la Tabla 2.1 llamada *Autor* (relación *r*). Tiene tres cabeceras de columna: *Nombre-A*, *Año-Nac* y *Direccion*. Se referencia a cada una de estas cabeceras como **atributos**. Para cada atributo hay un conjunto de valores permitidos, llamado **dominio** de ese atributo. Para el atributo *Nombre-A*, el dominio es el conjunto de nombres de autores. Supongamos que D1 denota el conjunto de todos los nombres de autores, D2 el conjunto de todos los años de nacimiento de los autores y D3 el conjunto de las direcciones.

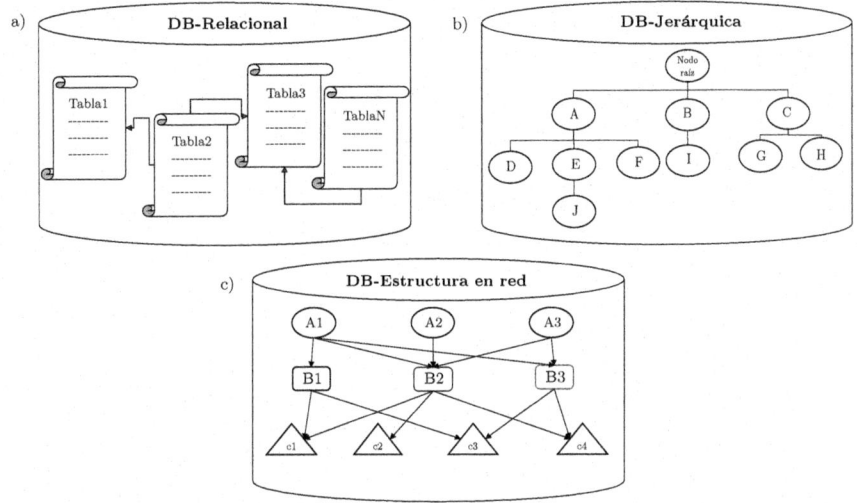

**Figura 2.1** Algunos modelos de bases de datos: a) relacional, b) jerárquica y c) estructura de red.

Por tanto, todas las filas de *Autor* deben consistir en una tupla (*v1*, *v2*, *v3*), donde *v1* es un nombre de autor (es decir, *v1* está en el dominio D1), *v2* es un año de nacimiento (es decir, *v2* está en el dominio D2) y *v3* es una dirección (es decir, *v3* está en el dominio D3). En general, *Autor* sólo contendrá un subconjunto del conjunto de todas las filas posibles. Por tanto, *Autor* es un subconjunto de:

$$D1xD2xD3 \tag{2.1}$$

En general, una tabla de $n$ atributos debe ser un subconjunto de

$$D1xD2x\ldots xDn - 1xDn \tag{2.2}$$

Como las tablas son esencialmente relaciones, se utilizarán los términos matemáticos relación y tupla en lugar de los términos tabla y fila (ver Fig. 2.2).

En la relación *Autor* (Tabla 2.1) hay siete tuplas. Si la variable tupla $t$ hace referencia a la primera tupla, se utiliza la notación t[Nombre-A] para indicar el valor de t en el atributo Nombre-A. Por tanto, t[Nombre-A] = ('Alyse Woodrup') y t[Direccion] = ('4 Warrior Place'). De manera alternativa, se puede escribir t[1] para denotar el valor de la tupla t en el primer atributo (Nombre-A), t[2] para denotar Año-Nac, etcétera. Dado que las relaciones son conjuntos se utiliza la notación matemática $t \in r$ para denotar que la tupla $t$ está en la relación $r$. En una relación, el orden en que aparecen las tuplas es irrelevante dado que una relación es un conjunto de tuplas. Se exigirá que, para todas las relaciones $r$, los dominios de todos los atributos de $r$ sean atómicos. Un dominio es atómico si los elementos del dominio se consideran unidades indivisibles. Un valor de dominio que es miembro de todos los dominios posibles es el valor nulo, que indica que el valor es desconocido o no existe.

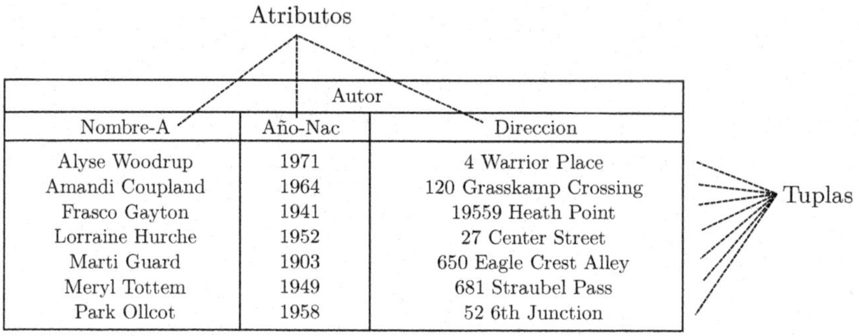

Atributos

| Autor | | |
|---|---|---|
| Nombre-A | Año-Nac | Direccion |
| Alyse Woodrup | 1971 | 4 Warrior Place |
| Amandi Coupland | 1964 | 120 Grasskamp Crossing |
| Frasco Gayton | 1941 | 19559 Heath Point |
| Lorraine Hurche | 1952 | 27 Center Street |
| Marti Guard | 1903 | 650 Eagle Crest Alley |
| Meryl Tottem | 1949 | 681 Straubel Pass |
| Park Ollcot | 1958 | 52 6th Junction |

Tuplas

**Figura 2.2**   Relación *Autor*: atributos y tuplas.

| Nombre-A | Año-Nac | Direccion |
|---|---|---|
| Alyse Woodrup | 1971 | 4 Warrior Place |
| Amandi Coupland | 1964 | 120 Grasskamp Crossing |
| Frasco Gayton | 1941 | 19559 Heath Point |
| Lorraine Hurche | 1952 | 27 Center Street |
| Marti Guard | 1903 | 650 Eagle Crest Alley |
| Meryl Tottem | 1949 | 681 Straubel Pass |
| Park Ollcott | 1958 | 52 6th Junction |

**Tabla 2.1**   Tabla *Autor*.

## 2.5.   Esquema y atributos del modelo relacional

La estructura de los datos del modelo relacional se basa en el concepto de relación. Una relación se compone de dos partes: **esquema** y **extensión**.

- El **esquema** de una relación consiste en la lista de los atributos de dicha relación con sus respectivos dominios. En el ejemplo de la Tabla 2.1 el esquema se representa de la siguiente forma:

*Autor(Nombre-A, Año-Nac, Direccion)*

donde cada atributo tiene un tipo de dato concreto como se muestra en la Tabla 2.2, donde varchar(50) denota una cadena de 50 caracteres y date es un atributo tipo fecha.

| Esquema-Autor | |
|---|---|
| **Atributo** | **Tipo de dato** |
| Nombre-A | varchar(50) |
| Año-Nac | date |
| Direccion | varchar(50) |

**Tabla 2.2** Esquema tabla *Autor*.

- La **extensión** es el conjunto de tuplas de una instancia de la relación (ver Tabla 2.3).

| Extensión-Autor | | |
|---|---|---|
| **Nombre-A** | **Año-Nac** | **Direccion** |
| Alyse Woodrup | 1971 | 4 Warrior Place |
| Amandi Coupland | 1964 | 120 Grasskamp Crossing |
| Frasco Gayton | 1941 | 19559 Heath Point |
| Lorraine Hurche | 1952 | 27 Center Street |
| Marti Guard | 1903 | 650 Eagle Crest Alley |
| Meryl Tottem | 1949 | 681 Straubel Pass |
| Park Ollcott | 1958 | 52 6th Junction |

**Tabla 2.3** Extensión tabla *Autor*.

## 2.6. Claves

**Clave primaria (*primary key* o PK):** es el verdadero identificador de cada registro de una tabla. Sólo puede haber una clave primaria por tabla, y los registros deben ser también únicos, es decir, no pueden estar repetidos ni ser nulos. La PK nos permite identificar de forma única una tupla en la relación. En la tabla *Libro* (Tabla 2.4) el atributo *ISBN* es la clave primaria.

| ISBN | Precio | Año | Titulo | Nombre-E |
|---|---|---|---|---|
| 031539677-6 | 82.03 | 1979-02-01 | Late Chrysanthemums (Bangiku) | Kulas LLC |
| 066738349-2 | 23.23 | 2008-02-05 | Adam Resurrected | Swift-Little |
| 084299155-7 | 39.21 | 1993-05-02 | Shaolin Wooden Men | Bartoletti-Gibson |
| 171836924-7 | 44.06 | 2010-12-25 | Ironweed | Donnelly-Gaylord |
| 276440712-2 | 67.24 | 2008-05-08 | Doc | Hilll Group |
| 304436376-4 | 49.67 | 1990-04-09 | Employees' Entrance | Bartoletti-Gibson |
| 306397881-7 | 28.29 | 1993-06-20 | Painted Fire (Chihwaseon) | Russel-Heathcote |
| 415755288-1 | 45.04 | 1953-05-25 | Forbidden Christ, The | Hickle Inc |
| 450812321-X | 95.88 | 1997-03-08 | My Future Boyfriend | Huel-Koelpin |
| 733374337-3 | 55.76 | 2017-06-03 | My Fair Lady | Runolfsdottir and Sons |
| 816187908-7 | 38.10 | 2017-10-06 | King Arthur | Bartoletti-Gibson |
| 987785988-2 | 33.58 | 1961-07-21 | Stratosphere Girl | Hickle Inc |

**Tabla 2.4**   Tabla *Libro*.

Hemos dicho que los registros de una tupla deben poderse identificar de forma única dentro de una tabla, es decir, que en una tabla no podrá haber dos tuplas con todos los campos con valores idénticos. En la tabla *Libro* representada anteriormente parece claro que se cumple esta condición si atendemos a la definición del atributo *ISBN* como identificador único o clave primaria. Supongamos que nos encontramos con la tabla *Alumnos* (Tabla 2.5) con los atributos: código, nombre, edad y curso. ¿Qué criterio utilizamos para establecer la clave primaria?

| Codigo | Nombre | Edad | Curso |
|---|---|---|---|
| 1 | Paul | 20 | 2 |
| 2 | Mitt | 19 | 3 |
| 1 | Verónica | 20 | 3 |
| 4 | Verónica | 19 | 3 |
| 6 | Johan | 22 | 4 |
| 5 | Pau | 20 | 2 |
| 3 | Audri | 20 | 1 |

**Tabla 2.5**   Tabla *Alumno*.

Para resolver esta cuestión hay que recurrir a dos conceptos relacionados que hasta ahora no habíamos mencionado: superclave y clave candidata. Una **superclave** es cualquier atributo o combinación de atributos que puede servir para identificar de forma única las tuplas de una relación. En la Tabla 2.5, podemos ver que el atributo *codigo* no tendría la capacidad suficiente para cumplir esta condición, ya que hay dos tuplas con el valor de *codigo* a '1'. Tampoco sería factible utilizar el atributo *nombre* para el mismo fin puesto que puede haber dos personas con el mismo nombre, como es el caso de 'Verónica'. En esta situación, parece que la forma de resolver la cuestión consiste en recurrir a una combinación de atributos que, para el caso, serían *codigo* y *nombre*. Estos dos atributos juntos sí tienen capacidad para identificar de forma única cada una de las tuplas de la tabla. La combinación de atributos *codigo* y *nombre* sería una superclave. Para este ejemplo sería incluso válida la combinación de los tres atributos *codigo*, *nombre* y *edad* para constituir otra superclave. Así, tendremos para esta relación *alumno* dos superclaves formadas una por el par (*codigo*, *nombre*) y otra por el trío (*codigo*, *nombre*, *edad*). Veamos otro ejemplo a través de la Tabla 2.6 (*Alumno*).

| Codigo | Nombre | Edad | Curso | DNI |
|--------|--------|------|-------|------|
| 1 | Paul | 20 | 2 | 123A |
| 2 | Mitt | 19 | 3 | 456X |
| 7 | Veronica | 20 | 3 | 712I |
| 4 | Veronica | 19 | 3 | 258T |
| 6 | Johan | 22 | 4 | 851T |
| 5 | Pau | 20 | 2 | 321U |
| 3 | Audri | 20 | 1 | 123Q |

**Tabla 2.6** Tabla *Alumno* modificada.

En este caso, podemos ver que el atributo *codigo* tendría la capacidad para identificar de forma única cualquier tupla de esta relación *alumno*, es decir, que sería una superclave. Idénticamente, si nos fijamos en el atributo *DNI*, vemos que también es superclave, ya que por sí solo también es capaz de identificar cualquier tupla de *alumno*.

Se define como **clave candidata** a cualquier superclave mínima, es decir, aquella que está constituida por el mínimo de atributos necesarios para cumplir la condición de ser superclave. En nuestro ejemplo de la Tabla 2.6, tendríamos dos claves candidatas: *codigo* y *DNI*, porque la utilización de cualquiera de las dos sería suficiente para identificar cualquier tupla de la tabla *alumno*. No sería necesario utilizar una combinación de atributos porque cualquiera de ellos tiene por sí mismo la fuerza suficiente para identificar las tuplas de la tabla. Cualquiera de estas claves candidatas constituye una alternativa para ser utilizada como clave primaria. De modo que la clave primaria (PK) es entonces la clave candidata que el diseñador de la base de datos elige para su diseño. Para nuestro ejemplo, un diseñador podría decidir que la PK más adecuada para su diseño sea el atributo *codigo*, mientras que otro diseñador podría preferir el atributo *DNI*. Dejamos para el lector la reflexión sobre cuáles serían las claves candidatas del ejemplo de la Tabla 2.5.

**Clave foránea (*foreing key* o FK):** crea un vínculo entre tablas, de forma que la columna a la que se le aplica se relaciona con la columna de la clave primaria de otra tabla. Por lo tanto, para crear una clave foránea necesitamos tener otra tabla donde este atributo sea clave primaria. Por ejemplo en la tabla *Libro* de la Tabla 2.4 el atributo *Nombre-E* es clave foránea, que hace referencia a una clave primaria que es el nombre del editor en la tabla *Editor*.

**Esquema y diagrama de esquemas de una base de datos relacional:** el esquema de una base de datos es su estructura; se corresponde con su diseño lógico. Se representa como la colección de esquemas de relación de todas las relaciones que forman parte de ella. Suponiendo nuestro ejemplo de una base de datos diseñada para una librería, el esquema de la base de datos sería como el mostrado en la Tabla 2.7:

*Libro(**ISBN**, Precio, Año, titulo , Nombre-E)*
*Autor(**Nombre-A**, Año-Nac, Direccion)*
*Editor(**Nombre**, Sitio-web, Telefono, Direccion)*
*Almacén(**Codigo-A**, Direccion, Telefono)*
*Cesta(**ID-cesta, e-mail**, fecha)*
*Cliente(**email**, Direccion, Nombre, Telefono)*
*Ejemplar(**Codigo**, ISBN, **ID-cesta**, **Codigo-A**)*
*Escribir(**ISBN**, **Nombre-A**)*

**Tabla 2.7**  Esquema DB ***Librería***.

Puede observarse que en esta representación no solo aparece la colección de esquemas de las relaciones o tablas que constituyen la base de datos, sino que, además, de cada relación también se representan en tipografía negrita y subrayada los atributos de clave primaria de cada una de ellas. Por ejemplo, para la relación *Libro* el atributo *ISBN* sería la PK; para la relación *Cesta*, los atributos *ID-cesta* y *e-mail* constituirían en conjunto la PK de esta relación, siendo en este caso una PK compuesta. El **diagrama de esquemas de la base de datos** es la representación gráfica del esquema de la base de datos donde se incluyen unas líneas dirigidas (flechas) que representan los vínculos o interrelaciones entre las distintas tablas. En nuestro ejemplo para la base de datos ***Librería***, tendremos un diagrama de esquemas como el mostrado en la Fig. 2.3.

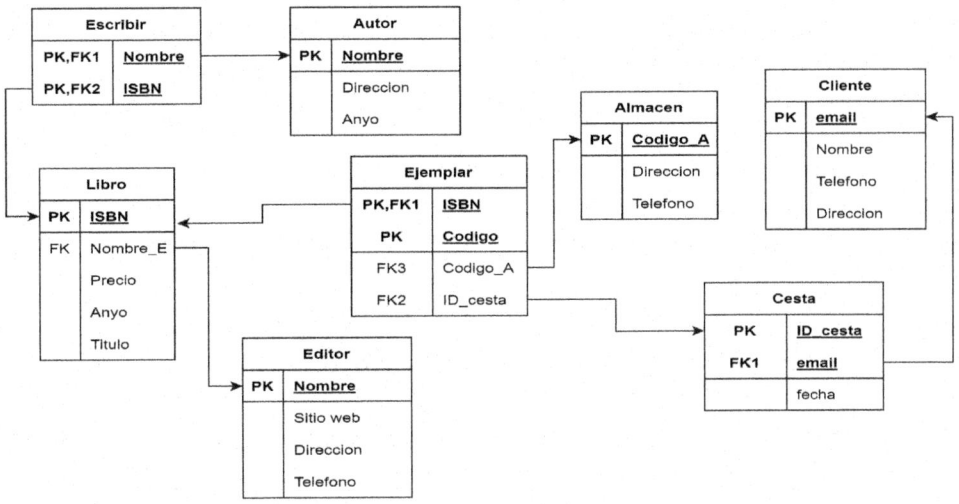

**Figura 2.3** Diagrama de esquemas de la DB *Librería*.

Aquí las flechas indican el vínculo o interrelación entre las tablas implicadas. Este vínculo se produce a través de la clave foránea. El origen de la flecha se marca en la relación o tabla donde el atributo es FK, y el destino en la relación donde está la correspondiente PK.

## 2.7. Operaciones de álgebra relacional

El álgebra relacional es un tipo que, inspirado en la teoría de conjuntos, proporciona un conjunto de operaciones que se utilizan para manipular relaciones. Por tanto, en este álgebra los operandos son relaciones que son manipuladas por una serie de operadores para dar como resultado otras relaciones. Es el formalismo matemático del modelo relacional y resulta útil para entender cómo es la representación interna que los RDBMS usan para la búsqueda de información en una base de datos. Es decir, facilita la comprensión de algunas de las construcciones del lenguaje SQL. Hay seis operaciones básicas, algunas son unarias y otras pueden operar sobre más de una relación. Además, las operaciones se pueden combinar.

### 2.7.1. Selección $\sigma$

La operación de selección se utiliza para elegir o entresacar de una relación o tabla un subconjunto de tuplas que satisfacen una determinada condición dada. Se expresa mediante el símbolo Sigma $(\sigma)$, que se utiliza para elegir tuplas que cumplen con una condición de selección indicada por un predicado **P** operando sobre una relación **r**. La notación se muestra en 2.3.

$$\sigma_P(r) \tag{2.3}$$

donde **P** es el predicado de selección, y **r** es la relación sobre la que se opera (ver Fig. 2.4).

Ejemplo:

$$\sigma_{edificio=``Watson"}(Departamento)$$

es una expresión que permite seleccionar las tuplas de la relación *Departamento* donde el edificio es "Watson".

El predicado **P** puede ser una expresión que incluye cualquiera de los operadores de comparación: $=$, $>$, $<$, $\geq$, $\leq$ y $\neq$, como hemos visto en el ejemplo. Pero también admite operadores lógicos *and*, *or* y *not* para configurar expresiones más complejas a partir de la combinación de predicados más simples.

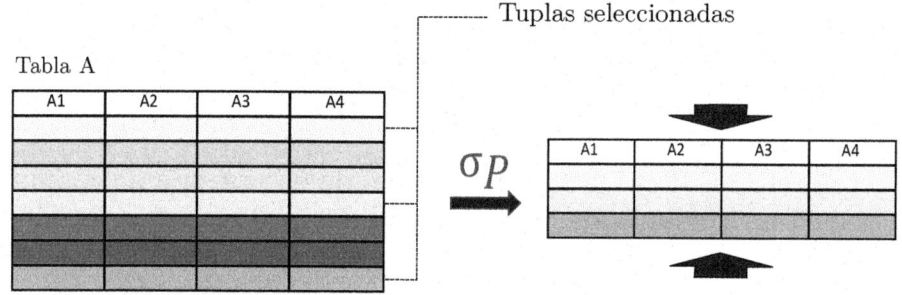

**Figura 2.4**   Efecto de la selección.

En la tabla *Libro* de nuestra base de datos de ejemplo, podemos escribir una expresión para obtener las tuplas en las que el precio es superior a 50 como:

$$\sigma_{precio>=50}(Libro)$$

que daría el resultado de la Tabla 2.8.

| ISBN | Precio | Año | Titulo | Nombre-E |
|---|---|---|---|---|
| 031539677-6 | 82.03 | 1979-02-01 | Late Chrysanthemums (Bangiku) | Kulas LLC |
| 276440712-2 | 67.24 | 2008-05-08 | Doc | Hilll Group |
| 450812321-X | 95.88 | 1997-03-08 | My Future Boyfriend | Huel-Koelpin |
| 733374337-3 | 55.76 | 2017-06-03 | My Fair Lady | Runolfsdottir and Sons |

**Tabla 2.8** Tabla *Libro* con operador $\sigma$.

O para obtener la información sobre aquellos libros con precio superior a 50 cuyo título sea "Doc" como:

$$\sigma_{precio >= 50 \text{ AND } Titulo = \text{"}Doc\text{"}}(Libro)$$

resultando la Tabla 2.9.

| ISBN | Precio | Año | Titulo | Nombre-E |
|---|---|---|---|---|
| 276440712-2 | 67.24 | 2008-05-08 | Doc | Hilll Group |

**Tabla 2.9** Tabla2 *Libro* con operador $\sigma$.

### 2.7.2. Proyección $\pi$

Este operador permite extraer columnas de una relación, y de esta manera crea un subconjunto de atributos de la relación, eliminando además las filas duplicadas en la relación resultante. La notación se presenta en 2.4.

$$\pi_{A_1, A_2, A_3, ..., A_n}(r) \tag{2.4}$$

donde $A_1$, $A_2$, $A_3$ ..., $A_n$ son los atributos a extraer, y $r$, la relación (ver Fig. 2.5).

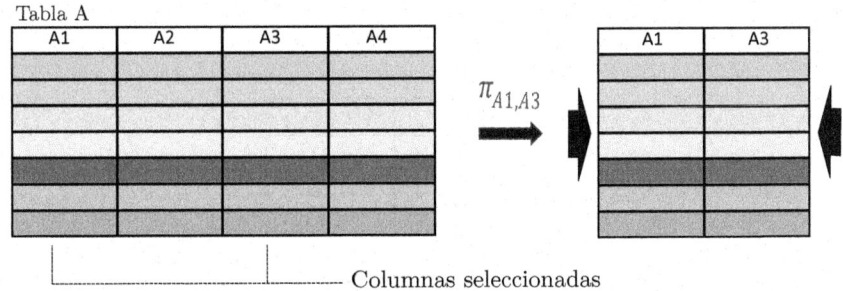

**Figura 2.5** Efecto de la proyección.

Continuando con nuestro ejemplo de la tabla *Libro* (Tabla 2.4) podemos escribir una expresión para obtener el listado de los libros con su ISBN y precio, eliminando el resto de atributos en el resultado (ver Tabla 2.10):

$$\pi_{ISBN,precio}(Libro)$$

| ISBN | Precio |
|------|--------|
| 031539677-6 | 82.03 |
| 066738349-2 | 23.23 |
| 084299155-7 | 39.21 |
| 171836924-7 | 44.06 |
| 276440712-2 | 67.24 |
| 304436376-4 | 49.67 |
| 306397881-7 | 28.29 |
| 415755288-1 | 45.04 |
| 450812321-X | 95.88 |
| 733374337-3 | 55.76 |
| 816187908-7 | 38.10 |
| 987785988-2 | 33.58 |

**Tabla 2.10** Tabla3 *Libro* con operador $\pi$.

El álgebra relacional permite la **composición de operaciones relacionales**, de modo que podemos aplicar proyecciones al resultado de una selección previa y viceversa. Por ejemplo, podríamos estar interesados en conocer el ISBN y el precio de los libros cuyo precio está por encima de 50 €. La consulta se escribiría de la siguiente manera en 2.5 apoyándonos en las expresiones 2.3 y 2.4 que obtendría el resultados de la Tabla 2.11.

$$\pi_{ISBN,precio}(\sigma_{precio>=50}(Libro)) \tag{2.5}$$

| ISBN | Precio |
|------|--------|
| 031539677-6 | 82.03 |
| 276440712-2 | 67.24 |
| 450812321-X | 95.88 |
| 733374337-3 | 55.76 |

**Tabla 2.11** Tabla *Libro-composicion* de operadores.

### 2.7.3. Unión ∪

La unión es una operación que permite combinar dos relaciones siguiendo la misma filosofía de la teoría de conjuntos. Si tenemos dos relaciones $r$ y $s$, la unión es otra relación, la cual va a tener los registros de $r$ y $s$ o ambas, además se eliminan los registros duplicados. La notación utilizada es 2.6.

$$r \cup s \tag{2.6}$$

Para poderse aplicar la unión entre relaciones han de cumplirse determinadas condiciones:

- Las dos relaciones deben ser del mismo grado o tener la misma aridad[1].

- Los dominios de los atributos deben ser compatibles.

En la Fig. 2.6 podemos ver el efecto de la unión de dos tablas como una ampliación vertical de tuplas de una tabla sobre la otra conformando un conjunto donde no hay tuplas repetidas.

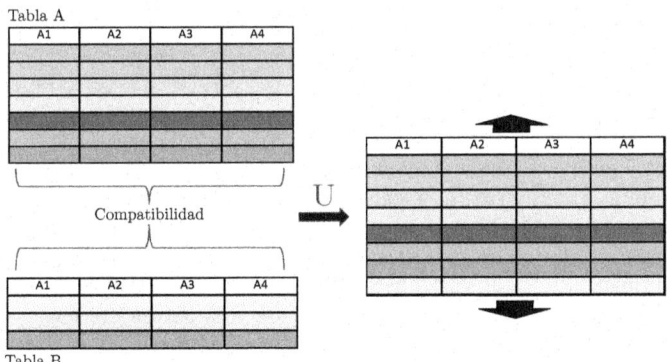

**Figura 2.6** Efecto de la unión.

Siguiendo con nuestra base de datos **Librería**, podemos obtener la relación de los libros cuyo precio no está entre los 40 y 60 como la unión de dos subconjuntos.

---

[1]En el análisis matemático, la aridad de un operador matemático o de una función es el número de argumentos necesarios para que dicho operador o función se pueda calcular.

Primero la consulta para obtener libros con precio inferior a 40.

$$r = \sigma_{precio<=40}(Libro)$$

y luego la consulta para libros con precio superior a 60.

$$s = \sigma_{precio>=60}(Libro)$$

Calculamos la unión utilizando la expresión 2.6 como:

$$\sigma_{precio<=40}(Libro) \cup \sigma_{precio>=60}(Libro)$$

o

$$r \cup s$$

En este ejemplo es evidente que $r$ y $s$ son relaciones compatibles, puesto que son cada una de ellas un subconjunto de la misma relación *Libro*. Ahora vamos a ver un ejemplo en el que la compatibilidad de las relaciones intervinientes no es tan evidente. Supongamos que en la misma base de datos necesitamos juntar en una misma tabla información sobre los editores según la Tabla 2.12 y de los autores según la Tabla 2.13, que es una versión ligeramente diferente de la anterior, ¿cómo se haría?

| Nombre | Sitio-web | Direccion | Telefono |
|--------|-----------|-----------|----------|
| Bartoletti-Gibson | https://vkontakte.ru | 54075 Graedel Lane | 773-390-4086 |
| Donnelly-Gaylord | http://netlog.com | 75 Muir Lane | 706-665-9726 |
| Frami, Ryan and Rath | http://japanpost.jp | 59 Drewry Hill | 770-313-9992 |
| Greenfelder Group | https://youku.com | 61 Village Green Street | 364-434-2372 |
| Hickle Inc | http://google.com | 5 Delaware Road | 179-342-9522 |
| Hilll Group | http://cpanel.net | 5543 Messerschmidt Way | 144-883-1714 |
| Huel-Koelpin | https://senate.gov | 1 Merchant Trail | 991-439-6839 |
| Huels-Cormier | https://opera.com | 0446 Reindahl Parkway | 853-900-5149 |
| Kulas LLC | http://hubpages.com | 01 Forest Crossing | 828-591-6521 |
| Runolfsdottir and Sons | http://homestead.com | 187 Anniversary Parkway | 742-965-5404 |
| Russel-Heathcote | https://google.pl | 1 Magdeline Court | 862-499-9859 |
| Lorraine Hurche | http://hurheL.net | 27 Center Street | 862-599-9589 |
| Swift-Little | http://imdb.com | 6680 Milwaukee Alley | 632-588-1704 |

**Tabla 2.12**   Tabla *Editor.*

Los requisitos de compatibilidad para la unión entre ambas relaciones nos impiden aplicar directamente la unión entre ambas tablas porque, para empezar, no tienen el mismo grado, es decir el mismo número de atributos. Por otro lado, sin conocer el detalle del esquema de cada una de

| Nombre-A | Año | Direccion |
|---|---|---|
| Alyse Woodrup | 1971-12-03 | 4 Warrior Place |
| Amandi Coupland | 1964-04-02 | 120 Grasskamp Crossing |
| Frasco Gayton | 1941-11-06 | 19559 Heath Point |
| Lorraine Hurche | 1952-05-11 | 27 Center Street |
| Marti Guard | 1903-07-22 | 650 Eagle Crest Alley |
| Meryl Tottem | 1949-03-27 | 681 Straubel Pass |
| Park Ollcott | 1958-04-23 | 52 6th Junction |
| Sam Mughal | 1939-11-25 | 9 Thierer Road |
| Shelden Jevons | 1951-12-08 | 4753 Milwaukee Pass |
| Tamra Patrono | 1978-03-06 | 83653 Trailsway Lane |
| Titos Vinker | 1988-12-11 | 16 Park Meadow Center |
| Torey Driscoll | 1908-09-23 | 21888 Ryan Alley |

**Tabla 2.13**  Tabla *Autor-extendida*.

las relaciones es arriesgado hacer aseveraciones sobre la compatibilidad de los dominios de los atributos.

De momento, y sin embargo, por similitud y basándonos en la simple inspección visual, podemos asumir que entre ambas relaciones hay atributos que tienen compatibilidad a nivel de dominio, sin entrar en consideraciones sobre los aspectos semánticos de dichos dominios.

Si nos fijamos en *nombre* y *direccion* de ambas relaciones, es fácilmente aceptable pensar que los correspondientes dominios son compatibles. Entonces, basándonos en ambos atributos, podemos acometer la unión de las versiones reducidas de ambas relaciones restringidas a estos atributos mediante el operador de proyección $\pi$:

$$\pi_{Nombre,Direccion}(Editor) \cup \pi_{Nombre,Direccion}(Autor)$$

### 2.7.4. Diferencia $-$

El operador diferencia opera sobre dos relaciones y nos permite encontrar tuplas que cumplen la condición de estar en una relación y no en otra. Si $r$ y $s$ son dos relaciones compatibles, su diferencia se expresa como:

$$r - s \tag{2.7}$$

Las condiciones de compatibilidad de las relaciones para la diferencia son las mismas que para la unión y la intersección, es decir:

- Las dos relaciones deben ser del mismo grado o tener la misma aridad.

- Los dominios de los atributos deben ser compatibles.

Imaginemos que en nuestra base de datos nos piden conocer la lista de autores, a partir de la Tabla 2.13, con fecha de nacimiento anterior al 1 de enero de 1950 conociendo la lista de los nacidos con posterioridad a dicha fecha, como queda reflejado en la Tabla 2.14, que llamamos por ejemplo *Autor1*:

| Nombre-A | Año-Nac | Direccion |
|---|---|---|
| Alyse Woodrup | 1971-12-03 | 4 Warrior Place |
| Amandi Coupland | 1964-04-02 | 120 Grasskamp Crossing |
| Lorraine Hurche | 1952-05-11 | 27 Center Street |
| Park Ollcott | 1958-04-23 | 52 6th Junction |
| Shelden Jevons | 1951-12-08 | 4753 Milwaukee Pass |
| Tamra Patrono | 1978-03-06 | 83653 Trailsway Lane |
| Titos Vinker | 1988-12-11 | 16 Park Meadow Center |

**Tabla 2.14**  *Autor1.*

Podríamos aplicar la diferencia de relaciones para hallar lo que se nos pide como:

$$Autor\_Extendida - Autor1$$

Resultando la Tabla 2.15.

| Nombre-A | Año-Nac | Direccion |
|---|---|---|
| Torey Driscoll | 1908-09-23 | 21888 Ryan Alley |
| Sam Mughal | 1939-11-25 | 9 Thierer Road |
| Marti Guard | 1903-07-22 | 650 Eagle Crest Alley |
| Meryl Tottem | 1949-03-27 | 681 Straubel Pass |
| Frasco Gayton | 1941-11-06 | 19559 Heath Point |

**Tabla 2.15**  *Autor2.*

Lógicamente esta operación es directamente aplicable dado que ambas relaciones son compatibles al ser una un subconjunto de la otra.

Haciendo una rápida inspección visual sobre la Tabla 2.16, que contiene las misma tuplas de la Tabla 2.13 (minuendo), pero con siete tuplas sobre fondo sombreado, que corresponden a la Tabla 2.14 (sustraendo), podemos ver que el resto de tuplas no sombreadas son la diferencia (Tabla 2.15).

| Nombre-A | Año | Direccion |
|---|---|---|
| Alyse Woodrup | 1971-12-03 | 4 Warrior Place |
| Amandi Coupland | 1964-04-02 | 120 Grasskamp Crossing |
| Frasco Gayton | 1941-11-06 | 19559 Heath Point |
| Lorraine Hurche | 1952-05-11 | 27 Center Street |
| Marti Guard | 1903-07-22 | 650 Eagle Crest Alley |
| Meryl Tottem | 1949-03-27 | 681 Straubel Pass |
| Park Ollcott | 1958-04-23 | 52 6th Junction |
| Sam Mughal | 1939-11-25 | 9 Thierer Road |
| Shelden Jevons | 1951-12-08 | 4753 Milwaukee Pass |
| Tamra Patrono | 1978-03-06 | 83653 Trailsway Lane |
| Titos Vinker | 1988-12-11 | 16 Park Meadow Center |
| Torey Driscoll | 1908-09-23 | 21888 Ryan Alley |

**Tabla 2.16** *Autor3.*

### 2.7.5. Intersección ∩

El operador intersección nos permite encontrar tuplas que cumplen la condición de estar a la vez en las relaciones sobre las que opera. Si $r$ y $s$ son dos relaciones compatibles, su intersección se expresa como 2.8:

$$r \cap s \tag{2.8}$$

Para poder realizar la intersección entre dos relaciones lógicamente ambas deben ser compatibles igual que en el caso de la unión y de la diferencia.

Como ejemplo, vamos a intentar encontrar en nuestra base de datos a las personas que son autores y editores al mismo tiempo. Para ello aplicaremos la intersección entre relaciones de las Tablas 2.12 y 2.13 siguiendo el mismo criterio de ajuste para conseguir la compatibilidad como en el caso de la unión de relaciones anteriormente vista:

$$\pi_{Nombre,Direccion}(Editor) \cap \pi_{Nombre,Direccion}(Autor)$$

Obteniendo el resultado de la Tabla 2.17.

| Nombre-A | Direccion |
|---|---|
| Lorraine Hurche | 27 Center Street |

**Tabla 2.17**  Tabla *Editor* intersección *Autor*.

Que sería la única persona que cumple la condición de ser a la vez autor y editor. Para justificar esto basta con recordar cómo funcionan estas operaciones. La intersección entre $r$ y $s$ ($r \cap s$) es el conjunto de tuplas que están presentes tanto en $r$ como en $s$. La resta entre $r$ y $s$ es el conjunto de tuplas que están en $r$ pero no en $s$. Entonces si $r$-$s$ da todas las tuplas que están en $r$ pero no en $s$ luego, $r$-($r$-$s$) significa que tomamos todas las tuplas que están en $r$, y les quitamos las que no están en $s$, es decir, las que quedaron en $r$-$s$.

### 2.7.6.  Producto cartesiano ×

El producto cartesiano es una operación que permite combinar relaciones de cualquier grado entre sí sin necesidad de cumplir condicionantes de compatibilidad como en el caso de la unión, la resta y la intersección. Para este tipo de combinaciones cada tupla de una relación $r$ se combina concatenándose con cada una de las tuplas de otra relación $s$, apareciendo todas estas combinaciones en la relación resultante. Es decir, que las tuplas de la relación resultante estarán compuestas por parejas de tuplas de $r$ y $s$. Tiene la notación 2.9:

$$r \times s \tag{2.9}$$

En nuestro ejemplo, el producto cartesiano entre las tablas *Editor* y *Autor* (Tablas 2.12 y 2.13) respectivamente da como resultado la Tabla 2.18.

| Autor.Nombre-A | Año | Direccion | Editor.Nombre-E | Sitio-web | Direccion | Telefono |
|---|---|---|---|---|---|---|
| Alyse Woodrup | 1971-12-03 | 4 Warrior Place | Bartoletti-Gibson | https://vkontakte.ru | 54075 Graedel Lane | 773-390-4086 |
| Alyse Woodrup | 1971-12-03 | 4 Warrior Place | Donnelly-Gaylord | http://netlog.com | 75 Muir Lane | 706-665-9726 |
| Alyse Woodrup | 1971-12-03 | 4 Warrior Place | Frami, Ryan and Rath | http://japanpost.jp | 59 Drewry Hill | 770-313-9992 |
| Alyse Woodrup | 1971-12-03 | 4 Warrior Place | Greenfelder Group | https://youku.com | 61 Village Green Street | 364-434-2372 |
| Alyse Woodrup | 1971-12-03 | 4 Warrior Place | Hickle Inc | http://google.com | 5 Delaware Road | 179-342-9522 |
| Alyse Woodrup | 1971-12-03 | 4 Warrior Place | Hilll Group | http://cpanel.net | 5543 Messerschmidt Way | 144-883-1714 |
| Alyse Woodrup | 1971-12-03 | 4 Warrior Place | Huel-Koelpin | https://senate.gov | 1 Merchant Trail | 991-439-6839 |
| Alyse Woodrup | 1971-12-03 | 4 Warrior Place | Huels-Cormier | https://opera.com | 0446 Reindahl Parkway | 853-900-5149 |
| Alyse Woodrup | 1971-12-03 | 4 Warrior Place | Kulas LLC | http://hubpages.com | 01 Forest Crossing | 828-591-6521 |
| Alyse Woodrup | 1971-12-03 | 4 Warrior Place | Runolfsdottir and Sons | http://homestead.com | 187 Anniversary Parkway | 742-965-5404 |
| Alyse Woodrup | 1971-12-03 | 4 Warrior Place | Russel-Heathcote | https://google.pl | 1 Magdeline Court | 862-499-9859 |
| Alyse Woodrup | 1971-12-03 | 4 Warrior Place | Swift-Little | http://imdb.com | 6680 Milwaukee Alley | 632-588-1704 |
| Amandi Coupland | 1964-04-02 | 120 Grasskamp Crossing | Bartoletti-Gibson | https://vkontakte.ru | 54075 Graedel Lane | 773-390-4086 |
| Amandi Coupland | 1964-04-02 | 120 Grasskamp Crossing | Donnelly-Gaylord | http://netlog.com | 75 Muir Lane | 706-665-9726 |
| ... | ... | ... | ... | ... | ... | ... |
| ... | ... | ... | ... | ... | ... | ... |

**Tabla 2.18**  Tabla *Autor* × *Editor*.

Para evitar la ambigüedad en los resultados de la relación de salida, cuando hay atributos con un nombre coincidente entre dos relaciones, se suelen anteponer al nombre de cada uno el nombre de la relación a la que pertenece. En nuestro ejemplo podemos ver que existe un atributo *nombre* en ambas tablas, y cómo en el resultado se antepone a cada una de ellas el nombre de la relación a la que pertenecen. Es más, en combinaciones de este tipo, basadas en un producto cartesiano como veremos a continuación con los *join*, se suele utilizar el criterio de anteponer en la relación resultante a los atributos el nombre de la relación de la que provienen.

### 2.7.7. Join ⋈

En nuestra base de datos **Librería** conocemos una serie de autores de libros, pero no conocemos qué libros son los que ha escrito cada autor. Igualmente podemos estar interesados en conocer los libros que ha editado cada editor, aunque es verdad que en la tabla *Libro* tenemos el nombre de cada editor. Sin embargo, lo que buscamos es tener en una misma tabla los datos de cada editor (*nombre, direccion, pagina web*, etc.) junto con la información correspondiente al libro (*titulo, ISBN*) que ha editado. ¿Cómo podemos relacionar a cada editor con su libro?

Hasta ahora hemos visto que la única operación capaz de construir nuevas tuplas a partir de combinaciones de tuplas de distintas relaciones o tablas es el producto cartesiano. De modo que si aplicamos el producto cartesiano entre las relaciones *Libro* y *Editor*, obtendremos un resultado de la Tabla 2.19 que contiene la información que buscamos, es decir, algunas tuplas donde aparecerá toda la información de los editores junto con la información de los libros que han editado. Sin embargo, también tendremos mucha información inútil, ya que aparecerán multitud de tuplas compuestas por combinaciones de datos de las dos tablas que carecen de sentido.

Sin embargo, aprovechando el operador $\sigma$ podemos seleccionar de la relación resultante del producto cartesiano reflejado en la Tabla 2.19 aquellas tuplas que cumplen una determinada condición que satisface nuestra búsqueda. Para nuestro caso la condición del predicado de la selección sería: "Encontrar aquellas tuplas en las que se cumpla que el nombre del editor en la tabla *Libro*, coincide con el nombre del editor en la tabla *Editor*".

$$\sigma_{(Libro.Nombre-E=Editor.Nombre-E)}(Libro \times Editor)$$

| ISBN | Precio | Anyo | Titulo | Nombre-E | Nombre-E | Sitio-web | Direccion | Telefono |
|---|---|---|---|---|---|---|---|---|
| 031539677-6 | 82.03 | 1979-02-01 | Late Chrysanthemums (Bangiku) | Kulas LLC | Bartoletti-Gibson | https://vkontakte.ru | 54075 Graedel Lane | 773-390-4086 |
| 031539677-6 | 82.03 | 1979-02-01 | Late Chrysanthemums (Bangiku) | Kulas LLC | Donnelly-Gaylord | http://netlog.com | 75 Muir Lane | 706-665-9726 |
| 031539677-6 | 82.03 | 1979-02-01 | Late Chrysanthemums (Bangiku) | Kulas LLC | Frami, Ryan and Rath | http://japanpost.jp | 59 Drewry Hill | 770-313-9992 |
| 031539677-6 | 82.03 | 1979-02-01 | Late Chrysanthemums (Bangiku) | Kulas LLC | Greenfelder Group | https://youku.com | 61 Village Green Street | 364-434-2372 |
| 031539677-6 | 82.03 | 1979-02-01 | Late Chrysanthemums (Bangiku) | Kulas LLC | Hickle Inc | http://google.com | 5 Delaware Road | 179-342-9522 |
| 031539677-6 | 82.03 | 1979-02-01 | Late Chrysanthemums (Bangiku) | Kulas LLC | Hilll Group | http://cpanel.net | 5543 Messerschmidt Way | 144-883-1714 |
| 031539677-6 | 82.03 | 1979-02-01 | Late Chrysanthemums (Bangiku) | Kulas LLC | Huel-Koelpin | https://senate.gov | 1 Merchant Trail | 991-439-6839 |
| 031539677-6 | 82.03 | 1979-02-01 | Late Chrysanthemums (Bangiku) | Kulas LLC | Huels-Cormier | https://opera.com | 0446 Reindahl Parkway | 853-900-5149 |
| 031539677-6 | 82.03 | 1979-02-01 | Late Chrysanthemums (Bangiku) | Kulas LLC | Kulas LLC | http://hubpages.com | 01 Forest Crossing | 828-591-6521 |
| 031539677-6 | 82.03 | 1979-02-01 | Late Chrysanthemums (Bangiku) | Kulas LLC | Runolfsdottir and Sons | http://homestead.com | 187 Anniversary Parkway | 742-965-5404 |
| 031539677-6 | 82.03 | 1979-02-01 | Late Chrysanthemums (Bangiku) | Kulas LLC | Russel-Heathcote | https://google.pl | 1 Magdeline Court | 862-499-9859 |
| 031539677-6 | 82.03 | 1979-02-01 | Late Chrysanthemums (Bangiku) | Kulas LLC | Swift-Little | http://imdb.com | 6680 Milwaukee Alley | 632-588-1704 |
| 066738349-2 | 23.23 | 2008-02-05 | Adam Resurrected | Swift-Little | Bartoletti-Gibson | https://vkontakte.ru | 54075 Graedel Lane | 773-390-4086 |
| 066738349-3 | 23.24 | 2008-02-06 | Adam Resurrected | Swift-Little | Donnelly-Gaylord | http://netlog.com | 75 Muir Lane | 706-665-9726 |
| 066738349-4 | 23.25 | 2008-02-07 | Adam Resurrected | Swift-Little | Frami, Ryan and Rath | http://japanpost.jp | 59 Drewry Hill | 364-434-2372 |
| 066738349-5 | 23.26 | 2008-02-08 | Adam Resurrected | Swift-Little | Greenfelder Group | https://youku.com | 61 Village Green Street | 364-434-2372 |
| 066738349-6 | 23.27 | 2008-02-09 | Adam Resurrected | Swift-Little | Hickle Inc | http://google.com | 5 Delaware Road | 179-342-9522 |
| 066738349-7 | 23.28 | 2008-02-10 | Adam Resurrected | Swift-Little | Hilll Group | http://cpanel.net | 5543 Messerschmidt Way | 144-883-1714 |
| 066738349-8 | 23.29 | 2008-02-11 | Adam Resurrected | Swift-Little | Huel-Koelpin | https://senate.gov | 1 Merchant Trail | 991-439-6839 |
| 066738349-9 | 23.30 | 2008-02-12 | Adam Resurrected | Swift-Little | Huels-Cormier | https://opera.com | 0446 Reindahl Parkway | 853-900-5149 |
| ... | ... | ... | ... | ... | ... | ... | ... | ... |
| ... | ... | ... | ... | ... | ... | ... | ... | ... |

**Tabla 2.19**   Tabla producto cartesiano *Editor-Libro*.

Esta forma de combinar tuplas de tablas distintas que tienen columnas
o atributos comunes o con valores coincidentes equivale a un *join*. Es
decir, que podemos asumir que un *join* es una operación que equivale
a una fusión de un producto cartesiano con una selección en una sola
operación.

### 2.7.8.   Renombrar $\rho$

Este operador, representado por la letra griega $\rho$, permite renombrar
relaciones o atributos. También es útil para asignar nombres a expresiones
de álgebra relacional que representan en definitiva relaciones. Se denota
mediante la expresión 2.10:

$$\rho_{nn}(r) \tag{2.10}$$

donde $r$ es una relación propia o una relación resultante de otras operaciones algebraicas, y $nn$ el nuevo nombre adquirido por $r$. El operador
renombrar es una operación que puede ser muy necesaria en ciertas situaciones. Por ejemplo, puede servir para simplificar o hacer más práctico el
uso de las relaciones representándolas con nombres más simples; y también es muy útil cuando queremos realizar cierto tipo de combinaciones
entre relaciones. Imagínese la situación de desear combinar una relación
consigo misma; en ese caso, se puede volver muy confuso especificar de
cuál de las relaciones se trata en cada momento, de modo que un cambio
de nombre se hace muy necesario para realizar este tipo de combinaciones.

En nuestra base de datos podemos aplicar un sencillo ejemplo de renombramiento de una relación como:

$$\rho_{book}(Libro)$$

que supondría el cambio de nombre de la relación *Libro* por *Book* dentro del contexto específico de trabajo.

También es posible renombrar columnas, pero en este caso se utiliza una notación ligeramente diferente (2.11):

$$\rho_{x(A_1,A_2,...,A_n)}(r) \tag{2.11}$$

que supone el renombrar de la relación *r* bajo el nuevo nombre *x* y con los atributos renombrados como $A_1$, $A_2$, etc. O simplemente, para cambiar los nombres de los atributos de *r* a $A_1$, $A_2$, etc.

$$\rho_{(A_1,A_2,...,A_n)}(r)$$

Desde el punto de vista práctico, el renombrar atributos con la calculadora de álgebra relacional RelaX (`https://dbis-uibk.github.io/relax/landing`) requiere la inclusión del operador ← combinado con $\rho$ de la siguiente forma:

$$\rho_{B_1 \leftarrow A_1}(r)$$

que simboliza el cambio de nombre del atributo $A_1$ de la relación *r* por $B_1$. Como ejemplo en nuestra base de datos podemos escribir:

$$\rho_{Name \leftarrow Nombre}(Autor)$$

que expresa el cambio de nombre del atributo *nombre* de la tabla *Autor* por *name*.

### 2.7.9. Agrupación $\gamma$

Las funciones de agregación sirven para realizar cálculos sobre agrupaciones de valores, permitiendo obtener valores calculados o derivados que no están almacenados en la base de datos. Por ejemplo, si quisiéramos contar el número de autores de nuestra base de datos necesitaríamos recurrir a una de las funciones de agregación, que en nuestro caso sería *count*. Existen 5 funciones de agregación: sumatorio (*sum*), promedio (*avg*), máximo

($max$), mínimo ($min$) y cuenta ($count$). En álgebra relacional el operador de agrupación $\gamma$ permite introducir las funciones de agregación, cuya notación se presenta en 2.12:

$$\gamma_{Atributo1;Funcion(Atributo2)\rightarrow Alias}(r) \tag{2.12}$$

Donde:

- $\gamma$: es el operador de agrupación.

- *Atributo1*: es el atributo de agrupación, sobre el cual se harán las agrupaciones.

- *Atributo2*: es el atributo sobre el que se aplica la función de agregación o se realiza el cálculo.

- *Función*: representa una de las funciones de agregación: *count, sum, max, min, avg*.

- $\rightarrow$: es un operador utilizado para indicar una asignación.

- *Alias*: la variable que alberga el valor calculado de la función de agregación.

- $r$: la relación.

Volviendo a nuestro ejemplo sobre la base de datos, vamos a calcular el numero de autores como:

$$\gamma_{Count(Nombre)\rightarrow Cuenta}(Autor)$$

que nos daría como resultado la cuenta de autores en una celda conteniendo el valor 12, con la cabecera *cuenta*. En este caso no se utiliza el atributo de agrupación al no ser necesario para la consulta.

### 2.7.10. Ordenación $\tau$

Este operador actúa sobre uno o varios atributos para ordenar las tuplas dentro de una relación en función de los valores del atributo especificado. Sigue la notación 2.13:

$$\tau_{Atributo_1[opción],Atributo_2[opción],...}(r) \tag{2.13}$$

Siendo:

- $\tau$: es el operador de ordenación.

- *Atributo*$_1$, *Atributo*$_2$, ..., *Atributo*$_n$: son los atributos de referencia especificados para realizar las ordenaciones.

- *opción*: es un parámetro que indica el sentido de la ordenación sobre el atributo especificado. La opción puede ser ascendente (*asc*) o descendente (*desc*).

Cuando se aplica la ordenación sobre más de un atributo, el orden de preferencia es de izquierda a derecha, es decir, primero se aplicaría la ordenación según el criterio del primer atributo de la izquierda, y luego el segundo, y así sucesivamente. La ordenación por defecto es siempre la ascendente, es decir, si no se especifica el parámetro [*opción*], por defecto se sobreentiende la ordenación ascendente.

Como ejemplo en nuestra base de datos, vamos a aplicar una ordenación por año ascendente sobre el atributo *anyo-nac* de la tabla *Autor*.

$$\tau_{Anyo-Nac}(Autor)$$

Se sobreentiende la ordenación ascendente, ya que no se ha especificado el parámetro *asc* en la consulta. El resultado de la consulta se presenta en la Tabla 2.20.

| Nombre-A | Anyo-Nac | Direccion |
|:---:|:---:|:---:|
| Marti Guard | 1903-07-22 | 650 Eagle Crest Alley |
| Torey Driscoll | 1908-09-23 | 21888 Ryan Alley |
| Sam Mughal | 1939-11-25 | 9 Thierer Road |
| Frasco Gayton | 1941-11-06 | 19559 Heath Point |
| Meryl Tottem | 1949-03-27 | 681 Straubel Pass |
| Shelden Jevons | 1951-12-08 | 4753 Milwaukee Pass |
| Lorraine Hurche | 1952-05-11 | 27 Center Street |
| Park Ollcott | 1958-04-23 | 52 6th Junction |
| Amandi Coupland | 1964-04-02 | 120 Grasskamp Crossing |
| Alyse Woodrup | 1971-12-03 | 4 Warrior Place |
| Tamra Patrono | 1978-03-06 | 83653 Trailsway Lane |
| Titos Vinker | 1988-12-11 | 16 Park Meadow Center |

**Tabla 2.20** *Autor* ordenado por año ascendente.

## 2.7.11.   División ÷

Es la operación del álgebra relacional que crea una nueva relación seleccionando las filas en una relación $r$ que se corresponden con todas las filas en otra relación $s$. Su notación se presenta en 2.14:

$$r \div s \tag{2.14}$$

En nuestra base de datos, podemos estar interesados en conocer por ejemplo el nombre de los autores que han escrito todos los libros cuyo precio es superior a 50 €. Podríamos resolver esta consulta recurriendo a la división. Concretamente, tendríamos que dividir la relación de autores que han escrito libros entre la relación de libros cuyo precio es superior al valor indicado. Calculamos basándonos en el diagrama de esquemas de la base de datos de la Fig. 2.3 la relación de los autores que han escrito libros como:

$$\pi_{Nombre-A,ISBN}\left(Autor \bowtie_{Autor.Nombre\text{-}A=Escribir.Nombre\text{-}A} Escribir\right)$$

Obteniendo el resultado de la Tabla 2.21.

| Nombre-A | ISBN |
|---|---|
| Alyse Woodrup | 450812321-X |
| Amandi Coupland | 306397881-7 |
| Frasco Gayton | 987785988-2 |
| Lorraine Hurche | 733374337-3 |
| Marti Guard | 304436376-4 |
| Meryl Tottem | 415755288-1 |
| Park Ollcott | 066738349-2 |
| Sam Mughal | 276440712-2 |
| Shelden Jevons | 084299155-7 |
| Tamra Patrono | 031539677-6 |
| Titos Vinker | 171836924-7 |
| Torey Driscoll | 816187908-7 |

**Tabla 2.21**   Autores que han escrito libros.

También calculamos los libros cuyo precio es superior a 50 € como (Tabla 2.22):

$$\pi_{ISBN}\left(\sigma_{precio\geq50}(Libro)\right)$$

| ISBN |
|------|
| 031539677-6 |
| 276440712-2 |
| 450812321-X |
| 733374337-3 |

**Tabla 2.22** Libros con precio mayor que 50 €.

| Nombre-A |
|----------|
| Tamra Patrono |
| Sam Mughal |
| Alyse Woodrup |
| Lorraine Hurche |

**Tabla 2.23** Autores con libro con precio superior a 50.

A partir de aquí, podemos calcular la división entre los autores que escribieron un libro (Tabla 2.21) y los libros cuyo precio cumple la condición indicada (Tabla 2.22), obteniendo como resultado la Tabla 2.23.

## 2.8. Resumen

Una vez estudiado el presente capítulo, el lector ha adquirido conocimientos sobre:

- El modelo relacional de bases de datos creado por Frank E. Codd en 1970.

- Las 12 Reglas de Codd, que fueron formuladas por el mismo autor en 1985 para establecer los requisitos que debían cumplir los sistemas gestores de bases de datos relacionales.

- Conocimientos teóricos y prácticos del álgebra relacional que permiten manipular la información contenida en dicho modelo.

- Finalmente entender el formalismo del álgebra relacional como antesala del lenguaje SQL.

La bibliografía consultada para elaborar este capítulo ha sido la siguiente:

- *Is your DBMS really relational* [12].
- *Does your DBMS run by the rules* [11].

- *Relational database theory* [2].
- *Database system concepts*, [40].
- *Data management, databases and organizations* [46].
- *Database management systems* [38].
- *VirtualBox.org* [34].
- *A relational model of data for large shared data banks* [10].
- *Logic, algebra and databases* [25].
- *A relational algebra for negative databases* [21].
- *Providing support for full relational algebra in probabilistic databases* [22].

## 2.9. Problemas resueltos

### Problema 2.1: reglas de Codd

○ **Enunciado:** hemos estudiado las reglas de Codd y entre ellas hay algunas que establecen que un usuario de una base de datos no debe necesitar saber cómo se manejan o almacenan los datos a bajo nivel para ser utilizados. ¿De qué regla o reglas se trata?

○ **Solución:** las reglas 8 y 9, de Independencia física e Independencia lógica de los datos. Juntas, establecen que las técnicas específicas de acceso o almacenamiento utilizadas por un sistema gestor de bases de datos relacional (RDBMS o SGBDR), e incluso los cambios en la estructura de las tablas de la base de datos, no deberían afectar a la capacidad del usuario para trabajar con los datos.

### Problema 2.2: diferencia en álgebra relacional

○ **Enunciado:** indique el resultado de la resta entre las tablas *T1* y *T2* de la Fig. 2.7 y escriba la correspondiente expresión en álgebra relacional.

○ **Solución:** como sabemos, la resta es una operación entre dos relaciones compatibles que permite detectar tuplas que están en una relación pero no en la otra. Asumimos que la condición de compatibilidad se cumple porque ambas relaciones constan de una sola columna con el mismo nombre y mismo dominio o tipo de datos. La tabla *T1* consta de los elementos (1,2,3) y la tabla *T2* está formada por (2,3,4). El elemento de *T1* que no está en *T2* es 1. Así resulta ser *T1-T2*=1. Nótese que el resultado de la resta inversa sería *T2-T1*=4.

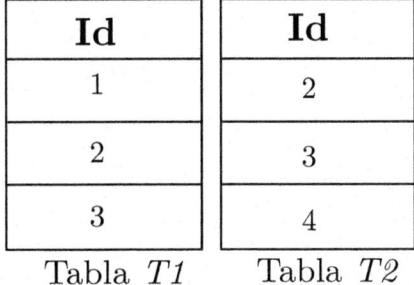

| Id | Id |
|:--:|:--:|
| 1 | 2 |
| 2 | 3 |
| 3 | 4 |
| Tabla *T1* | Tabla *T2* |

**Figura 2.7** Resta de tablas *T1* y *T2*.

## Problema 2.3: consultas en álgebra relacional

○ **Enunciado:** atendiendo a la estructura de la base de datos ***Classicmodels*** de la Fig. 2.8 que corresponde a la base de datos de muestra del tutorial online de MySQL (`www.mysqltutorial.org/`), escriba en álgebra relacional las consultas para resolver las siguientes cuestiones:

- Employee(**employeeNumber**, lastName, firstName, extension, email, ***officeCode***, ***reportsTo***, jobTitle)
- Customer(**customerNumber**, customerName, contactLastName, contactFirstName, phone, addressLine1, addressLine2, city, state, postalCode, country, ***salesRepEmployeeNumber***, creditLimit)
- ProductLine(**productLine**, textDescription, htmlDescription, image)
- OrderDetail(***orderNumber, productCode***, quantityOrdered, priceEach, orderLineNumber)
- Payments(***customerNumber***, **checkNumber**, paymentDate, amount)
- Offices(**officeCode**, city, phone, addressLine1, addressLine2, state, country, postalCode, territory)
- Products(**productCode**, productName, ***productLine***, productScale, productVendor, productDescription, quantityInStock, buyPrice, MSRP)
- Orders(**orderNumber**, orderDate, requiredDate, shippedDate, status, comments, ***customerNumber***)

**Figura 2.8** Estructura de la base de datos ***Classicmodels***.

1. Nombre y apellido de los empleados de la oficina 1.

2. Nombre y apellido de los empleados de Estados Unidos, es decir USA.

3. Muestre el apellido de cada empleado renombrando el atributo *last-Name* por *apellido* y a la vez cambiando el nombre de la tabla *Employees* por *Trabajador*.

○ **Solución:** una posible respuesta a las cuestiones se muestra a continuación:

1.
$$\pi_{firstName, lastName}(\sigma_{OfficeCode="1"}(Employees))$$

2.
$$\pi_{firstName, lastName}\sigma_{country="USA"}(Employees$$
$$\bowtie_{Employees.officeCode=Offices.officeCode} Offices)$$

3.
$$\pi_{apellido}(\rho_{apellido \leftarrow firstname}(\rho_{Trabajador}(Employees)))$$

## Problema 2.4: dominios atómicos

∘ **Enunciado:** en el modelo relacional se exige que para todas las relaciones de una base de datos los dominios de todos los atributos sean atómicos. Atendiendo a las las relaciones *Autor* (Tabla 2.1) y *Editor* (Tabla 2.12) de la base de datos **Librería** revise la atomicidad de los atributos *nombre* y *direccion* de ambas relaciones.

∘ **Solución:** en la tabla *Autor* el atributo *nombre* representa un nombre para identificar a personas. Tal y como están registrados los datos en la tabla, este atributo en esta tabla no reúne condiciones de atomicidad porque engloba el sub-atributo *apellido*. Entonces, para considerar la atomicidad siguiendo el criterio anterior, este atributo tendría que subdividirse en *nombre* y *apellido*. En el caso del atributo *direccion*, refiriéndose a una dirección postal, en la relación *autor* ocurre lo mismo. La *direccion* podría desglosarse en nombre de calle, número de calle, ciudad, código postal, etc. Para la relación *Editor*, sin embargo, el atributo *nombre* no representa nombres de personas, sino de una empresa editorial en este caso, de modo que, *a priori*, no sería necesario considerar características de atomicidad porque no hay un criterio estándar establecido para asignar nombres a empresas editoriales. En la tabla *Editor*, para el atributo *direccion* se pueden hacer las mismas consideraciones que para la tabla *Autor*. De todas formas, el criterio de especificación de dominios de los atributos depende del diseño de la base de datos y de la semántica que se establezca para cada uno de los atributos de las relaciones de dicha base de datos.

## Problema 2.5: regla comprensiva del sublenguaje de datos

∘ **Enunciado:** la regla 5 del sublenguaje comprensivo de datos establece la obligatoriedad de crear el lenguaje SQL para los sistemas gestores de bases de datos. Verdadero o falso. Justifique su respuesta.

○ **Solución:** SQL como tal no se requiere específicamente para satisfacer la regla. Esta regla exige la existencia de un lenguaje de base de datos relacional, como SQL, para manipular datos. El lenguaje debe ser capaz de soportar todas las principales funciones de un DBMS: crear una base de datos, recuperar e introducir datos, implementar la seguridad en una base de datos, entre otras.

### Problema 2.6: vistas teóricamente actualizables

○ **Enunciado:** sabiendo que una vista es una tabla virtual creada a partir de tablas reales de una base de datos, ¿qué condición básica cree que debería cumplir una vista para ser teóricamente actualizable? Describa situaciones que pueden suponer dificultades en la actualización de una vista para un DBMS.

○ **Solución:** para que una vista sea teóricamente actualizable debe estar compuesta por columnas que corresponden a columnas de una tabla real.

Posibles problemas en la actualización de vistas:

- Actualizar más de una tabla en una sentencia.
- Actualizar un campo derivado o una constante.

### Problema 2.7: selección y proyección en álgebra relacional

○ **Enunciado:** considerando la tabla *Libro* de la base de datos **Librería**, escriba una consulta para obtener el *ISBN*, *titulo* y el *precio* de los libros cuyo precio esté entre 30 € y 45 €.

○ **Solución:**

$$\pi_{ISBN,titulo,precio}(\sigma_{precio\geqslant 30 \wedge precio\leqslant 45}(Libro))$$

### Problema 2.8: índices e independencia de los datos

○ **Enunciado:** los índices se emplean para optimizar las consultas en una base de datos, pero ¿cómo afecta su utilización al cumplimiento de la regla de independencia física de los datos? ¿Cómo afecta a esta regla la utilización de índices en una base de datos?

○ **Solución:** según la regla número 8 el modelo relacional es un modelo lógico de datos, y oculta las características de su representación física. La utilización de índices no debería afectar a las vistas de usuario, lo cual significa que aunque los índices determinan cómo se almacenan los datos, el usuario, a través de SQL, nunca sabrá que se están utilizando índices en el acceso a los datos.

## Problema 2.9: independencia lógica, física y distribución

∘ **Enunciado:** ¿qué regla o reglas de Codd hay detrás de las siguientes situaciones? Justifique sus respuestas.

1. Se pueden reorganizar ciertos ficheros físicos con el fin de mejorar el rendimiento de las operaciones de consulta o de actualización de datos de una tabla de la base de datos sin que los usuarios de dicha base de datos se den cuenta de ello.

2. Suprimir el atributo *edad* de la entidad *Alumno* y añadir otra entidad *Aula* en la base de datos no debería afectar a ninguno de los programas existentes que no utilicen el atributo *edad*.

3. El método de acceso a unos registros determinados, el formato o la codificación de los datos de la tabla son ajenos al usuario.

4. En la estructura de la tabla anterior (*Alumno*) podemos reducir la longitud del atributo *nombre* de treinta a quince caracteres sin preocuparnos por modificar los programas que ya tenemos escritos, si no nos importa que los valores obtenidos tengan sólo los primeros quince caracteres del nombre.

5. El programa usuario no dice nada respecto a cómo se debe hacer físicamente la consulta sobre la tabla. Es el DBMS el que lo debe determinar.

6. Para mejorar la disponibilidad y el coste, hemos decidido que una cierta parte de la DB que está situada en el ordenador central de la empresa estará duplicada (replicada) en un ordenador situado en una oficina ubicada en otra ciudad (conectado permanentemente por vía telefónica). Los programas que actualizan la base de datos, ¿tendrían que preocuparse de actualizar también la réplica? ¿Por qué?

∘ **Solución:**

1. Independencia física de los datos.

2. Independencia lógica de los datos.

3. Independencia física de los datos.

4. Independencia lógica de los datos.

5. Independencia física de los datos.

6. Independencia de distribución. Los programas que actualizan la base de datos no tendrán que preocuparse de actualizar también la réplica gracias a la regla de independencia de distribución.

**Problema 2.10: operaciones complejas de álgebra relacional**

○ **Enunciado:** escriba, basándose en la base de datos *Librería*, una expresión para obtener una lista con los nombres los autores que han escrito libros y los títulos de los libros. En esta lista se quiere que aparezcan solo aquellos autores cuyo nombre empieza por M, o títulos de libros que también empiecen por M.

○ **Solución:**

$$\pi_{nombre\_a,titulo}\sigma_{(nombre\_a\ LIKE\ 'M\%')}(Autor \bowtie Escribir \bowtie Libro)$$
$$\cup\ \pi_{nombre\_a,titulo}\sigma_{(titulo\ LIKE\ 'M\%')}(Autor \bowtie Escribir \bowtie Libro)$$

## 2.10.  Actividades recomendadas

### Actividad 2.1

Observe la Tabla 2.24 y suponga que está contenida en una DB gestionada por un DBMS, por ejemplo, MySQL:

| Identidad | Nombre | Edad | Curso |
|---|---|---|---|
| 1 | Paul | 20 | 2 |
| 2 | Mitt | 19 | 3 |
| 1 | Veronica | 20 | 3 |
| 4 | Veronica | 19 | - |
| 6 | Johan | -22 | 4 |
| 5 | Pau | 20 | 2 |
| 3 | Audri | 20 | 1 |

**Tabla 2.24**  Tabla *Alumnos*.

Analícela y haga comentarios acerca de sus características conforme al modelo relacional indicando su esquema, atributos, dominios, grado, cardinalidad. Indique y proponga también las superclaves, claves candidatas y clave primaria, y alternativas para una mejor adaptación al modelo relacional.

## Actividad 2.2

Dado el esquema de la base de datos de la Tabla 2.25 para una galería de arte (DB **Galería**) donde se guarda la información en tablas de los artistas, las obras de arte, cada una de las cuales se clasifican en grupos de diversa índole, por ejemplo, retratos, bodegones, etc., y además pudiendo pertenecer a más de un grupo; los grupos de obras de arte que los clientes tienden a elegir, y siendo cada obra fruto de la creación de un solo artista:

1. Indique qué atributos son las claves primarias (PK) de cada una de las relaciones.

2. Dibuje el diagrama de esquemas correspondiente.

*Artista(nombre, lugar-nacimiento, año-nacimiento, estilo)*
*Obra(Id-obra, titulo, año, tipo, precio, nombre)*
*Grupo(nombre)*
*Cliente(id-cliente, nombre, Direccion, gasto)*
*Clasifica(id-clasifica, id-obra, nombre)*
*Gusto-Artista(id-gusto-artista, nombre, id-cliente)*
*Gusto-Grupo(id-gusto-grupo, nombre, id-cliente)*

**Tabla 2.25**   Esquema DB **Galería**.

## Actividad 2.3

Dada la Tabla 2.4, escriba una expresión en álgebra relacional para:

1. Encontrar el libro más caro.

2. Obtener la media del precio de los libros escritos antes de 1990.

## Actividad 2.4

Dadas las tablas *Libro* Tabla 2.4 y *Editor* Tabla 2.12, escriba una expresión en álgebra relacional para obtener el *nombre* y la *direccion*, presentados en orden descendente ambos, de los editores que no han editado libros, y represente la tabla resultante.

**Actividad 2.5**

En el esquema de la base de datos ***Librería*** (Tabla 2.7), las relaciones *Autor* (Tabla 2.1) y *Editor* (Tabla 2.12) tienen atributos de nombre que parecen representar nombres de personas como claves primarias. Teniendo en cuenta que ambos atributos deberían cumplir con el criterio de atomicidad de los respectivos dominios, razone sobre la idoneidad de considerar este tipo de atributos (nombres de personas) como clave primaria en una relación.

**Actividad 2.6**

Considerando la base de datos ***Librería*** escriba una consulta para obtener el nombre de los editores que han editado más de un libro.

**Actividad 2.7**

Dadas las tablas *Empleado* y *Departamento* de la Fig. 2.9

Empleado

| Nombre | Edad | ID-dept |
|--------|------|---------|
| Angel | 45 | 1 |
| Luisa | 29 | 1 |
| Elena | 39 | 3 |

Departamento

| Nombre | ID-departamento |
|--------|-----------------|
| Contabilidad | 1 |
| Dirección | 2 |
| Marketing | 3 |

**Figura 2.9** Tablas *Empleado* y *Departamento*.

Calcule el *join* natural entre ambas escribiendo la expresión en álgebra relacional y representando los resultados. Haga comentarios sobre la viabilidad o inconveniencia/s de realizar esta operación y comente la/s posible/s alternativa/s.

**Actividad 2.8**

A partir del esquema de la base de datos galería de la Tabla 2.25.

1. Escriba una consulta en álgebra relacional para mostrar un listado de los artistas donde aparezca el nombre del artista y el precio total

de todas sus obras ordenados de menor a mayor por el precio total.

2. Plantee una consulta en álgebra relacional para mostrar la obra más barata.

## Actividad 2.9

Sobre la base de datos ***Classicmodels*** escriba las expresiones correspondientes a los siguientes enunciados.

1. Utilizando la relación *Employees*, escriba una expresión para que salgan ordenadas las filas por orden descendente del atributo *last-Name* y ascendente para *officeCode*.

2. Realice otra consulta en la misma tabla donde aparezcan solo los empleados con *employeeNumber* entre 1000 y 1200.

3. Escriba una expresión para obtener el nombre de cada cliente (*CustomerName*) junto a la media de pagos realizados durante el año 2004.

4. Cree una consulta que presente en una tabla dos columnas, una con el apellido del *manager* renombrado como manager y otra con el apellido del empleado renombrado como empleado, de la siguiente manera: en la primera columna irá el nombre del *manager* o de los empleados con algún rol de supervisor/a de otros/as empleados/as, es decir, que supervisa o es manager; y en la otra columna irán directamente los nombres de los empleados/as que no supervisan a otros o son supervisados por otro, o tienen menor rango con respecto de otro. Se requiere que el resultado esté ordenado por orden descendente del atributo renombrado manager.

## Actividad 2.10

Sobre una base de datos dada, indique lo que hacen las siguientes expresiones en álgebra relacional o el significado que tienen:

1. Donde *Alumno* es una relación con información sobre alumnos de una universidad.

$$\pi_{nombre}(\sigma_{ciudad=\text{``}Vigo\text{''}} Alumno)$$

2. Sobre el esquema de la base de datos formado por estas tres relaciones:

*Cliente(**N-Cliente**, Nombre, Direccion, Telefono, Poblacion)*
*Producto(**Cod-Producto**, Descripcion, Precio)*
*Venta(**Id-Venta**, **Cod-Producto**, **N-Cliente**, Cantidad).*

donde:
Cliente (C) almacena información sobre cada posible cliente, producto (P) almacena información sobre cada producto de la empresa y venta (V) relaciona a las dos anteriores.

$$\pi_{nombre}(\pi_{C.nombre,C.N-Cliente,V.Cod-Producto}(C \bowtie V)) : \pi_{cod-Producto}P))$$

# Capítulo 3

# El lenguaje SQL

*"Hay solo dos clases de lenguajes de programación: aquellos de los que
la gente está siempre quejándose y aquellos que nadie usa".*

**Bjarne Stroustrup**

El capítulo comienza con una introducción al lenguaje SQL (*Structured
Query Language*) donde se exponen unas breves reseñas sobre su evolución histórica. A continuación, se presentan las diferentes funciones del
lenguaje SQL, así como la manera en que se agrupan los distintos conjuntos de comandos (DDL, DML, DCL y TCL) que lo componen, atendiendo
a su naturaleza: manipulación de datos, definición de datos, control de
transacciones y control de acceso a datos.

Se hace una breve introducción sobre cómo acceder al DBMS MySQL,
para posteriormente crear una base de datos. Se describen los pasos para
crear y eliminar tablas, modificar sus estructuras, e insertar y actualizar
datos en ellas.

El eje central del capítulo lo constituyen las consultas SQL, que se pueden
agrupar en: consultas básicas de datos, consultas con ordenaciones de
datos, con filtrado de datos, con operaciones de álgebra de conjuntos
(unión, intersección, resta), con combinaciones de tablas, con funciones de
agregación con y sin agrupaciones de datos, con funciones matemáticas,
con funciones de fechas, y finalmente, con subconsultas anidadas.

En este capítulo se presentan las vistas, y los comandos asociados a ellas,
como una herramienta muy potente de protección de la base de datos ante
usuarios que no necesitan conocer ni acceder a las estructuras internas
de las bases de datos para operar con ellas.

Para terminar, se hace una pequeña introducción sobre el uso de herramientas gráficas para la gestión bases de datos mostrando algunos ejemplos de uso del entorno gráfico DBeaver.

## 3.1.  Objetivos

Los objetivos de este capítulo los podemos resumir en:

- Entender en qué partes se divide el lenguaje SQL.

- Crear bases de datos y sus tablas asociadas utilizando las sentencias adecuadas del lenguaje SQL.

- Entender y dominar todas las opciones de consultas de información que ofrece el lenguaje SQL, desde *queries* sencillas a complejas que involucren varias tablas.

- Explorar las diferentes opciones para interactuar con las bases de datos, tanto a nivel de consola como a nivel de entorno gráfico.

## 3.2.  Historia del lenguaje SQL

Si se analiza la historia del lenguaje SQL, nos encontramos varias etapas y cambios trascendentes en su evolución. Existen tres etapas clave donde ha tenido los mayores cambios, estos hechos pueden resumirse de la siguiente forma:

- **Años 1970:** es IBM quien desarrolla SEQUEL, SEQUEL-2 y SQL.

- **Años 1980:** ASNI lo transforma en un estándar para los Sistemas de Gestión de Bases de Datos Relacionales (RDBMS). En esta época aparecen numerosos sistemas de gestión de bases de datos (DBMS) basados en SQL o con la misma apariencia que éste.

- **Años 1990:** es en esta década cuando se amplían sus capacidades. Aparecen SQL-89 integrando varias versiones del estándar (SQL92, SQL9x), y versiones propias de ciertos RDBMS.

- **Actualidad:** su uso se ha generalizado en todos los sistemas de gestión de bases de datos relacionales.

En la Fig. 3.1 se resume la evolución del lenguaje SQL tal y como se ha descrito anteriormente.

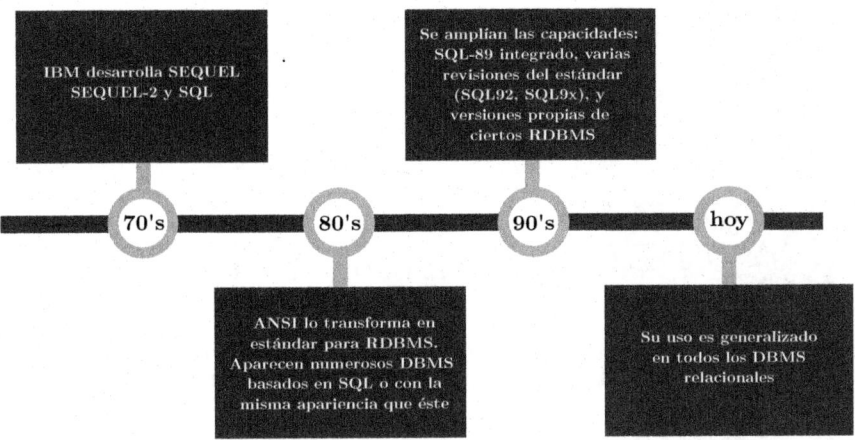

**Figura 3.1** Evolución del lenguaje SQL.

## 3.3. Lenguaje SQL: DDL, DML, DCL y TCL

El lenguaje SQL (por sus siglas en inglés *Structured Query Language*; en español Lenguaje de Consulta Estructurada) es un lenguaje de dominio específico utilizado en programación diseñado para administrar y recuperar información de sistemas de gestión de bases de datos relacionales. Este lenguaje se puede estructurar en cuatro partes fundamentales que son:

- **DDL: Lenguaje de Definición de Datos.** Permite a los programadores definir las estructuras que almacenarán los datos. Comandos típicos son: CREATE, DROP, ALTER,...

- **DML: Lenguaje de Manipulación de Datos.** Habilita a los usuarios a realizar consultas o modificación de los datos. En DML podemos poner como ejemplos de comandos: SELECT, INSERT, DELETE, UPDATE,...

- **DCL: Lenguaje de Control de Datos.** Es la parte del lenguaje que permite al administrador controlar el acceso a los datos contenidos en la base de datos. En cuanto a esta parte del lenguaje podemos citar los comandos: GRANT, REVOKE,...

- **TCL: Lenguaje de Control de Transacciones.** Se usa para administrar las diferentes transacciones que ocurren dentro de una

base de datos. En esta parte se pueden citar los comandos: COM-
MIT, ROLLBACK,...

En la Fig. 3.2 se ha muestra un resumen de los cuatro grupos de comandos
que conforman el lenguaje SQL:

**Figura 3.2**   Grupos de comandos del lenguaje SQL.

## 3.4.   Acceso al sistema gestor de la base de datos

Para poder explicar las diferentes acciones que pueden llevarse a cabo
con una base de datos utilizando el lenguaje SQL, previamente hay que
acceder al gestor de bases de datos (DBMS), donde estará o se creará la
base de datos sobre la que vamos a operar. En este capítulo, nos apoyaremos en el DBMS MySQL, ya que es un gestor ampliamente utilizado,
tanto en el mundo académico como en el empresarial.

De hecho, utilizar el gestor MySQL para trabajar con bases de datos
requiere tener preparado un entorno de trabajo con unas condiciones
determinadas. La preparación del entorno de trabajo consiste en realizar unas instalaciones y configuraciones previas que son necesarias para
disponer del sistema gestor. Las condiciones pueden resumirse en el siguiente enunciado: vamos a trabajar principalmente con un cliente de
MySQL (MySQL Client) conectándose, desde la línea de comandos de
consola, a un servidor de MySQL (MySQL Server), instalados ambos
sobre máquinas virtuales con sistema operativo Linux Ubuntu.

En este caso, para realizar el proceso de acceso al DBMS, desde un enfoque práctico, se deja a disposición del lector en el Apéndice A la información necesaria para crear las máquinas virtuales con SO Ubuntu. En el Apéndice B se explica con detalle cómo instalar el DBMS MySQL y, también, cómo y crear un usuario con los privilegios necesarios para poder realizar estas acciones. Por tanto, se invita al lector a revisar estos apéndices, ya que servirán de guía para tener el entorno MySQL preparado antes de empezar a trabajar con las bases de datos. Además, en el Capítulo 5 se explicará con mayor detalle cómo gestionar los diferentes tipos de usuarios dentro del gestor de bases de datos.

El acceso al sistema gestor desde la línea de comandos del sistema operativo responde a una estructura tipo formada por varios parámetros. Los más elementales de éstos son: nombre de usuario, caracterizado por el parámetro **-u**; clave de usuario, que se caracteriza por el parámetro **-p**; nombre o dirección IP del servidor de bases de datos (DBMS), que corresponde al parámetro **-h**. El servidor de bases de datos adquiere el nombre de host o la dirección IP que corresponde a la máquina donde esté instalado.

Teniendo en cuenta esta estructura, el acceso al sistema gestor o servidor MySQL se realiza ejecutando el comando **mysql** seguido de unos argumentos marcados por los parámetros citados anteriormente. A continuación, se muestra un ejemplo genérico de este comando:

**mysql −h localhost -u nombre_de_usuario -p**

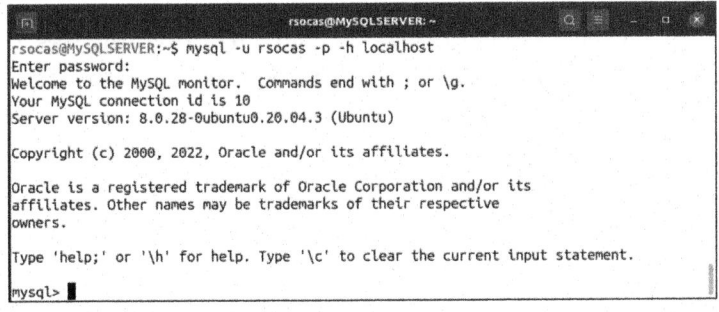

**Figura 3.3**   Acceso al DBMS MySQL.

En la Fig. 3.3 se ilustra un ejemplo de este proceso, donde: el nombre de usuario es **rsocas**; **localhost** representa el nombre del servidor de DB. El parámetro **-p** sin especificar la contraseña en línea de comandos implica que el servidor solicitará dicha clave en una segunda fase del proceso de acceso para que ésta quede oculta. Cuando el acceso ha sido correcto aparece el *promtp* **mysql>**, que significa que el servidor está preparado para ejecutar sentencias SQL.

## 3.5. Creación de tablas

Tal y como se vio en el capítulo anterior, el elemento básico de una base de datos son las tablas (relación en el modelo relacional). En este apartado, veremos cómo definir las tablas mediante lenguaje SQL. Previo a definir las tablas, hay que crear la base de datos a la cual pertenecen. Por tanto, el código SQL para crear la base de datos se muestra en el Código 3.1.

```
CREATE DATABASE BBDD_ejemplo;
SHOW DATABASES;
USE BBDD_ejemplo;
mysql> SHOW DATABASES;
+
| Database              |
+
| BBDD_ejemplo          |
| classicmodels         |
| information_schema    |
| mysql                 |
| performance_schema    |
| sys                   |
| university            |
+
7 rows in set (0,00 sec)
mysql> USE BBDD_ejemplo;
mysql>
```

**Código 3.1**    Creación de una base de datos.

El comando que crea la base de datos (BBDD_ejemplo) es **CREATE DATABASE**, el **SHOW DATABASES** muestra las bases de datos existentes y el **USE** se utiliza para seleccionar la base de datos con la que queremos trabajar. Por otro lado, si se quiere eliminar la base de datos basta usar el código **DROP DATABASE** que la elimina del DBMS de forma permanente. Pues llegados a este punto, ya se puede incluir el código para crear tablas. En el Código 3.2 se muestra el código SQL para crear dos tablas vinculadas (*parent* y *child*), que pertenecen a la base de datos que se creó anteriormente (BBDD_ejemplo). Como se puede observar, el código es bastante intuitivo. Se crea la tabla con el comando **CREATE TABLE**. Luego se van definiendo los atributos indicando de qué tipo son INT[1], varchar[2], etc. Posteriormente se definen las claves primarias y las claves foráneas con los comandos **PRIMARY KEY** y

---

[1]Datos de tipo entero.
[2]Datos de tipo cadena de caracteres.

**FOREIGN KEY**. También se incluyen las acciones referenciales a la hora de definir la clave foránea. En este caso, se han utilizado las opciones **ON DELETE CASCADE ON UPDATE CASCADE**, que propagan las acciones de borrado y actualización. Se continúa eligiendo los motores de almacenamiento, siendo el InnoDB uno de los más frecuentes (para más información sobre motores de almacenamiento, se recomienda visitar `https://www.mysqltutorial.org/understand-mys` `ql-table-types-innodb-myisam.aspx`). Por último, se fija el conjunto de caracteres, que en este caso es el utf8mb4.

```
CREATE TABLE parent (
        id_parent INT NOT NULL,
        parent_name varchar(100) NULL,
        PRIMARY KEY (id_parent)
)
ENGINE=InnoDB
DEFAULT CHARSET=utf8mb4;

CREATE TABLE child (
        id_child INT auto_increment NOT NULL,
        id_parent INT NULL,
        child_name varchar(100) NULL,
        PRIMARY KEY (id_child),
        FOREIGN KEY (id_parent) REFERENCES BBDD_ejemplo.parent(
            id_parent) ON DELETE CASCADE ON UPDATE CASCADE
)
ENGINE=InnoDB
DEFAULT CHARSET=utf8mb4;
```

**Código 3.2** Creación de tablas en SQL.

Por otro lado, al igual que sucedía con las bases de datos, si se quiere eliminar una tabla basta con utilizar el comando **DROP TABLE**, y ésta será eliminada de forma permanente de la base de datos.

## 3.6. Modificación de tablas

Una vez se han creado las tablas dentro de una base de datos, la siguiente acción es incluirle los datos, que puede llevarse a cabo con el comando INSERT. También puede suceder que necesitemos borrarlos (DELETE), actualizarlos (UPDATE) e incluso modificar la estructura de la tabla (ALTER). Veamos a continuación algunos ejemplos sobre la base de datos BBDD_ejemplo que se creó anteriormente:

- **INSERT:** en este caso, se incluirán los datos que se muestran en el Código 3.3. Una vez incluidos los datos, se puede consultar la

información con el comando SELECT * FROM [tabla], que muestra
los datos que hay en cada una de las tablas.

```
INSERT INTO parent (id_parent, parent_name)
VALUES
(1, 'Antonio'),
(2, 'Maria');

INSERT INTO child (id_child, id_parent, child_name)
VALUES
(1, 1, 'Jesus'),
(2, 2, 'Sergio'),
(3, 2, 'Carmen');

mysql> SELECT * FROM parent;
+
| id_parent | parent_name |
+
|         1 | Antonio     |
|         2 | Maria       |
+
2 rows in set (0,00 sec)

mysql> SELECT * FROM child;
+
| id_child | id_parent | child_name |
+
|        1 |         1 | Jesus      |
|        2 |         2 | Sergio     |
|        3 |         2 | Carmen     |
+
3 rows in set (0,00 sec)
```

**Código 3.3**   Inserción de datos en las tablas *Parent* y *Child*.

- **DELETE:** si ahora se quisiera eliminar uno de los registros de la
  tabla *Child*, por ejemplo, el registro donde está "Sergio", se puede
  utilizar el siguiente Código 3.4. Se observa ahora que ha desapare-
  cido esa información de la tabla.

```
DELETE FROM child
WHERE id_child=2;

mysql> SELECT * FROM parent;
+
| id_parent | parent_name |
+
|         1 | Antonio     |
|         2 | Maria       |
+
2 rows in set (0,00 sec)

mysql> SELECT * FROM child;
+
| id_child | id_parent | child_name |
+
|        1 |         1 | Jesus      |
|        3 |         2 | Carmen     |
+
2 rows in set (0,00 sec)
```

**Código 3.4** Borrado de un registro en la tabla *Child*.

- **UPDATE:** en este punto, supongamos que se quiere sustituir el nombre del hijo "Jesus" por el nombre "Javier" en la tabla *Child*, se puede llevar a cabo con el Código 3.5, cuyo resultado muestra que se ha realizado el cambio en dicha tabla.

```
UPDATE child
SET
    child_name = 'Javier'
WHERE
    id_child = 1;

mysql> SELECT * FROM parent;
+
| id_parent | parent_name |
+
|         1 | Antonio     |
|         2 | Maria       |
+
2 rows in set (0,00 sec)

mysql> SELECT * FROM child;
+
| id_child | id_parent | child_name |
+
|        1 |         1 | Javier     |
|        3 |         2 | Carmen     |
+
2 rows in set (0,00 sec)
```

**Código 3.5** Actualización de un registro en la tabla *Child*.

- **ALTER:** supongamos que queremos modificar la estructura de una de las tablas, por ejemplo, porque en el diseño inicial no se consideró incluir un atributo que luego se vio que era importante. Supongamos que en la tabla *Child* queremos incluir el atributo edad. Esto podemos realizarlo mediante el Código 3.6. En este caso, apoyándonos en el comando UPDATE podemos también incluirle los datos correspondientes.

```
ALTER TABLE child
ADD child_age INT;

UPDATE child
SET
    child_age = 15
WHERE
    id_child = 1;

UPDATE child
SET
    child_age = 21
WHERE
    id_child = 3;

mysql> SELECT * FROM child;
+
| id_child | id_parent | child_name | child_age |
+
|        1 |         1 | Javier     |        15 |
|        3 |         2 | Carmen     |        21 |
+
2 rows in set (0,00 sec)
```

**Código 3.6**  Modificación de la estructura de la tabla *Child* e inclusión de sus nuevos datos.

Para terminar, indicar que en esta sección se explicó el comando ALTER con la cláusula ADD para añadir nuevos campos, pero existen otras como MODIFY, CHANGE, DROP, RENAME que pueden utilizarse también para modificar la estructura de las tablas según distintas necesidades.

## 3.7.  Consultas SQL

Una de las potencialidades más importantes del lenguaje SQL es su capacidad para hacer consultas y extraer la información relevante de la misma. Este lenguaje tiene una infinidad de comandos que podemos resumir y categorizar según la Tabla 3.1. Por otro lado, para explicar las diferentes consultas nos apoyaremos en la base de datos **Classicmodels** (https: //www.mysqltutorial.org/mysql-sample-database.aspx), que es un clásico del MySQL cuya esquema se presenta en la Fig. 3.4. Finalmente,

para ampliar las opciones de los comandos aquí explicados, nuevos comandos MySQL y un sinfín de información adicional, se recomienda visitar la página de MySQL Tutorial https://www.mysqltutorial.org/.

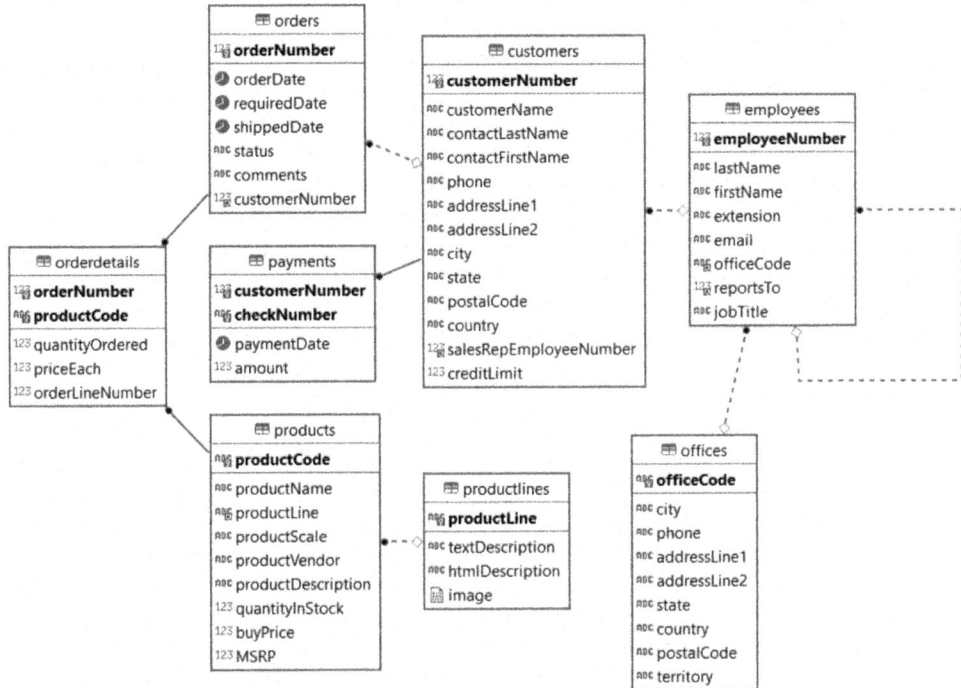

**Figura 3.4** Esquema de la base de datos *Classicmodels*.

## 3.7.1. Consultas

Aquí los comandos típicos son SELECT y SELECT FROM.

- **SELECT:** en MySQL no se requiere la cláusula FROM en la sentencia SELECT para ciertas consultas, esto significa que puede realizarse instrucciones como las que se muestran en el Código 3.7. En
este caso, presenta datos que no proceden de ninguna tabla.

| Categoría | Comando SQL |
|---|---|
| Consulta de Datos | SELECT |
|  | SELECT FROM |
| Ordenación de Datos | ORDER BY |
| Filtrado de Datos | WHERE |
|  | SELECT DISTINCT |
|  | AND, OR, IN |
|  | NOT IN, BETWEEN |
|  | LIKE, LIMIT |
|  | IS NULL |
| Unión de Tablas | INNER JOIN |
|  | LEFT JOIN |
|  | RIGHT JOIN |
|  | CROSS JOIN |
| Agrupación de Datos | GROUP BY |
|  | HAVING |
|  | ROLL UP |
| Funciones de Agregación | AVG(), COUNT(), SUM() |
|  | MAX(), MIN() |
| Funciones Matemáticas | ABS(), CEIL(), FLOOR() |
|  | MOD(), ROUND(), TRUNCATE() |
| Funciones de Fechas | CURDATE(), DATEDIFF(), DAY() |
|  | NOW(), MONTH(), YEAR() |
| Subqueries | Subquery |
|  | Derived Table |
|  | EXISTS |

**Tabla 3.1**  Comandos SQL agrupados por categorías.

```
SELECT 7 + 1;

+
| 7+1 |
+
|   8 |
+
1 row in set (0,08 sec)
SELECT NOW();
+
| NOW()                |
+
| 2022-07-27 23:38:39 |
+
1 row in set (0,03 sec)
SELECT CONCAT('Rafael',' ','Socas');
+
| CONCAT ('Rafael',' ','Socas') |
+
| Rafael Socas                  |
+
1 row in set (0,00 sec)
```

**Código 3.7**   Ejemplo de SELECT sin cláusula FROM.

- **SELECT FROM:** por otro lado, la instrucción SELECT permite seleccionar datos de una o más tablas. Para ello, tenemos que
  apoyarnos en la cláusula FROM. En el Código 3.8 se muestra un
  ejemplo de cómo extraer los datos de los atributos *firstName* y *job-
  Title* de la tabla *Employees*, además en este caso se limita la consulta
  (comando LIMIT) a cinco registros.

```
SELECT
    firstName,
    jobTitle
FROM
    employees
LIMIT 5;

+
| firstName | jobTitle              |
+
| Diane     | President             |
| Mary      | VP Sales              |
| Jeff      | VP Marketing          |
| William   | Sales Manager (APAC)  |
| Gerard    | Sale Manager (EMEA)   |
+
5 rows in set (0,11 sec)
```

**Código 3.8**   Ejemplo de SELECT con la cláusula FROM para extraer datos
de una tabla.

Finalmente, se indica que se puede usar el comando SELECT * para seleccionar datos de todos los atributos (columnas) de una tabla.

### 3.7.2.  Ordenación

Una vez se hace una consulta a una base de datos, es muy importante que los datos se muestren ordenados según ciertos criterios. Para ello se utiliza el siguiente comando:

- **ORDER BY:** cuando se utiliza la instrucción SELECT para consultar datos de una tabla, no se especifica el orden de las tuplas (filas) del conjunto de resultados. Para ordenarlos nos apoyamos en la cláusula ORDER BY. Este comando se complementa con las cláusulas ASC y DESC para indicar una ordenación en sentido ascendente o descendente respectivamente. A continuación en el Código 3.9 se muestra un ejemplo de uso, mostrándose el resultado de la consulta. En este ejemplo, se ordenan los datos en orden descendente en función del valor del atributo *subtotal*.

```
SELECT
    orderNumber,
    orderlinenumber,
    quantityOrdered * priceEach AS subtotal
FROM
    orderdetails
ORDER BY
    subtotal DESC
LIMIT 5;

+
| orderNumber | orderlinenumber | subtotal |
+
|       10403 |               9 | 11503.14 |
|       10405 |               5 | 11170.52 |
|       10407 |               2 | 10723.60 |
|       10404 |               3 | 10460.16 |
|       10312 |               3 | 10286.40 |
+
5 rows in set (0,13 sec)
```

**Código 3.9**   Ejemplo de uso de la cláusula ORDER BY.

### 3.7.3.  Filtrado

Otra de las fortalezas del SQL es su alta capacidad de filtrado de datos. Una vez se seleccionan las tablas de donde se obtiene la información, las diferentes opciones de filtrado permiten mostrar sólo los datos que cumplen ciertos criterios. A continuación se describen las diferentes opciones disponibles:

- **WHERE:** la cláusula WHERE permite especificar una condición de búsqueda para las filas devueltas por una consulta. En el Código 3.10 se muestra un ejemplo de uso de esta cláusula. En este caso sólo se mostrarán aquellos registros que cumplan que el *jobtilte*=VP Sales y que además pertenezca a la *officeCode* 1.

```
SELECT
    lastname ,
    jobtitle ,
    officeCode
FROM
    employees
WHERE
    jobtitle = 'VP Sales' AND
    officeCode = 1;

+
| lastname   | jobtitle  | officeCode |
+
| Patterson  | VP Sales  | 1          |
+
1 row in set (0,02 sec)
```

**Código 3.10**   Ejemplo de uso de la cláusula WHERE.

- **SELECT DISTINCT:** al consultar datos de una tabla, puede obtener filas duplicadas. Para eliminarlas, se utiliza la cláusula DISTINCT en la instrucción SELECT. En el Código 3.11 se comparan dos consultas: una sólo con el SELECT, donde pueden aparecer duplicados (si existen), y otra con el SELECT DISTINCT, donde los duplicados son eliminados. En este caso, se presenta el resultado de ambas consultas, mostrándose que en la segunda ya no se muestran los datos duplicados.

```
SELECT
    lastname
FROM
    employees
ORDER BY
    lastname
LIMIT 4;

+
| lastname |
+
| Bondur  |
| Bondur  |
| Bott    |
| Bow     |
+
4 rows in set (0,00 sec)
SELECT
    DISTINCT lastname
FROM
    employees
ORDER BY
    lastname
LIMIT 4;

+
| lastname |
+
| Bondur   |
| Bott     |
| Bow      |
| Castillo |
+
4 rows in set (0,06 sec)
```

**Código 3.11**    Ejemplo de uso de la cláusula SELECT DISTINCT.

- **AND:** este operador es un operador lógico que combina dos o más
  expresiones booleanas y devuelve 1, 0 o NULL. Si A y B son los
  operandos, el operador lógico AND devuelve 1 si tanto A como B
  son distintos de cero y no NULL. Devuelve 0 si cualquiera de los
  operandos es cero; de lo contrario, devuelve NULL. Para ilustrar el
  uso de este operador en el Código 3.12 se muestra un ejemplo. En
  este caso, nos apoyamos en este operador para mostrar los registros
  de los clientes cuyo *country* es Spain y además tienen un *creditlimit*
  superior a 45000.

```
SELECT
    customername ,
    country ,
    state ,
    creditlimit
FROM
    customers
WHERE
    country = 'Spain' AND
    creditlimit > 45000;


+
| customername            | country | state | creditlimit |
+
| Euro+ Shopping Channel| Spain   | NULL  |   227600.00 |
| Enaco Distributors    | Spain   | NULL  |    60300.00 |
| CAF Imports           | Spain   | NULL  |    59600.00 |
| Corrida Auto Replicas | Spain   | NULL  |   104600.00 |
| Iberia Gift Imports   | Spain   | NULL  |    65700.00 |
+
5 rows in set (0,00 sec)
```

**Código 3.12**  Ejemplo de uso de la cláusula AND.

- **OR:** se trata de un operador lógico que combina dos expresiones booleanas. Si tanto A como B no son NULL, el operador OR devuelve 1 (true) si A o B no son cero. Si tanto A como B son cero (false), el operador OR devuelve cero. Cuando una expresión contiene operadores AND y OR, se utiliza la precedencia del operador para determinar el orden de evaluación de los operadores. Se evalúa primero el operador con mayor precedencia. Dado que el operador AND tiene mayor precedencia que el operador OR, se evaluará el operador AND antes que el operador OR. En el Código 3.13 se presenta un ejemplo de uso de ambos operadores combinados y donde se evalúa la precedencia del AND antes que el OR.

```
SELECT
    customername,
    country,
    creditLimit
FROM
    customers
WHERE
    country = 'Spain'
    OR country = 'Italy'
    AND creditlimit > 110000;

+
| customername                  | country | creditLimit |
+
| Euro+ Shopping Channel        | Spain   |    227600.00 |
| Enaco Distributors            | Spain   |     60300.00 |
| ANG Resellers                 | Spain   |         0.00 |
| Amica Models & Co.            | Italy   |    113000.00 |
| Rovelli Gifts                 | Italy   |    119600.00 |
| CAF Imports                   | Spain   |     59600.00 |
| Lordine Souveniers            | Italy   |    121400.00 |
| Corrida Auto Replicas, Ltd    | Spain   |    104600.00 |
| Anton Designs, Ltd.           | Spain   |         0.00 |
| Iberia Gift Imports, Corp.    | Spain   |     65700.00 |
+
10 rows in set (0,01 sec)
```

**Código 3.13**  Ejemplo de uso de la cláusula AND y OR combinadas.

- **IN:** el operador IN devuelve 1 (true) si el valor es igual a cualquier valor de la lista (value1, value2, value3,...), en cualquier otro caso, devuelve 0. Para ilustrar el uso de este operador en el Código 3.14 se muestra un ejemplo de su aplicación.

```
SELECT
    officeCode,
    city,
    country
FROM
    offices
WHERE
    country IN ('Japan', 'UK');

+
| officeCode | city   | country |
+
| 5          | Tokyo  | Japan   |
| 7          | London | UK      |
+
2 rows in set (0,00 sec)
```

**Código 3.14**  Ejemplo de uso de la cláusula IN.

- **NOT IN:** este operador devuelve 1 (true) si el valor no es igual a ningún valor de la lista. De lo contrario, devuelve 0. En el Código

3.15 se muestra un ejemplo de uso donde se quieren presentar todos los registros excepto aquellos que tengan como *country* USA e Italy.

```
SELECT
    country,
    city,
    phone
FROM
    offices
WHERE
    country NOT IN ('USA' , 'Italy')
ORDER BY
    city;

+
| country    | city    | phone             |
+
| UK         | London  | +44 20 7877 2041  |
| France     | Paris   | +33 14 723 4404   |
| Australia  | Sydney  | +61 2 9264 2451   |
| Japan      | Tokyo   | +81 33 224 5000   |
+
4 rows in set (0,00 sec)
```

**Código 3.15**   Ejemplo de uso de la cláusula NOT IN.

- **BETWEEN:** el operador BETWEEN es un operador lógico que especifica si un valor está en un rango o no. Para invertir el funcionamiento del operador BETWEEN se utiliza el operador NOT. A continuación, en el Código 3.16 se muestra un ejemplo de ambos usos de este comando. En la primera consulta se usa para seleccionar los valores entre 85 y 95. En la segunda query se seleccionan aquellos valores que estén fuera del rango 20-105.

```
SELECT
    productName ,
    buyPrice
FROM
    products
WHERE
    buyPrice BETWEEN 85 AND 95;


+
| productName                          | buyPrice |
+
| 2003 Harley-Davidson Eagle Drag Bike |    91.02 |
| 1972 Alfa Romeo GTA                  |    85.68 |
| 1969 Corvair Monza                   |    89.14 |
| 1917 Grand Touring Sedan             |    86.70 |
| 1995 Honda Civic                     |    93.89 |
| 1970 Triumph Spitfire                |    91.92 |
+
6 rows in set (0,00 sec)

SELECT
    productName ,
    buyPrice
FROM
    products
WHERE
    buyPrice NOT BETWEEN 20 AND 105;


+
| productName                          | buyPrice |
+
| 1958 Chevy Corvette Limited Edition  |    15.91 |
| 1982 Lamborghini Diablo              |    16.24 |
+
2 rows in set (0,00 sec)
```

**Código 3.16**   Ejemplo de uso de la cláusula BETWEEN y NOT BETWEEN.

- **LIKE:** se trata de un operador lógico que comprueba si una cadena contiene el patrón especificado o no. MySQL proporciona dos caracteres comodín para construir patrones que son porcentaje ( % ) y guión bajo (_):

  - El porcentaje ( % ) indica cualquier cadena de cero o más caracteres.

  - El guión bajo ( _ ) indica cualquier carácter individual.

  También, MySQL permite combinar el operador NOT con el operador LIKE para encontrar una cadena que no coincida con un patrón específico.

  A veces, el patrón puede contener los caracteres comodín, por ejemplo, 25 %, _70, etc. En este caso, puede utilizar la cláusula ESCAPE

para especificar el carácter de escape de modo que el operador LI-
KE interprete el carácter comodín como un carácter literal. Si no se
especifica el carácter de escape explícitamente, el carácter de barra
diagonal inversa (\) es el carácter de escape predeterminado. En el
Código 3.17 se muestra un ejemplo donde se filtra por una cadena
que empiece por cualquier número de caracteres (%), luego se trata
el comodín (_) como una carácter más, ya que se le antepone el
carácter de escape ($). Posteriormente, se fija que contenga un 42 y
que pueda finalizar con cualquier cadena. En resumen, que contenga
el patrón (_42) dentro de la cadena.

```
SELECT
    productVendor ,
    productCode
FROM
    products
WHERE
    productCode LIKE '%$_42%' ESCAPE '$';


+
| productVendor                 | productCode |
+
| Second Gear Diecast           | S24_4258    |
| Unimax Art Galleries          | S24_4278    |
| Highway 66 Mini Classics      | S32_4289    |
+
3 rows in set (0,00 sec)
```

**Código 3.17** Ejemplo de uso del LIKE con comodines y carácter de escape.

- **LIMIT:** la cláusula LIMIT se utiliza en la instrucción SELECT
  para restringir el número de filas que se van a devolver. En el Código
  3.18 se muestra un ejemplo para obtener el top 3 de los clientes que
  tienen más límite de crédito.

```
SELECT
    customerName ,
    creditLimit
FROM
    customers
ORDER BY creditLimit DESC
LIMIT 3;


+
| customerName                  | creditLimit |
+
| Euro+ Shopping Channel        |   227600.00 |
| Mini Gifts Distributors Ltd.  |   210500.00 |
| Vida Sport , Ltd              |   141300.00 |
+
3 rows in set (0,00 sec)
```

**Código 3.18** Ejemplo de uso del LIMIT.

- **IS NULL:** para comprobar si un valor es nulo o no, se utiliza el operador IS NULL. En el Código 3.19 se muestra un ejemplo que obtiene cinco clientes que no tienen representante de ventas.

```
SELECT
    customerName,
    salesrepemployeenumber
FROM
    customers
WHERE
    salesrepemployeenumber  IS  NULL
LIMIT  5;

+
| customerName                | salesrepemployeenumber |
+
| Havel & Zbyszek Co          |                  NULL |
| Porto Imports Co.           |                  NULL |
| Asian Shopping Network, Co  |                  NULL |
| Naturlich Autos             |                  NULL |
| ANG Resellers               |                  NULL |
+
5 rows in set (0,00 sec)
```

**Código 3.19**   Ejemplo de uso del IS NULL.

### 3.7.4.   Unión de tablas

Una base de datos relacional consta de varias tablas relacionadas que se vinculan entre sí mediante campos comunes: las claves foráneas. Por ello, los datos en cada tabla son incompletos desde la perspectiva del negocio. Por tanto, para tener la información completa se debe combinar dichas tablas mediante los diferentes tipos de uniones. En MySQL existe cuatro tipos básicos de *joins* tal y como se describirá a continuación. Para hacer esta descripción nos apoyaremos en las tablas *Parent* y *Child* que se muestran en el Código 3.20.

```
mysql> SELECT * FROM parent ;
+
| id_parent | parent_name |
+
|         1 | Antonio     |
|         2 | Maria       |
|         3 | Juan        |
|         4 | Raquel      |
|         5 | Francisco   |
+

mysql> SELECT * FROM child ;
+
| id_child | id_parent | child_name |
+
|        1 |         1 | Luis       |
|        2 |         3 | Ainhoa     |
|        3 |         3 | Antonia    |
|        4 |         7 | Iker       |
+
```

**Código 3.20**  Tablas de referencia para explicar los joins.

Como se observa, en estas tablas, la clave foránea que las vincula es *id_-parent*. Pues apoyándonos en ese parámetro se definirán los siguientes tipos de *join*.

- **INNER JOIN:** esta cláusula une dos o más tablas basadas en una condición que se conoce como predicado de unión. INNER JOIN compara cada fila de la primera tabla con cada fila de la segunda tabla. Si los valores de ambas filas satisfacen la condición de unión, crea una nueva fila cuya columna contiene todas las columnas de las dos filas de ambas tablas e incluye esta nueva fila en el conjunto de resultados. En otras palabras, INNER JOIN incluye sólo filas coincidentes de ambas tablas. Si en la condición de unión los nombres de columna de ambas tablas utilizadas para la coincidencia son los mismos, puede utilizar la cláusula USING en lugar de ON. Para entender mejor cómo se realiza esta operación, se ilustra con el ejemplo mostrado en el Código 3.21. Como se observa, sólo se muestran las filas coincidentes en ambas tablas.

```
SELECT
    T1.id_parent ,
    T1.parent_name ,
    T2.id_child ,
    T2.child_name
FROM
    parent T1
INNER JOIN child T2 USING(id_parent);

SELECT
    T1.id_parent ,
    T1.parent_name ,
    T2.id_child ,
    T2.child_name
FROM
    parent T1
INNER JOIN child T2 ON T1.id_parent=T2.id_parent;

+
| id_parent | parent_name | id_child | child_name |
+
|         1 | Antonio     |        1 | Luis       |
|         3 | Juan        |        2 | Ainhoa     |
|         3 | Juan        |        3 | Antonia    |
+
3 rows in set (0,00 sec)
```

**Código 3.21** Ejemplo de INNER JOIN con las dos posibles sintaxis USING y ON.

- **LEFT JOIN:** esta cláusula selecciona los datos a partir de la tabla izquierda y hace coincidir cada fila de la tabla izquierda con cada fila de la tabla derecha en función de la condición de unión. Si las filas de ambas tablas hacen que la condición de unión se evalúe como verdadera, el LEFT JOIN combina columnas de filas de ambas tablas en una nueva fila e incluye esta nueva fila en las filas de resultados. En caso de que la fila de la tabla izquierda no coincida con ninguna fila de la tabla derecha, sigue combinando columnas de filas de ambas tablas en una nueva fila e incluye la nueva fila en las filas de resultados. Sin embargo, utiliza NULL para todas las columnas de la fila de la tabla derecha. Resumiendo, LEFT JOIN devuelve todas las filas de la tabla izquierda, independientemente de si una fila de la tabla izquierda tiene una fila coincidente de la tabla derecha o no. Un ejemplo de esta función se muestra en el Código 3.22. Aquí se observa que están todas las filas de la tabla izquierda y en las de la derecha, las que no cumplen la condición aparecen a NULL.

```
SELECT
    T1.id_parent,
    T1.parent_name,
    T2.id_child,
    T2.child_name
FROM
    parent T1
LEFT JOIN child T2 USING(id_parent);

+
| id_parent | parent_name | id_child | child_name |
+
|         1 | Antonio     |        1 | Luis       |
|         2 | Maria       |     NULL | NULL       |
|         3 | Juan        |        3 | Antonia    |
|         3 | Juan        |        2 | Ainhoa     |
|         4 | Raquel      |     NULL | NULL       |
|         5 | Francisco   |     NULL | NULL       |
+
6 rows in set (0,03 sec)
```

**Código 3.22** Ejemplo de LEFT JOIN.

- **RIGHT JOIN:** la clausula RIGHT JOIN comienza a seleccionar datos de la tabla derecha y hace coincidir cada fila de la tabla derecha con cada fila de la tabla izquierda. Si ambas filas hacen que la condición de unión se evalúe como verdadera, combina columnas de estas filas en una nueva fila e incluye esta nueva fila en el conjunto de resultados.

  Si una fila de la tabla derecha no tiene una fila coincidente de la tabla izquierda, combina columnas de filas de la tabla derecha con valores NULL para todas las columnas de la tabla derecha en una nueva fila e incluye esta fila en el conjunto de resultados. Resumiendo, la cláusula RIGHT JOIN devuelve todas las filas de la tabla derecha independientemente de que tengan filas coincidentes de la tabla izquierda o no.

  Es importante recalcar que las cláusulas RIGHT JOIN y LEFT JOIN son equivalentes, y se pueden intercambiar entre sí siempre que se invierta el orden de las tablas. A continuación, en el Código 3.23 se muestra un ejemplo de su uso. Como era de esperar, aparecen todas las filas de la tabla derecha y las que no tienen coincidencia se rellenan con NULL.

```
SELECT
    T1.id_parent,
    T1.parent_name,
    T2.id_child,
    T2.child_name
FROM
    parent T1
RIGHT JOIN child T2 USING(id_parent);


+
| id_parent | parent_name | id_child | child_name |
+
|         1 | Antonio     |        1 | Luis       |
|         3 | Juan        |        2 | Ainhoa     |
|         3 | Juan        |        3 | Antonia    |
|      NULL | NULL        |        4 | Iker       |
+
4 rows in set (0,01 sec)
```

**Código 3.23**  Ejemplo de RIGHT JOIN.

- **CROSS JOIN:** es el conjunto de resultados de incluir todas las filas de ambas tablas, donde cada fila es la combinación de la fila de la primera tabla con la fila de la segunda tabla. En general, si cada tabla tiene un número de filas igual a $n$ y $m$ respectivamente, el conjunto de resultados tendrá $n \times m$ filas. En otras palabras, se devuelve un producto cartesiano de filas de las tablas que se están uniendo. En el siguiente Código 3.24 se muestra un ejemplo de su uso.

```
SELECT
    T1.id_parent,
    T1.parent_name,
    T2.id_child,
    T2.child_name
FROM
    parent T1
CROSS JOIN child T2;


+
| id_parent | parent_name | id_child | child_name |
+
|         1 | Antonio     |        4 | Iker       |
|         1 | Antonio     |        3 | Antonia    |
|         1 | Antonio     |        2 | Ainhoa     |
|         1 | Antonio     |        1 | Luis       |
|         2 | Maria       |        4 | Iker       |
|         2 | Maria       |        3 | Antonia    |
|         2 | Maria       |        2 | Ainhoa     |
|         2 | Maria       |        1 | Luis       |
|         3 | Juan        |        4 | Iker       |
|         3 | Juan        |        3 | Antonia    |
|         3 | Juan        |        2 | Ainhoa     |
```

**Código 3.24**  Ejemplo de CROSS JOIN.

Una vez descritos los cuatro tipos de JOIN éstos se sumarizan junto con sus ejemplos en la Fig. 3.5.

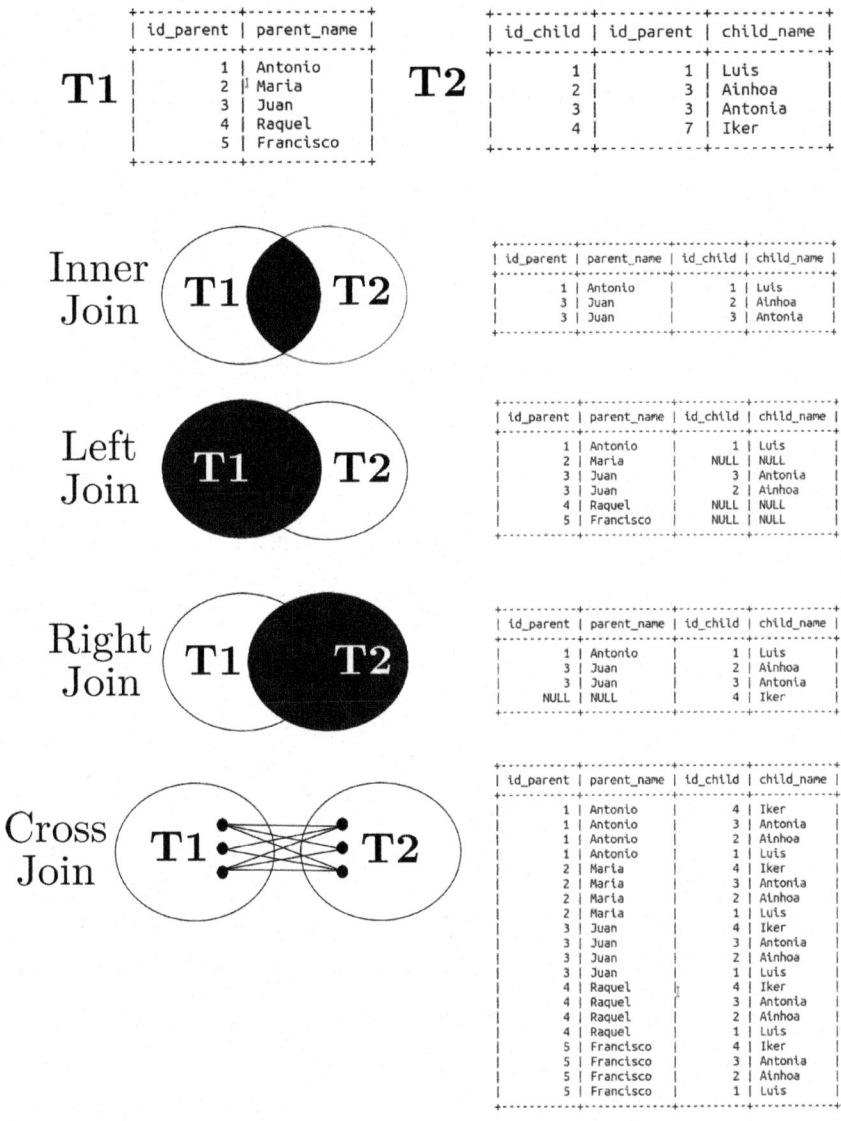

**Figura 3.5**   Tipos de *joins* en MySQL.

Por último, cabe indicar que los JOIN se pueden hacer con tantas tablas como se necesiten para extraer la información requerida. En los ejemplos anteriores se ha hecho sólo con dos tablas para clarificar los conceptos, pero como se indica se pueden usar muchas más. En el Código 3.25 se muestra un ejemplo de extracción de datos de cuatro tablas de la base de

datos **Classicmodels** (ver Fig. 3.4). En este caso, se trata de obtener el
nombre de los empleados, relacionándola con la ciudad donde están sus
oficinas, el nombre de los clientes que tienen asignados y finalmente los
pagos que han realizado éstos. Además filtrando la información para el
empleado cuyo *firstname* es Julie y que sólo se presenten cinco registros.
Para ello, necesitamos mostrar el atributo *firstname* de la tabla *Employees*, la *city* de la tabla *Offices*, posteriormente *customerName* de la tabla
*Customers* y finalmente *amount* de la tabla *Payments*. Todo ello haciendo JOIN con las condiciones necesarias, y posteriormente aplicando los
criterios de filtrado.

```
SELECT
    T1.firstname,
    T2.city,
    T3.customerName,
    T4.amount
FROM
    employees T1
    INNER JOIN offices T2 USING(officecode)
    INNER JOIN customers T3 ON T1.employeeNumber=T3.
        salesRepEmployeeNumber
    INNER JOIN payments T4 USING(customerNumber)
WHERE T1.firstname='Julie'
LIMIT 5;

+
| firstname  |  city   | customerName        |  amount   |
+
| Julie      | Boston  | Cambridge Collect.  | 11843.45  |
| Julie      | Boston  | Cambridge Collect.  | 20355.24  |
| Julie      | Boston  | Online Mini Colle   | 51152.86  |
| Julie      | Boston  | Online Mini Colle   |  4424.40  |
| Julie      | Boston  | Mini Creations Ltd. |  8307.28  |
+
5 rows in set (0,00 sec)
```

**Código 3.25**  Operación INNER JOIN con cuatro tablas en la base de datos
*Classicmodels*.


### 3.7.5.  Agrupación

Las agrupaciones de datos son otras de las utilidades que aporta el SQL
para obtener información agregada de grandes volúmenes de información. Obtener información resumida y agregada es de gran utilidad en la
mayoría de los análisis de datos para sacar conclusiones sobre los mismos.

- **GROUP BY:** esta cláusula agrupa un conjunto de filas en un
  conjunto de filas de resumen por valores de columnas o expresiones.
  Devuelve una fila para cada grupo. En definitiva, lo que hace es

reducir el número de filas en el conjunto de resultados. En el Código 3.26 se presenta un ejemplo donde se obtiene la valoración total de los pedidos agrupados por el estado de éstos.

```
SELECT
    status AS Estado,
    SUM(quantityOrdered * priceEach) AS Cantidad_TOTAL
FROM
    orderdetails
INNER JOIN orders
    USING (orderNumber)
GROUP BY
    Estado;

+
| Estado        | Cantidad_TOTAL |
+
| Shipped       |     8865094.64 |
| Resolved      |      134235.88 |
| Cancelled     |      238854.18 |
| On Hold       |      169575.61 |
| Disputed      |       61158.78 |
| In Process    |      135271.52 |
+
6 rows in set (0,32 sec)
```

**Código 3.26** Ejemplo de GROUP BY.

- **HAVING:** la cláusula HAVING se utiliza con la cláusula GROUP BY para filtrar grupos en función de una condición. Si omite la cláusula GROUP BY, la cláusula HAVING se comporta como WHERE. En el Código 3.27 se muestra un ejemplo donde se filtran los datos obtenidos en el ejemplo anterior con la condición de que *Cantidad_-TOTAL* se mayor de 135000.

```
SELECT
    status AS Estado,
    SUM(quantityOrdered * priceEach) AS Cantidad_TOTAL
FROM
    orderdetails
INNER JOIN orders
    USING (orderNumber)
GROUP BY
    Estado
HAVING Cantidad_TOTAL > 135000;
+
| Estado        | Cantidad_TOTAL |
+
| Shipped       |     8865094.64 |
| Cancelled     |      238854.18 |
| On Hold       |      169575.61 |
| In Process    |      135271.52 |
+
```

**Código 3.27** Ejemplo de HAVING.

- **ROLL UP:** la cláusula ROLLUP es una extensión de GROUP
  BY, la cual genera varios conjuntos de agrupación basados en las
  columnas o expresiones especificadas en la cláusula GROUP BY.

### 3.7.6.  Funciones de agregación

Las principales funciones de agregación utilizadas en MySQL son: **AVG**,
**COUNT, SUM, MAX** y **MIN**. En la Tabla 3.2 se describe cada una
de estas funciones.

| Función | Descripción |
|---------|-------------|
| AVG()   | Devuelve el promedio de valores no NULL. |
| COUNT() | Devuelve el número de filas de un grupo, incluidas las filas con valores NULL. |
| SUM()   | Devuelve la suma de todos los valores no NULL de un conjunto. |
| MAX()   | Devuelve el máximo en un conjunto de valores que no son NULL. |
| MIN()   | Devuelve el mínimo en un conjunto de valores que no son NULL. |

**Tabla 3.2**   Funciones de agregación.

### 3.7.7.  Funciones matemáticas

Respecto a la funciones matemáticas, las más populares en MySQL podemos decir que son: **ABS, CEIL, FLOOR, MOD, ROUND** y **TRUN-
CATE**. La descripción de cada una de ellas puede consultarse en la Tabla
3.3.

| Función | Descripción |
|---------|-------------|
| ABS()      | Devuelve el valor absoluto de un número. |
| CEIL()     | Devuelve el valor entero más pequeño que, es mayor o igual que el número de entrada. |
| FLOOR()    | Devuelve el valor entero más grande no mayor que el número de entrada. |
| MOD()      | Devuelve el resto de un número dividido entre otro. |
| ROUND()    | Redondea un número a un número especificado de decimales. |
| TRUNCATE() | Trunca un número a un número especificado de decimales. |

**Tabla 3.3**   Funciones matemáticas.

### 3.7.8.  Funciones de fechas

Dentro de la infinidad de funciones de fechas que dispone MySQL, las más
ampliamente usadas son: **CURDATE, DATEDIFF, DAY, NOW,
MONTH** y **YEAR**. Estas funciones se describen en la Tabla 3.4.

| Función | Descripción |
|---|---|
| CURDATE() | Devuelve la fecha actual. |
| DATEDIFF() | Calcula el número de días entre dos valores DATE. |
| DAY() | Obtiene el día del mes de una fecha especificada. |
| NOW() | Devuelve la fecha y hora actuales en las que se ejecutó la función. |
| MONTH() | Devuelve un entero que representa un mes de una fecha especificada. |
| YEAR() | Devuelve el año para una fecha especificada. |

**Tabla 3.4** Funciones de fechas.

### 3.7.9. Subqueries

Cuando queremos extraer información de una base de datos, normalmente tenemos que consultar varias tablas y aplicar una combinación de comandos para presentar la información de la forma requerida. En este caso, las queries pueden llegar a ser muy complejas y difíciles de interpretar. Con el objetivo de simplificar esta tarea, MySQL ofrece la posibilidad de crear subqueries para hacer el código más modular y sencillo de interpretar en consultas que sean complejas.

- **Subquery:** una subquery en MySQL es una consulta anidada dentro de otra consulta como SELECT, INSERT, UPDATE o DELETE. Además, una subquery se puede anidar dentro de otra subquery. En MySQL la subquery se denomina consulta interna, mientras que la consulta que contiene la subquery se denomina consulta externa. En los Códigos 3.28 y 3.29 se muestran sendos ejemplos de su uso. En el primero nos apoyamos en una subquery para tener los *Office-Code* de las oficinas de Francia, para luego mostrar los empleados de esas oficinas. En el segundo, una subquery que nos recalcula qué pago tiene el máximo importe, para posteriormente mostrar el identificador de éste.

```
SELECT
    CONCAT( firstName , ' ' , lastName )
FROM
    employees
WHERE
    officeCode IN (SELECT
            officeCode
        FROM
            offices
        WHERE
            country = 'France');

+
| CONCAT( firstName , ' ' , lastName ) |
+
| Gerard  Bondur                       |
| Loui  Bondur                         |
| Gerard  Hernandez                    |
| Pamela  Castillo                     |
| Martin  Gerard                       |
+
5 rows in set (0,00 sec)
```

**Código 3.28**   Ejemplo de subquery para obtener un conjunto.

```
SELECT
    checkNumber ,
    amount
FROM
    payments
WHERE
    amount = (SELECT MAX(amount) FROM payments);

+
| checkNumber | amount     |
+
| JE105477    | 120166.58  |
+
1 row in set (0,00 sec)
```

**Código 3.29**   Ejemplo de subquery para obtener un valor máximo.

- **Derived Table:** una tabla derivada (*derived table*) es una tabla
  virtual que se devuelve en una instrucción SELECT. Una tabla derivada es similar a una tabla temporal, pero usar una tabla derivada
  en la instrucción SELECT es mucho más simple, ya que no requiere crear la tabla temporal. El término *derived table* y subquery a
  menudo se pueden intercambiar. Cuando se utiliza una subquery
  independiente en la cláusula FROM de una instrucción SELECT,
  también se denomina *derived table*. En el Código 3.30 se presenta
  un ejemplo de uso de esta funcionalidad. En este ejercicio, se obtie-
  nen los cinco productos principales por ingresos por ventas en 2003

mediante una *derived table* que denominamos *top5productos2003*. Posteriormente, se hace un JOIN con la tabla *Products* para extraer el resto de la información requerida.

```
SELECT
    productName, ventas
FROM
    (SELECT
        productCode,
        ROUND(SUM(quantityOrdered * priceEach)) AS ventas
    FROM
        orderdetails
    INNER JOIN orders USING (orderNumber)
    WHERE
        YEAR(shippedDate) = 2003
    GROUP BY productCode
    ORDER BY ventas DESC
    LIMIT 5) top5productos2003
INNER JOIN
    products USING (productCode);

+
| productName                     | ventas |
+
| 1992 Ferrari 360 Spider red     | 103480 |
| 1952 Alpine Renault 1300        |  67985 |
| 2001 Ferrari Enzo               |  59852 |
| 1969 Ford Falcon                |  57403 |
| 1968 Ford Mustang               |  56462 |
+
5 rows in set (0,00 sec)
```

**Código 3.30** Ejemplo de *derived table*.

- **EXISTS:** este operador es un operador booleano que devuelve verdadero o falso. Este operador se utiliza a menudo para comprobar la existencia de filas devueltas por una subquery. Si la subquery devuelve al menos una fila, el operador EXISTS devuelve verdadero, de lo contrario, devuelve falso. En el Código 3.31 se presenta un ejemplo donde se busca los clientes que tienen por lo menos una orden.

```
SELECT
    COUNT( customerName )
FROM
    customers
WHERE
    EXISTS (
        SELECT
            1
        FROM
            orders
        WHERE
            orders.customernumber
                = customers.customernumber );

+
| COUNT( customerName ) |
+
|                  98 |
+
1 row in set (0,00 sec)
```

**Código 3.31**    Ejemplo de EXISTS.

## 3.8. Vistas

Las vistas (*views* en inglés) de una base de datos son tablas virtuales, es decir, tablas que no guardan ningún dato dentro de ellas.

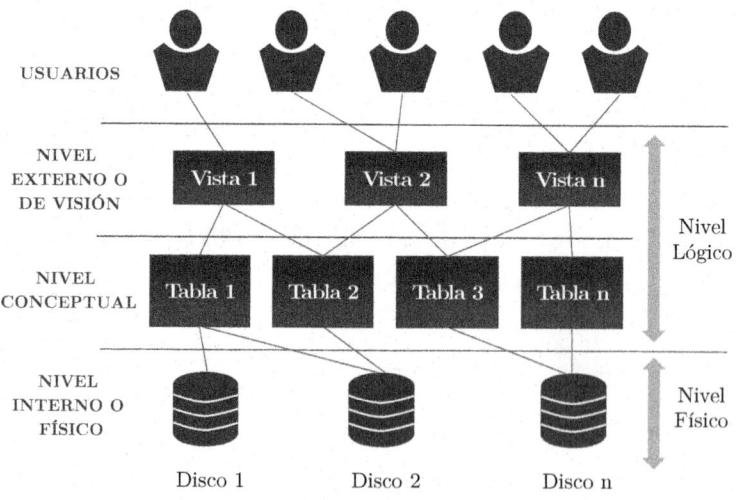

**Figura 3.6**    Vistas en una base de datos.

En definitiva, una vista sólo muestra los datos que están almacenados en otras tablas (que sí son reales). Por tanto, crear vistas en MySQL significa mostrar información de una fuente sin necesidad de mostrar ni exponer a la fuente en sí. En lenguaje técnico, las vistas no son más que SELECT queries. En la Fig. 3.6 se muestra el nivel jerárquico que ocupan las vistas dentro de las bases de datos. Como se observa, sirven de interfaz entre los clientes finales y las tablas donde se guarda la estructura de la base de datos.

El usar vistas en una base de datos tiene muchas ventajas entre las que se encuentran:

- Control de accesos: de una tabla real, se puede escoger qué información específicamente se desea compartir con otros usuarios. De este modo, ellos no tendrán acceso al resto de los datos de la tabla, sólo a los que les permiten las vistas.

- Mejora del rendimiento: se pueden crear queries (consultas) a partir de vistas que han sido extraídas de consultas complejas. Esto evita tener que ejecutar queries complicadas cada vez que se necesite acceder a esta información.

- Pruebas seguras: las vistas ofrecen un entorno de tablas de prueba para que los desarrolladores y el software que está en proceso de validación no afecten a la información real.

- Reusabilidad de consultas: gracias a las vistas no es necesario crear consultas complejas que requieran uniones de manera repetida.

- Mantenimiento de la integridad: al crear aplicaciones y usar las vistas en vez de las tablas reales se garantiza que dichas aplicaciones no se rompan cuando se realicen cambios en la estructura de la base de datos.

Los pasos para crear una vista en MySQL son bastante sencillos tal y como se muestra en la Fig. 3.7. Como se observa en dicha figura, con el comando **CREATE VIEW** se puede crear la vista e incluir en ella las queries que se necesite por complejas que sean éstas. Junto con la orden **CREATE** se puede usar también de forma opcional **OR REPLACE** para remplazar la vista si ésta ya existe.

En el Código 3.32 se muestra un ejemplo de creación de una vista, en este caso se ha denominado *VentasPorPedido*. En el mismo código se muestra el contenido de esta vista con el comando SELECT. Por otro lado, mediante los comandos **SHOW TABLES** y **SHOW FULL TABLES** se puede observar que se ha creado esta nueva vista *VentasPorPedido* y que, además, en el sistema se ha definido como una tabla tipo VIEW.

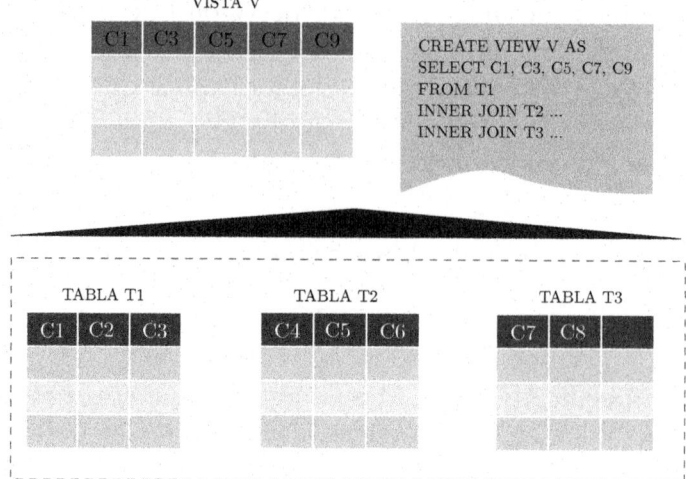

**Figura 3.7**   Concepto y pasos para crear una vista.

```
CREATE OR REPLACE VIEW VentasPorPedido AS
    SELECT
            orderNumber,
            SUM(quantityOrdered * priceEach) TOTAL
    FROM orderdetails
    GROUP by orderNumber ORDER BY TOTAL DESC;
mysql> SHOW FULL TABLES;
+
| Tables_in_classicmodels | Table_type |
+
| VentasPorPedido         | VIEW       |
| customers               | BASE TABLE |
| employees               | BASE TABLE |
| offices                 | BASE TABLE |
```

**Código 3.32**   Ejemplo de uso de la orden CREATE VIEW.

## 3.9.   Entornos gráficos

Hasta ahora, toda la interacción con el DBMS se ha hecho a través de
un entorno de comandos (CLI, *Command Line Interface*). En el mundo
de las bases de datos, existen muchos entornos gráficos (GUI, *Graphical
User Interface*) que permiten hacer estas mismas operaciones de manera
mucho más intuitiva, facilitando la interacción con la base de datos y sin
necesidad de ser un experto en MySQL. En este libro, nos apoyaremos
en DBeaver `https://dbeaver.io/` (ver Apéndice C) entre otros para
realizar estas tareas de manera gráfica.

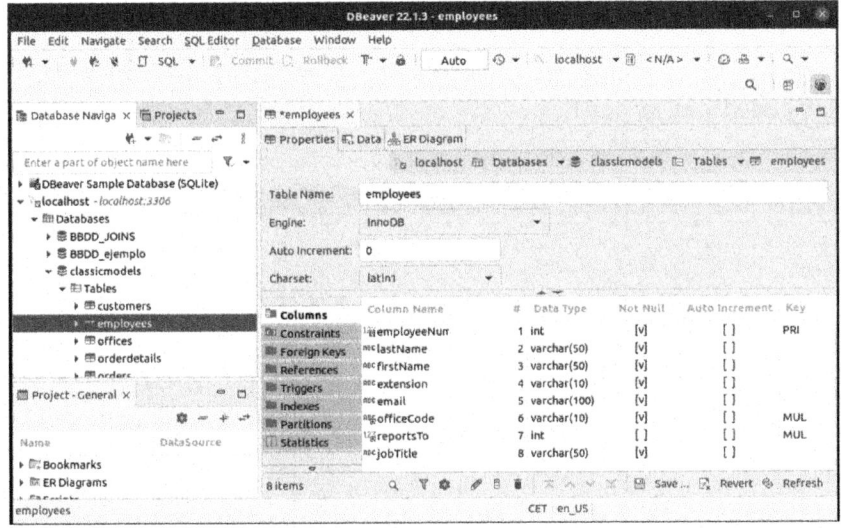

**Figura 3.8** Exploración de la base de datos *Classicmodels*.

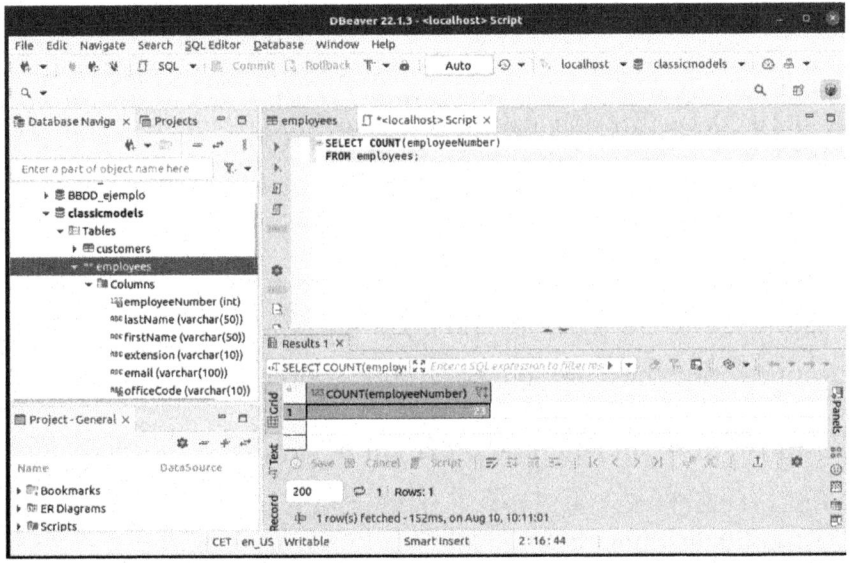

**Figura 3.9** *Script* SQL para contabilizar el número de empleados.

El entorno DBeaver permite hacer multitud de acciones sobre las bases de datos, en este caso se presentan tres ejemplos sencillos:

- Navegación sobre la base de datos para visualizar las características (tablas, atributos, datos, etc.) de la misma, Fig. 3.8.

- Ejecución de un *script* SQL, Fig. 3.9.

- Mostrar los *dashboards* para hacer un seguimiento del *performance* del DBMS, Fig. 3.10.

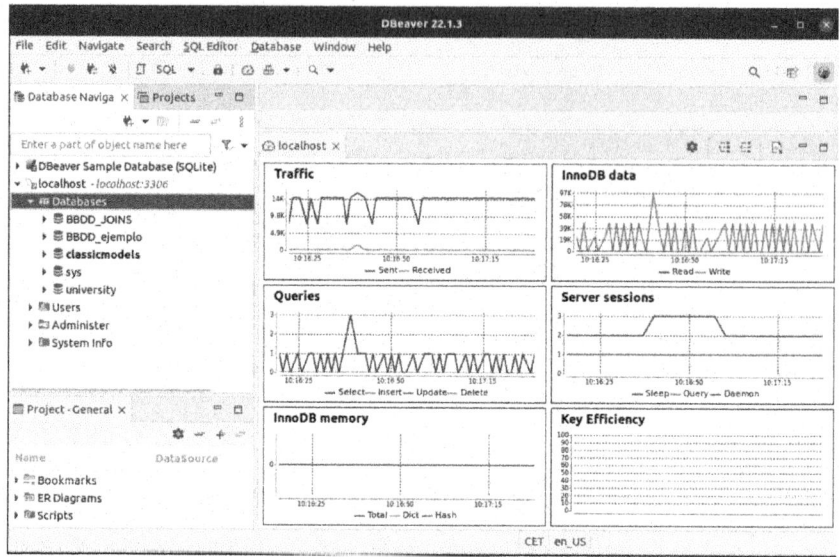

**Figura 3.10**  Visualización del *performance* del gestor de bases de datos mediante *dashboards*.

## 3.10.  Resumen

Como resumen, se puede indicar que el lector que haya estudiado este capítulo posee nociones del lenguaje SQL sobre:

- La estructura del lenguaje SQL y la naturaleza de sus comandos.

- Cómo crear bases de datos e incluir información además de hacer las modificaciones oportunas cuando sea necesario.

- Hacer consultas complejas mediante lenguaje SQL que van desde simples informes para mostrar los datos de una tabla, o contar el número de registros de ésta, hasta consultas complejas de interacción con diferentes tablas de la base de datos.

- Cómo acceder a diferentes fuentes de información donde ampliar y consultar más opciones para los comandos explicados en este capítulo y explorar otros comandos disponibles en MySQL.

- Finalmente, estará en disposición de interactuar con la base de datos mediante una consola de comandos (CLI) y también mediante entornos gráficos (GUI).

La bibliografía consultada para elaborar este capítulo ha sido la siguiente:

- *MySQL Products website* [32].
- *MySQL Tutorial website* [14].
- *MySQL* [17].
- *Database system concepts* [40].
- *Data management, databases and organizations* [46].
- *Learning SQL: master SQL fundamentals* [3].
- *MySQL Cookbook: Solutions for Database Developers and Administrators* [18].
- *VirtualBox.org* [34].
- *Universal Database Tool* [13].
- *Ubuntu Desktop* [27].
- *MySQL Workbench* [33].

## 3.11.  Problemas resueltos

En esta sección, todos los problemas se harán sobre la base de datos **Classicmodels**.

### Problema 3.1: uso de SELECT y COUNT()

○ **Enunciado:** ¿cuántos clientes tiene la empresa?

○ **Solución:** para resolver este problema nos apoyamos en la función COUNT() y en la tabla *Customers*. La solución se presenta en el Código 3.33.

```
SELECT COUNT(customerNumber) AS Total_clientes
FROM customers;

+
| Total_clientes |
+
|            122 |
+
1 row in set (0,24 sec)
```

**Código 3.33** Solución del problema 3.1.

## Problema 3.2: uso de SELECT, SUM() y WHERE

○ **Enunciado:** mostrar el total de pagos que recibió la empresa el 16 de noviembre del año 2004.

○ **Solución:** la resolución de este problema se basa en usar la función SUM(), filtrar por la fecha indicada y extraer los datos de la tabla *payments*. En el Código 3.34 se muestra la solución.

```
SELECT SUM(amount) AS Total_Pagos
FROM payments
WHERE paymentDate='2004-11-16';

+
| Total_Pagos |
+
|    91188.64 |
+
1 row in set (0,01 sec)
```

**Código 3.34** Solución del problema 3.2.

## Problema 3.3: uso de GROUP BY

○ **Enunciado:** en los productos ofertados por esta empresa, ¿cuántos productos hay en cada línea de producto?

○ **Solución:** en la resolución de este ejercicio nos apoyamos nuevamente en la función COUNT() para contar los productos, y luego hacemos una agrupación por línea de producto mediante la cláusula GROUP BY, todo esto en la tabla *Products*. El resultado se muestra en el Código 3.35.

```
SELECT productLine , COUNT( productCode ) AS numero_productos
FROM products
GROUP BY productLine ;

+
| productLine        | numero_productos |
+
| Classic Cars       |               38 |
| Motorcycles        |               13 |
| Planes             |               12 |
| Ships              |                9 |
| Trains             |                3 |
| Trucks and Buses   |               11 |
| Vintage Cars       |               24 |
+
7 rows in set (0,11 sec)
```

**Código 3.35** Solución del problema 3.3.

## Problema 3.4: uso de DISTINCT

○ **Enunciado:** ¿la empresa classicmodels cuántos productos diferentes ofrece a sus clientes?

○ **Solución:** la solución de este problema se basa en utilizar la función DISTINCT para evitar duplicados y a su vez la función COUNT() para contarlos. En el Código 3.36 se muestra la resolución del mismo.

```
SELECT COUNT(DISTINCT( productCode )) AS productos_diferentes
FROM products ;

+
| productos_diferentes |
+
|                  110 |
+
1 row in set (0,01 sec)
```

**Código 3.36** Solución del Problema 3.4.

## Problema 3.5: uso de INNER JOIN

○ **Enunciado:** haga un listado que muestre el empleado representante asociado a cada cliente. Para simplificar, muestre sólo los diez primeros registros.

○ **Solución:** en este caso se deben extraer datos de dos tablas, *Employees* y *Customers*. Para ello nos apoyamos en la función INNER JOIN marcando la condición de unión mediante el comando ON. Finalmente, se usa la función LIMIT para marcar el número de registros a presentar. En el Código 3.37 se presenta la solución.

```
SELECT    customerName AS cliente ,
          CONCAT( firstName ,' ',lastName) AS  empleado_representante
FROM customers INNER JOIN employees
ON employees.employeeNumber=customers.salesRepEmployeeNumber
LIMIT 10;

+
| cliente                        | empleado_representante |
+
| Mini Gifts Distributors Ltd. | Leslie Jennings        |
| Mini Wheels Co.              | Leslie Jennings        |
| Technics Stores Inc.         | Leslie Jennings        |
| Corporate Gift Ideas Co.     | Leslie Jennings        |
| The Sharp Gifts Warehouse    | Leslie Jennings        |
| Signal Collectibles Ltd.     | Leslie Jennings        |
| Signal Gift Stores           | Leslie Thompson        |
| Toys4GrownUps.com            | Leslie Thompson        |
| Boards & Toys Co.            | Leslie Thompson        |
| Collectable Mini Designs Co. | Leslie Thompson        |
+
10 rows in set (0,62 sec)
```

**Código 3.37**   Solución del problema 3.5.

## Problema 3.6: uso de INNER JOIN junto con GROUP BY

○ **Enunciado:** mostrar un listado de la cantidad total pagada por cada cliente y ordenarla de mayor a menor para obtener el top 5 de los mejores clientes (los que más han pagado).

○ **Solución:** en este problema hay que obtener los datos de las tablas *Payments* y *Customers* combinándolas con el INNER JOIN. Como hay que sacar un dato global por cliente se usa la función SUM() con un GROUP BY. Finalmente, para obtener el top 5 se necesita un ORDER BY, y LIMIT. La solución de este problema se presenta en el Código 3.38.

```
SELECT customerName , SUM(amount) AS Total_pagado
FROM payments INNER JOIN customers USING(customerNumber)
GROUP BY customerName
ORDER BY Total_pagado DESC
LIMIT 5;

+
| customerName                  | Total_pagado |
+
| Euro+ Shopping Channel        |    715738.98 |
| Mini Gifts Distributors Ltd.  |    584188.24 |
| Australian Collectors , Co.   |    180585.07 |
| Muscle Machine Inc            |    177913.95 |
| Dragon Souveniers , Ltd.      |    156251.03 |
+
5 rows in set (0,00 sec)
```

**Código 3.38**   Solución del problema 3.6.

## Problema 3.7: uso de INNER JOIN junto con ORDER BY

◦ **Enunciado:** mostrar un listado de productos ordenados por la fecha de pedido en orden descendente. Para simplificar la consulta, mostrar sólo los veinticinco primeros registros.

◦ **Solución:** para resolver este problema es necesario extraer información de tres tablas: *Orderdetails*, *Orders* y *Products* mediante órdenes INNER JOIN. Una vez hecha la consulta y presentados los atributos requeridos *fecha_pedido* y *producto*, simplemente tenemos que ordenar (ORDER BY) por el atributo *fecha_pedido*. La solución de este problema se muestra en el Código 3.39.

```
SELECT orderDate AS fecha_pedido, productName AS producto
FROM orderdetails INNER JOIN orders USING(orderNumber)
INNER JOIN products USING(productCode)
ORDER BY fecha_pedido DESC
LIMIT 25;

+
| fecha_pedido | producto                                    |
+
| 2005-05-31   | 1952 Alpine Renault 1300                    |
| 2005-05-31   | 1958 Setra Bus                              |
| 2005-05-31   | 1940 Ford Pickup Truck                      |
| 2005-05-31   | 1939 Cadillac Limousine                     |
| 2005-05-31   | 1996 Peterbilt 379 Stake Bed with           |
| 2005-05-31   | 1982 Camaro Z28                             |
| 2005-05-31   | 1962 LanciaA Delta 16V                      |
| 2005-05-31   | 1957 Chevy Pickup                           |
| 2005-05-31   | 1998 Chrysler Plymouth Prowler              |
| 2005-05-31   | 1964 Mercedes Tour Bus                      |
| 2005-05-31   | 1926 Ford Fire Engine                       |
| 2005-05-31   | 1992 Ferrari 360 Spider red                 |
| 2005-05-31   | 1940s Ford truck                            |
| 2005-05-31   | 1970 Dodge Coronet                          |
| 2005-05-31   | 1962 Volkswagen Microbus                    |
| 2005-05-31   | 1958 Chevy Corvette Limited Edition         |
| 2005-05-31   | 1980's GM Manhattan Express                 |
| 2005-05-31   | 1954 Greyhound Scenicruiser                 |
| 2005-05-31   | Diamond T620 Semi-Skirted Tanker            |
| 2005-05-30   | 1937 Lincoln Berline                        |
| 2005-05-30   | 1936 Mercedes-Benz 500K Special             |
| 2005-05-30   | 1913 Ford Model T Speedster                 |
| 2005-05-30   | 1934 Ford V8 Coupe                          |
| 2005-05-30   | 18th Century Vintage Horse Carriage         |
| 2005-05-30   | 1917 Maxwell Touring Car                    |
+-------------+----------------------------------+
25 rows in set (0,00 sec)
```

**Código 3.39**  Solución del problema 3.7.

## Problema 3.8: uso de INNER JOIN con WHERE y DISTINCT

∘ **Enunciado:** calcular cuántos productos se han vendido a un precio que sea igual o superior a 1,5 veces el precio de compra.

∘ **Solución:** en este problema se usa un INNER JOIN para extraer los datos de las tablas *Products* y *Orderdetails*, se usa el COUNT() para calcular el número de productos apoyado con el DISTINCT para evitar duplicados. Finalmente con el WHERE nos quedamos con aquellos que tienen un precio de venta igual o superior a 1,5 veces el precio de compra. En el Código 3.40 se muestra la solución de este problema.

```
SELECT COUNT(DISTINCT(productName))
FROM products INNER JOIN orderdetails USING(productCode)
WHERE priceEach >= 1.5*buyPrice;

+
| COUNT(DISTINCT(productName)) |
+
|                           97 |
+
1 row in set (0,07 sec)
```

**Código 3.40**  Solución del problema 3.8.

## Problema 3.9: uso de funciones de fechas

o **Enunciado:** mostrar los cinco clientes que tienen peores tiempos de respuesta. Es decir, los clientes que tienen los tiempos más largos desde que hacen el pedido hasta que se les envían los productos.

o **Solución:** en este problema se hace uso de la función DATEDIFF() para calcular la diferencia en días desde que se hace el pedido hasta que éste está en estado de envío. Se extraen los datos de las tablas *Customers* y *Orders* para luego agruparlos (GROUP BY) por clientes y finalmente ordenarlos (ORDER BY) de mayor a menor para quedarnos con los cinco peores (LIMIT). La solución a este problema se muestra en el Código 3.41.

```
SELECT   customerName AS cliente,
         AVG(DATEDIFF(ShippedDate,orderDate)) as tiempo_proceso
FROM customers INNER JOIN orders USING(customerNumber)
GROUP BY cliente
ORDER BY tiempo_proceso DESC
limit 5;

+
| cliente                   | tiempo_proceso |
+
| Dragon Souveniers, Ltd.   |        14.6000 |
| Osaka Souveniers Co.      |         7.5000 |
| Auto-Moto Classics Inc.   |         5.6667 |
| Mini Caravy               |         5.6667 |
| Boards & Toys Co.         |         5.5000 |
+
5 rows in set (0,00 sec)
```

**Código 3.41**  Solución del problema 3.9.

### Problema 3.10: uso de DBeaver

∘ **Enunciado:** usando el navegador de DBeaver indique qué valores tienen los atributos *officeCode*, *city* y *phone* del registro número 6 de la tabla *Office* de la base de datos ***Classicmodels***.

∘ **Solución:** usando el panel de navegación de DBeaver, pinchamos sobre la base de datos ***Classicmodels***, luego en Tables, a continuación en la tabla *Offices* y finalmente en la pestaña Data podemos ver los datos requeridos. En este caso, *officeCode*=6, *city*=Sidney y *phone*=+61 2 9264 2451. En la Fig. 3.11 se muestra el resultado de la navegación y del problema planteado.

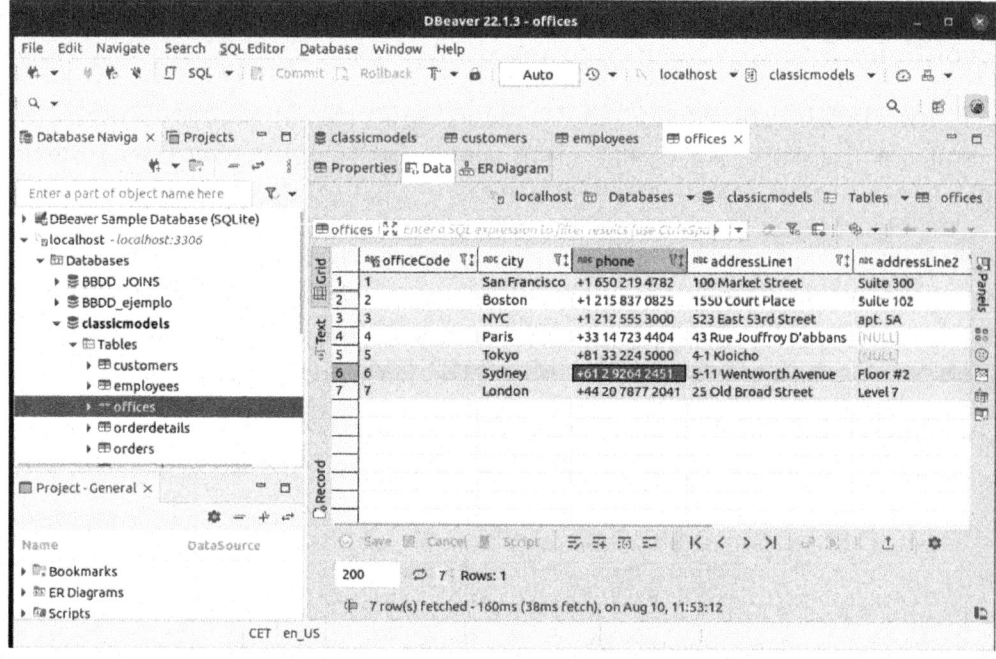

**Figura 3.11**   Solución del problema 3.10.

## 3.12.   Actividades recomendadas

Considerando la base de datos ***Classicmodels*** realice las siguientes actividades:

### Actividad 3.1

Obtener un listado de oficinas ordenado por *country* y *city*.

## Actividad 3.2

¿Cuál es el pago mínimo que ha recibido la empresa?

## Actividad 3.3

Mostrar los clientes que no tienen representante de ventas en la compañía.

## Actividad 3.4

Mostrar los pagos que sean inferiores a la media.

## Actividad 3.5

Hacer un informe donde se muestre el total de pagos por fecha.

## Actividad 3.6

Mostrar los productos que se han vendido a un precio inferior al 75 % del MSRP.

## Actividad 3.7

Haga un listado de los productos que se piden los *Tuesday*.

## Actividad 3.8

¿Quién es el máximo dirigente de la organización?, es decir, ¿quién no tienen que reportar a nadie?

## Actividad 3.9

Muestre todos los productos comprados por Osaka Souveniers Co.

## Actividad 3.10

Usando DBeaver obtener la estructura de la base de datos ***Classicmodels***. El resultado debería ser similar al mostrado en la Fig. 3.4.

# Capítulo 4

# Modelo E-R y diseño de bases de datos

*"El diseño no es solo cómo se ve y se siente. El diseño es cómo funciona".*

**Steve Jobs**

En capítulos anteriores se han aprendido los conceptos básicos necesarios para reconocer la estructura de una base de datos relacional describiendo los elementos que la componen; hemos estudiado el lenguaje SQL como lenguaje estándar usado para crearlas, consultarlas, actualizarlas, manipular y extraer de ellas la información que contienen.

Sin embargo, todavía debemos resolver algunas cuestiones fundamentales para poder emplear toda la tecnología de las bases de datos relacionales, por ejemplo, cómo se puede decidir qué relaciones debe tener una base de datos determinada o qué atributos deben presentar dichas relaciones, qué claves primarias y qué claves foráneas se deben declarar, etc. La tarea de tomar este conjunto de decisiones recibe el nombre de diseño de la base de datos.

Se puede decir entonces que el diseño de una base de datos consiste en la obtención de una representación informática concreta a partir del estudio de un aspecto concreto de interés del mundo real.

Concretamente, en este capítulo explicaremos en qué consiste el diseño de una base de datos, analizaremos las etapas de las que se compone y describiremos con detalle las fases del diseño conceptual y lógico de una base de datos relacional utilizando el modelo entidad-relación.

## 4.1. Objetivos

Podemos establecer como objetivos principales de este capítulo:

- Analizar las etapas que integran el proceso de diseño de una base de datos.

- Conocer los elementos del modelo Entidad-Relación.

- Implementar el diseño conceptual de una base de datos utilizando como herramienta el modelo E-R.

- Construir el diseño lógico de una base de datos relacional partiendo de un diseño conceptual expresado con el modelo E-R.

- Entender la normalización como un proceso importante dentro del diseño de bases de datos que contribuye a la mejora de su calidad, previniendo errores y aumentando su eficiencia.

## 4.2. Fases de diseño de bases de datos

El propósito de una base de datos (DB) es almacenar información sobre una variedad de cosas que pueden incluir hechos, planes, estimaciones, etc. Un modelo de datos describe todas estos elementos y sus relaciones con otros elementos utilizando cuatro componentes que veremos más adelante. El objetivo del modelado de datos es crear una representación precisa de los datos para resolver problemas del mundo real identificando los hechos que deben almacenarse en una base de datos.

Existen diferentes fases en el diseño de una base de datos (ver Fig. 4.1).

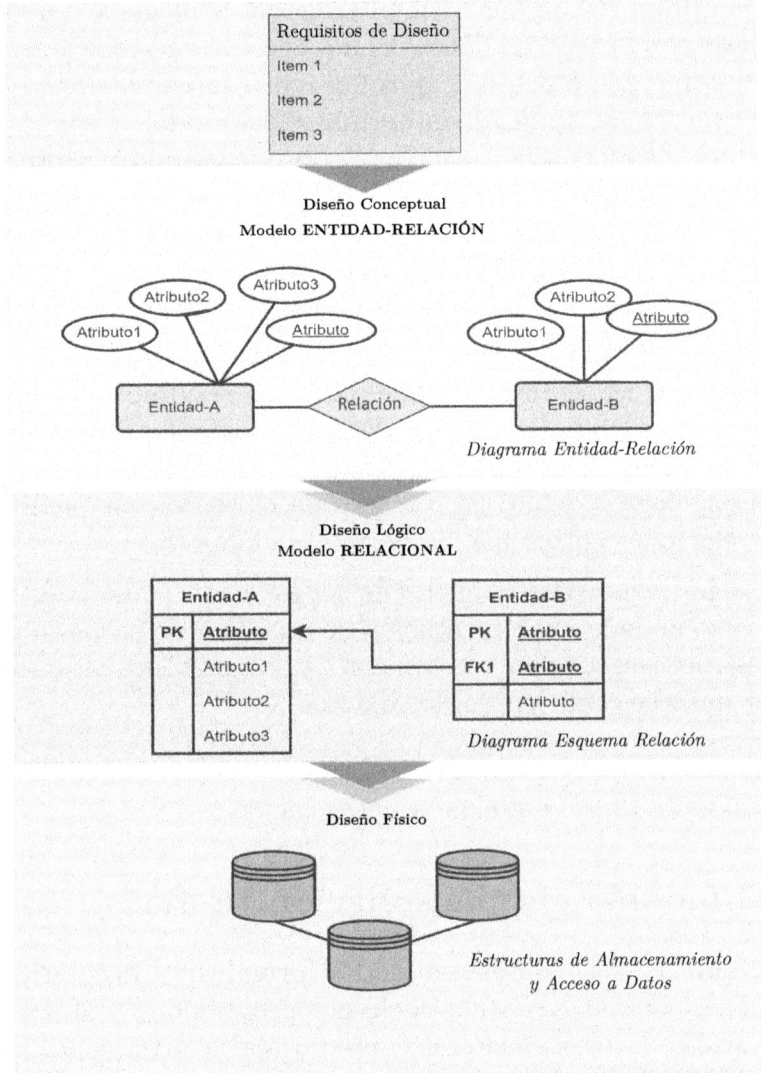

**Figura 4.1**   Fases de diseño de una DB.

- La fase inicial del diseño de la base de datos consiste en caracterizar plenamente las necesidades de datos de los usuarios potenciales de la base de datos. El diseñador de bases de datos debe interactuar ampliamente con expertos en dominios y usuarios para llevar a cabo esta tarea. El resultado de esta fase es una especificación de los requisitos del usuario.

- A continuación, traduce estos requisitos a un esquema conceptual de la base de datos. El esquema desarrollado en esta fase de diseño conceptual proporciona una visión detallada del negocio que queremos modelar con la base de datos. El modelo entidad-relación, que estudiamos en el resto de este capítulo, se utiliza para sintetizar este diseño conceptual. Indicado en términos del modelo entidad-relación, el esquema conceptual especifica las entidades que se representan en la base de datos, los atributos de las entidades, las relaciones entre las entidades y las restricciones en las entidades y relaciones. La fase de diseño conceptual da como resultado la creación de un diagrama entidad-relación que proporciona una representación gráfica del esquema de la base de datos.

- El diseño lógico es una fase que parte del resultado del diseño conceptual y da como fruto la estructura o esquema relacional de la base de datos. Es decir, en el caso de bases de datos relacionales el diseño lógico define las tablas que existirán, sus atributos, las interrelaciones entre ellas, la normalización, etc.

- El diseño físico parte del diseño lógico y da como resultado una descripción de la implementación de una base de datos en memoria: las estructuras de almacenamiento y los métodos utilizados para tener un acceso eficiente a los datos.

En este capítulo nos centramos en el diseño conceptual de la base de datos basándonos en el modelo entidad-relación.

## 4.3.   El modelo entidad-relación (E-R)

El modelo entidad-relación es uno de los formalismos necesarios para el diseño de bases de datos. Este modelo nos proporciona una herramienta para representar la información del mundo real a nivel conceptual. Fue creado en 1976 por Peter Pin-Shan Chen y define una serie de elementos que permiten describir las entidades involucradas en una base de datos, así como las relaciones (vínculos o interrelaciones) y restricciones entre ellas.

Entre las principales características del modelo se destaca que:

- Es fácil de entender incluso por usuarios no especialistas.

- Es independiente de cualquier sistema gestor de bases de datos.

- Tiene una notación diagramática asociada para representar gráficamente la estructura de una base de datos, consta de los siguientes elementos:

- **Entidades:** son los elementos del mundo real sobre los que necesitamos almacenar información.

- **Relaciones:** se corresponden con las asociaciones o los víncu-los entre las entidades.

- **Atributos:** son las características que describen las entidades.

En las siguientes secciones se van a describir más en detalle estos elemen-tos y sus propiedades, desarrollando así los conceptos más importantes que se necesitan conocer para entender y aplicar el modelo entidad re-lación, y su representación diagramática para crear nuestras bases de datos.

## 4.4. Entidades, atributos y relaciones

Una **entidad** es un elemento fundamental en el modelo de datos Entidad-Relación(E-R). Representa cualquier objeto o elemento sobre el que se necesita almacenar datos o información. Es algo que necesita ser descrito. Cada entidad en un modelo de datos tiene un único nombre que se escribe en forma singular para enfatizar que una entidad describe una instancia de una cosa. Por ejemplo 'vehículo' describe cada instancia de un vehícu-lo en vez de a los vehículos en general. Las entidades representan cosas en la vida real. Algunas entidades son **físicas** o **concretas**: cliente, factura, estudiante; otras son **conceptuales** o **abstractas**: asignación de traba-jo, autoría, etc. Hay ciertas reglas básicas para el establecimiento de los nombres de entidades: se denotarán **en singular**, y deben ser **concisos, únicos, específicos o con significado para la organización o el ne-gocio**. En el modelo E-R una entidad puede representarse gráficamente de varias formas. En esta obra, consideramos las dos formas diferentes reflejadas en la Fig. 4.2 y que son equivalentes:

Un **conjuntos de entidades** se define como una colección de entidades del mismo tipo, es decir, que tienen las mismas propiedades. Por ejemplo, podemos hablar del conjunto de entidades de tipo *Empleado*, *Cliente*, *Vehículo*, como el conjunto de personas empleadas o que tienen un empleo (*Empleado*), o el conjunto de personas que utilizan los servicios de un profesional o de una empresa (*Cliente*), o el conjunto de aparatos o medios que sirven para transportar cosas o personas (*Vehículo*), dentro de una determinada base de datos.

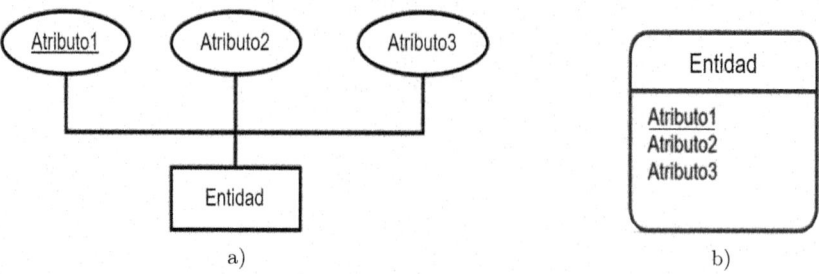

**Figura 4.2**   Formas de representación gráfica de una entidad: a) diagrama jerárquico y b) tabla.

Si hablamos de una entidad, por ejemplo *Cliente*, de una base de datos diseñada para un negocio determinado, sabemos que esta entidad tendrá unas características comunes con otras entidades de tipo cliente en esa bases de datos.

Una **extensión de un conjunto de entidades** representa una colección real de entidades que pertenece a ese conjunto de entidades. Véase Fig. 4.3.

| Autor | | |
|---|---|---|
| **Nombre_A** | **Año_Nac** | **Direccion** |
| Alyse Woodrup | 1971-12-03 | 4 Warrior Place |
| Amandi Coupland | 1964-04-02 | 120 Grasskamp Crossing |
| Frasco Gayton | 1941-11-06 | 19559 Heath Point |
| Lorraine Hurche | 1952-05-11 | 27 Center Street |
| Marti Guard | 1903-07-22 | 650 Eagle Crest Alley |
| Meryl Tottem | 1949-03-27 | 681 Straubel Pass |
| Park Ollcott | 1958-04-23 | 52 6th Junction |
| Sam Mughal | 1939-11-25 | 9 Thierer Road |
| Shelden Jevons | 1951-12-08 | 4753 Milwaukee Pass |
| Tamra Patrono | 1978-03-06 | 83653 Trailsway Lane |
| Titos Vinker | 1988-12-11 | 16 Park Meadow Center |
| Torey Driscoll | 1908-09-23 | 21888 Ryan Alley |

Entidad 1 / Entidades *Autor* / Entidad N

Conjunto de Entidades *Autor*

**Figura 4.3**   Extensión del conjunto de entidades *Autor*.

A partir de la Fig. 4.3, si se quiere, se puede relacionar a cada miembro de la extensión del conjunto de entidades de *Autor* con una tupla de la extensión del esquema relacional como se explicó en el Capítulo 2.

El uso de los términos entidad y conjunto de entidades puede llevar a cierta confusión en algunas ocasiones, pero cuando se hace sin matices podrían referirse a la misma noción. Por ejemplo, cuando estamos trabajando desde el punto de vista práctico, al hablar de entidades en la fase de traducción de los requisitos de diseño a un esquema conceptual, se alude normalmente al conjunto de entidades que comparten características comunes y que se relacionan con otras entidades o conjuntos de entidades. En esta fase no se suele referir habitualmente a los individuos concretos de una extensión del conjunto de entidades. El lector en estos casos debe darse cuenta de si se está refiriendo al conjunto de entidades, o bien si se está refiriendo a un individuo según el contexto en el que se estén desarrollando los contenidos.

Los **atributos** son las características o propiedades particulares de una entidad o una relación (interrelación) que interesan en el diseño de una base de datos. En el modelo entidad-relación, se suelen representar por óvalos, como se puede observar en la opción a) de la Fig. 4.2 o alternativamente según se puede observar en la Fig. 4.2 b). Al igual que para las entidades, se establecen reglas básicas para la definición de los nombres de atributos: los nombres deben estar en singular, ser únicos y en formato estándar. Cuando se tienen atributos de nombres similares, se suelen utilizar calificadores para distinguirlos. Por ejemplo, en la Tabla *Editor* 2.12 del Capítulo 2 podemos imaginarnos un editor que tuviera dos números de teléfono, uno para la oficina central y otro para el departamento comercial. Entonces en dicha tabla tendríamos que contemplar una nueva columna para guardar el dato del segundo teléfono, como se muestra en la Tabla 4.1.

| Nombre | Sitio-web | Direccion | Telefono_Central | Telefono_Comercial |
|---|---|---|---|---|
| Bartoletti-Gibson | https://vkontakte.ru | 54075 Graedel Lane | 773-390-4086 | NULL |
| Donnelly-Gaylord | http://netlog.com | 75 Muir Lane | 706-665-9726 | NULL |
| Frami, Ryan and Rath | http://japanpost.jp | 59 Drewry Hill | 770-313-9992 | NULL |
| Greenfelder Group | https://youku.com | 61 Village Green Street | 364-434-2372 | 364-434-2382 |
| Hickle Inc | http://google.com | 5 Delaware Road | 179-342-9522 | NULL |
| Hilll Group | http://cpanel.net | 5543 Messerschmidt Way | 144-883-1714 | NULL |
| Huel-Koelpin | https://senate.gov | 1 Merchant Trail | 991-439-6839 | NULL |
| Huels-Cormier | https://opera.com | 0446 Reindahl Parkway | 853-900-5149 | NULL |
| Kulas LLC | http://hubpages.com | 01 Forest Crossing | 828-591-6521 | NULL |
| Runolfsdottir and Sons | http://homestead.com | 187 Anniversary Parkway | 742-965-5404 | NULL |
| Russel-Heathcote | https://google.pl | 1 Magdeline Court | 862-499-9859 | NULL |
| Lorraine Hurche | http://hurheL.net | 27 Center Street | 862-599-9589 | NULL |
| Swift-Little | http://imdb.com | 6680 Milwaukee Alley | 632-588-1704 | NULL |

**Tabla 4.1** Tabla *Editor* con calificador en atributo teléfono.

En esta situación, no estaría permitido poner los dos atributos para el *Telefono* con el mismo nombre. En su caso se utiliza un calificador, por ejemplo: *Telefono_Central* y *Telefono_Comercial*.

Los atributos se pueden clasificar atendiendo a varios criterios. Pueden ser:

- **Simples o compuestos**, atendiendo a su composición. Como ejemplos de atributos compuestos podemos tener: *nombre* en la tabla de la Fig. 4.3, cuando se puede descomponer en *nombre + apellido1 + apellido2*; también *dirección*, en la misma tabla, al poderse descomponer en: *calle + ciudad + codigo postal + pais*. Incluso en este mismo ejemplo de la *Direccion* se puede establecer una jerarquía también entre atributos compuestos si aceptamos que *calle* se podría descomponer a su vez en *nombre de calle + numero en la calle + piso + puerta*, etc. Un **atributo simple** es aquel que no se puede descomponer en otros.

- **Univaluados o multivaluados**, atendiendo a la forma en que adquieren los valores. Un atributo multivaluado es aquel que puede tener valores diferentes. Por ejemplo en nuestra tabla 4.1 el atributo *Telefono* es multivaluado, dado que supone que un editor puede tener varios teléfonos.

- **Atributos derivados** o almacenados, en función de su forma de almacenamiento en base de datos o no. Un atributo derivado puede ser aquel que se puede hallar a partir de otro. Por ejemplo, en la entidad *Autor* de la Fig. 4.3 podemos definir un atributo *Edad* para almacenar la edad de cada autor obtenida a partir de su fecha de nacimiento (*Año-Nac*).

- **Atributos de clave.** Son los atributos que se eligen para ser claves para identificar entidades y también establecer relaciones entre conjuntos de entidades.

La designación de un atributo para una entidad supone que la base de datos guarda información similar concerniente a cada entidad del conjunto de entidades. Sin embargo, cada entidad tendrá su propio valor para cada atributo. Esto lo podemos comprobar si observamos que en la Fig. 4.3 a cada entidad le corresponde un valor específico para cada uno de los atributos *Nombre_A*, *Año_Nac* y *Direccion* de nuestra tabla *Autor*. Por ejemplo a la entidad-1 le corresponden los valores (*Alyse Woodrup, 1971-12-03, 4 Warrior Place*) para los atributos *Nombre_A*, *Año_Nac* y *Direccion* respectivamente; para la entidad-2, serían: (*Amandi Coupland, 1964-04-02, 120 Grasskamp Crossing*) y así sucesivamente.

Todos los atributos deben tener un **dominio**. Un dominio describe un conjunto de valores posibles para un cierto atributo. Puede ser considerado como una restricción. Un dominio indica el tipo de datos que será almacenado o las restricciones a los valores que se pueden admitir. La

Tabla 4.2 resume el concepto desde la idea de que un dominio representa el conjunto de valores permitidos que puede adquirir cierto atributo, aunque en secciones posteriores veremos cómo se traduce este concepto en el diseño real de una base de datos utilizando el modelo entidad-relación. No obstante, siguiendo este planteamiento anterior, por ejemplo para el atributo *Dirección*, un valor no permitido sería una dirección de correo electrónico, ya que en nuestro diseño, el campo *Dirección* en esta entidad estaría reservado para direcciones postales. Los dominios deben ser atómicos, es decir, tener valores indivisibles.

| Dominios de Entidad-Autor | |
|---|---|
| Atributo | Dominio o Tipo de dato |
| Nombre-A | Nombres de personas que son autores de libros |
| Año-Nac | Fecha de nacimiento |
| Direccion | Datos de una dirección postal |

**Tabla 4.2**   Ejemplo de dominios de los atributos de la entidad autor.

Una **relación** o **interrelación** es una asociación entre conjuntos de entidades. Por ejemplo, en el diagrama de la Fig. 4.4 podemos definir como *editar* la interrelación que vincula al conjunto de entidades *Editor* con el conjunto de entidades *Libro* en la base de datos **Librería**.

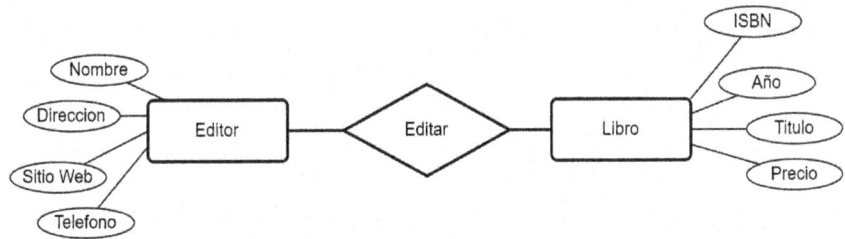

**Figura 4.4**   Representación gráfica de la relación entre las entidades *Editor* y *Libro*.

La forma de representación gráfica normalmente usada es mediante rombos (ver Fig. 4.4). Es decir, que las relaciones se representan por un rombo uniendo mediante líneas a las entidades que se asocian.

Aunque se ha comentado el concepto de relación en singular por simplificar, en realidad se trata siempre de conjuntos de relaciones. Esto se ilustra en la Fig. 4.5. Al igual que se comentó sobre los conjuntos de entidades, en el caso de las relaciones también hablamos de conjuntos de relaciones. Estos se definen como la colección de relaciones que comparten características comunes o que son del mismo tipo. En la Fig. 4.5 podemos identificar una relación individual como la asociación entre una entidad del conjunto de entidades *Editor* y otra de *Libro*. Esto es lo que se conoce como **instancia de una relación**. Por ejemplo, tenemos la formada por la entidad con *Nombre_E=Bartoletti-Gibson* en *Editor* con la entidad cuyo *ISBN=031539677-6* de *Libro*. Y el conjunto de relaciones es esa colección de asociaciones que unen miembros de *Editor* con miembros de *Libro*.

Una relación que une dos conjuntos de entidades se considera una **relación binaria**. Cuando une tres entidades, tenemos una relación ternaria. En general, nosotros vamos a trabajar con relaciones binarias, pero pueden existir relaciones donde se asocian más de dos entidades. Se trataría de relaciones *n*-arias, que no forman parte del objetivo de estudio en este libro.

Por otro lado, la **participación** se define como la forma de asociación entre conjuntos de entidades dentro de un conjunto de relaciones.

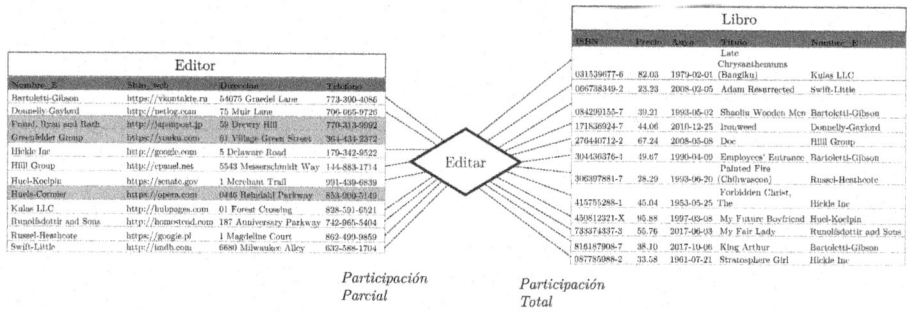

**Figura 4.5** Participación total y parcial.

En la Fig. 4.5 se representa gráficamente la relación *editar* entre los conjuntos de entidades *Editor* y *Libro*. Tal y como ya se ha descrito anteriormente, cada una de las líneas que salen de algún miembro de *Editor* representa una asociación con alguno de los miembros de *libro* a través del conjunto de relaciones *editar*. La participación se puede definir como **total** o **parcial**. Cuando cada uno de los miembros de un conjunto de entidades, como es el caso de la entidad *Libro* de nuestro ejemplo, tiene un enlace o participa en *editar* diremos que la **participación** de *Libro* en la relación *editar* es **total**. En caso contrario, diremos que la **participación** es **parcial**, lo que supondrá que puede haber miembros de un conjunto de entidades que participan en la relación que no tengan asociaciones en un momento dado en la base de datos. Este es el ejemplo de la entidad *Editor*, donde podemos ver que hay individuos que no tienen una línea que les une a *editar*. Esto corresponde a los elementos sobre fondo sombreado en color gris del conjunto de entidades *Editor*, como puede verse en dicha Fig. 4.5.

En la Fig. 4.6 se ilustra la forma de representar la participación en un diagrama E-R. Se utiliza una línea doble para representar la participación total, mientras que la participación parcial se simboliza con una línea simple.

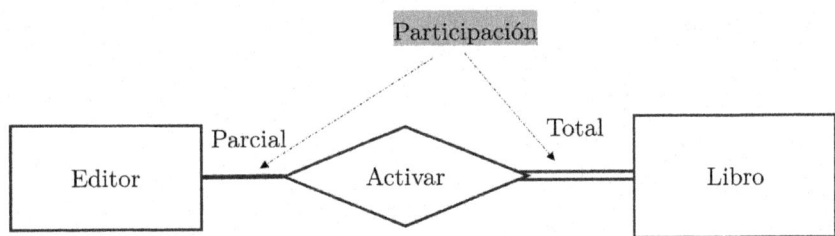

**Figura 4.6** Representación de la participación en el diagrama E-R.

Como **rol** se define el papel que juega una entidad en una relación. Dado que los conjuntos de entidades que participan en un conjunto de relaciones suelen ser distintos, los roles están implícitos y no suelen especificarse. Sin embargo, son útiles cuando el significado de una relación necesita ser aclarado. Ese es el caso que se produce cuando un mismo conjunto de entidades participa en un conjunto de relaciones más de una vez, usando diferentes roles. En este tipo de conjunto de relaciones, que se denominan conjunto de **relaciones recursivo**, los nombres de rol explícitos son necesarios para especificar cómo participa una entidad en una relación. Como ejemplo para ilustrar podemos recurrir a la entidad *Employees* de la base de datos **Classicmodels**, donde se se recoge la situación de empleados que reportan a empleados supervisores a través de la relación *report*, como se puede observar en la Fig. 4.7.

En el Código 4.1 se puede ver el contenido del código para crear el esquema de la relación correspondiente a esta entidad de **Classicmodels**.

Finalmente, los **atributos descriptivos**, que representan una propiedad característica de la relación.

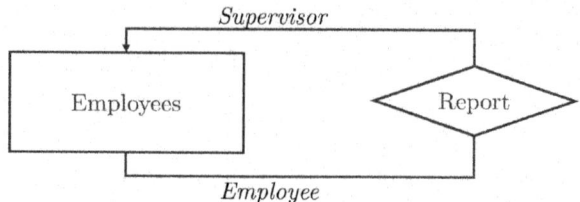

**Figura 4.7**   Roles de una entidad.

```
mysql> show create table employees;

CREATE TABLE 'employees' (
  'employeeNumber' int NOT NULL,
  'lastName' varchar(50) NOT NULL,
  'firstName' varchar(50) NOT NULL,
  'extension' varchar(10) NOT NULL,
  'email' varchar(100) NOT NULL,
  'officeCode' varchar(10) NOT NULL,
  'reportsTo' int DEFAULT NULL,
  'jobTitle' varchar(50) NOT NULL,
  PRIMARY KEY ('employeeNumber'),
  KEY 'reportsTo' ('reportsTo'),
  KEY 'officeCode' ('officeCode'),
  KEY 'jobTitle' ('jobTitle'),
  CONSTRAINT 'employees_ibfk_1' FOREIGN KEY ('reportsTo')
      REFERENCES 'employees' ('employeeNumber'),
  CONSTRAINT 'employees_ibfk_2' FOREIGN KEY ('officeCode')
      REFERENCES 'offices' ('officeCode')
) ENGINE=InnoDB DEFAULT CHARSET=latin1 |

1 row in set (0.11 sec)

mysql>
```

**Código 4.1**   Consulta esquema de una relacion en SQL.

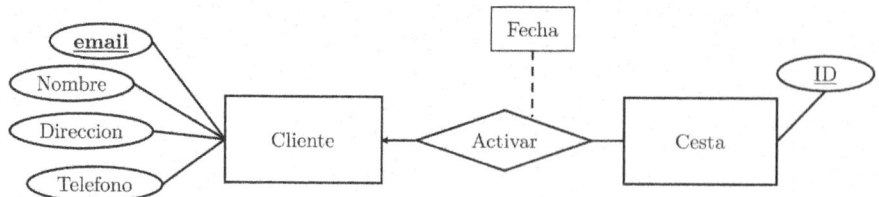

**Figura 4.8**   Atributo descriptivo de una relación.

Como ejemplo de atributos descriptivos para las relaciones podemos considerar el conjunto de relaciones *Activar* de la Fig. 4.8, que asocia a la entidad *Cliente* con la entidad *Cesta*. En este caso a la relación *activar* se le asigna el atributo descriptivo para registrar la fecha de activación de las cestas por parte de los clientes.

## 4.5. Cardinalidad

La **cardinalidad** o **mapeo de cardinalidades** en un conjunto de relaciones expresa el número de entidades a las que una entidad de otro conjunto de entidades se puede asociar a través de dicho conjunto de relaciones. Se puede utilizar para especificar restricciones sobre qué relaciones se permiten en el mundo real.

Para un conjunto de relaciones binaria entre dos entidades, por ejemplo *Cliente* y *Cesta*, de nuestra base de datos, la cardinalidad puede ser (véase Fig. 4.9):

- **De uno a uno:** una entidad del conjunto de entidades de *Cliente* se puede asociar a lo sumo a una entidad del conjunto de entidades de *Cesta*, y viceversa: una entidad de *Cesta* solo puede asociarse a lo sumo a una entidad del conjunto de entidades de *Cliente*.

- **De uno a muchos:** una entidad en *Cliente* se asocia a cualquier número (0, 1 o más) entidades en *Cesta*, mientras que una entidad en *Cesta* solo podría asociarse a una entidad en *Cliente*.

- **De muchos a uno:** una entidad en *Cliente* podrá asociarse como máximo a una entidad en *Cesta*. Una entidad en *Cesta*, sin embargo, se puede asociar a cualquier número (cero o más) de entidades en *Cliente*.

- **De muchos a muchos:** una entidad en *Cliente* está asociada a cualquier número (cero o más) de entidades en *Cesta* y una entidad en *Cesta* está asociada a cualquier número (cero o más) de entidades en *Cliente*.

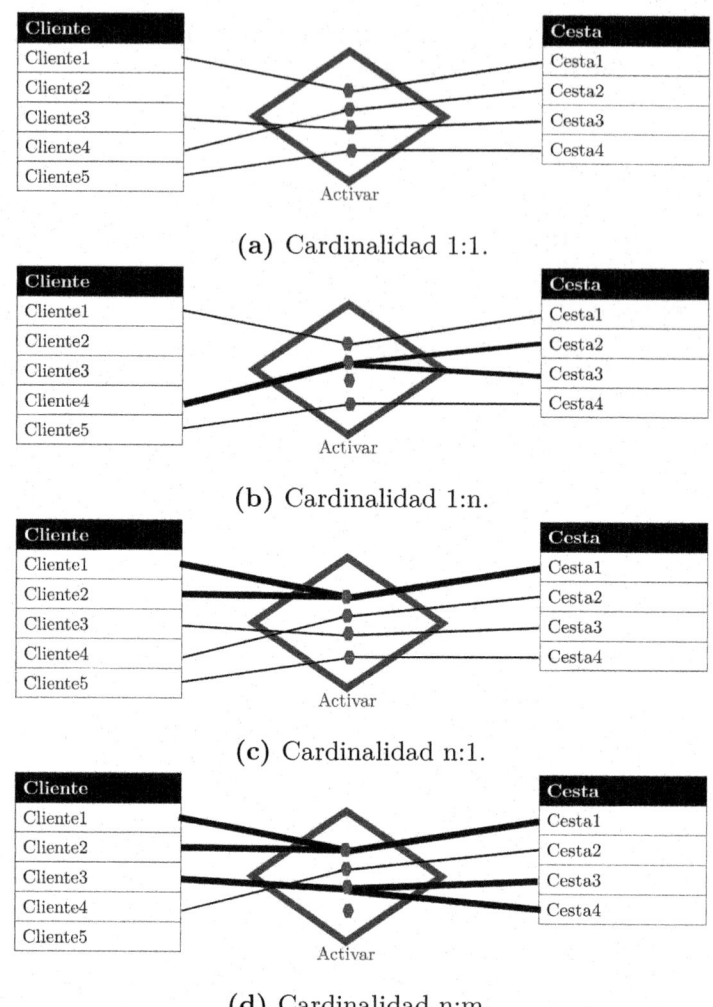

(a) Cardinalidad 1:1.

(b) Cardinalidad 1:n.

(c) Cardinalidad n:1.

(d) Cardinalidad n:m.

**Figura 4.9**    Formas de la cardinalidad en una relación binaria.

Por tanto, tenemos varias opciones de representación gráfica de la cardinalidad en los diagramas del modelo E-R.

**Cardinalidad 1:1**

Se dibujan líneas dirigidas con origen en la relación (el rombo) hacia cada una de las entidades que se asocian mediante esa relación, tal y como se ilustra en la Fig. 4.10 a). Planteamos otra alternativa de representación de la misma circunstancia que consiste en la colocación de etiquetas donde se especifica el número de entidades permitidas en ese conjunto de relaciones (en este caso 1:1), como se puede observar en la Fig. 4.10 b). Ambas opciones son equivalentes.

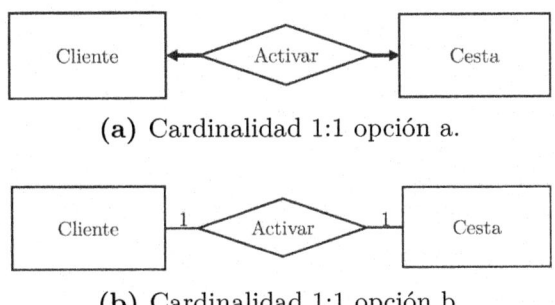

(a) Cardinalidad 1:1 opción a.

(b) Cardinalidad 1:1 opción b.

**Figura 4.10**   Opciones de representación de la cardinalidad 1:1 en diagramas
E-R.

## Cardinalidad 1:n

Se traza la línea dirigida con origen en la relación apuntando hacia la
entidad donde la cardinalidad es 1. En el otro lado de la relación se traza
una línea no dirigida uniendo la dicha relación con la entidad donde la
cardinalidad es N. Otra alternativa es trazar líneas no dirigidas uniendo
la relación con las entidades a ambos lados, y etiquetando las líneas de
acuerdo a la cardinalidad del lado correspondiente. Es decir, marcar con
un 1 el lado donde la cardinalidad es 1 y con N el lado donde es N. Ambas
opciones se muestran en la Fig. 4.11. La representación de la **cardinalidad n:1** es similar a la de la cardinalidad 1:n pero intercambiando los
lados y los sentidos de las líneas dirigidas.

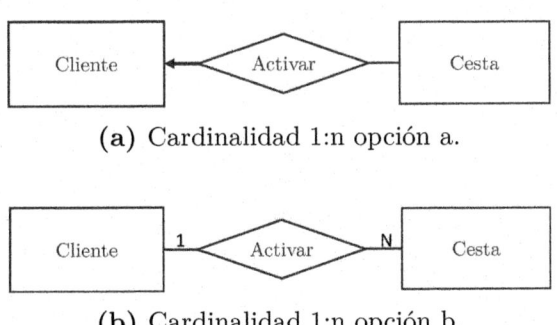

(a) Cardinalidad 1:n opción a.

(b) Cardinalidad 1:n opción b.

**Figura 4.11**   Opciones de representación de la cardinalidad 1:n en diagramas
E-R.

## Cardinalidad n:m

Su representación no requiere de las líneas dirigidas, limitándose al trazo de las líneas de conexión de la relación con las entidades que tiene a ambos lados, tal y como se muestra en la Fig. 4.12 a), o alternativamente como se propone en la Fig. 4.12 b).

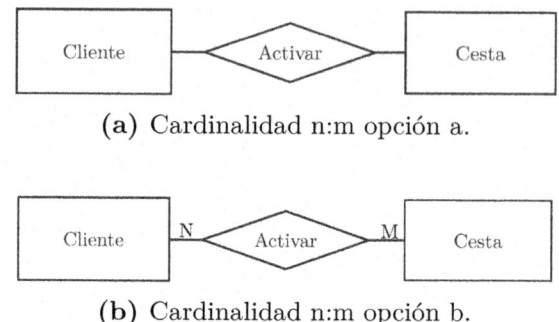

(a) Cardinalidad n:m opción a.

(b) Cardinalidad n:m opción b.

**Figura 4.12**   Opciones de representación de la cardinalidad n:m en diagramas E-R.

Los diagramas de E-R también proporcionan una manera de indicar restricciones más complejas en el número de veces que cada entidad participa en las relaciones de un conjunto de relaciones. Una línea que une un conjunto de entidades con el conjunto de relaciones en el diagrama E-R puede tener una cardinalidad mínima y máxima asociada, que se muestra en la forma *mín*, *máx*, donde *mín* es la cardinalidad mínima y *máx* la cardinalidad máxima en cada lado de la representación de la relación. Véase la Fig. 4.13.

Un valor mínimo de 1 indica la participación total del conjunto de entidades establecido en el lado correspondiente del conjunto de relaciones; es decir, cada entidad del conjunto de entidades se expresa en al menos una relación en ese conjunto de relaciones. Un valor máximo de 1 indica que cada entidad del conjunto de entidades participa como máximo en una relación, mientras que un máximo de valor * indica que no hay límite de participación para las entidades. Por ejemplo, considere la Fig. 4.13. La línea entre *Editor* y *editar* tiene una restricción de cardinalidad de 1...*, lo que significa que la cardinalidad mínima es 1 y la máxima es N. Es decir, cada editor puede editar un número N de libros. El límite 1...1 en la línea entre *editar* y *Libro* indica que a cada libro le corresponde uno y solo un editor. Por lo tanto, la relación *editar* es de uno a muchos de *Editor* a *Libro*, y además, la participación de *Libro* en la relación *editar* es total, lo que implica que cada *Libro* debe tener un *Editor*.

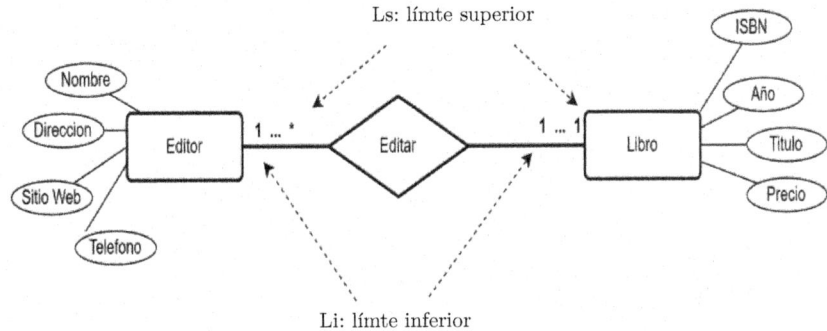

**Figura 4.13**   Limites de cardinalidad.

Es fácil malinterpretar el 1...* en el lado izquierdo del conjunto de relaciones *editar* de la Fig. 4.13, y pensar que la cardinalidad del conjunto (ambos lados de *editar*) es de varios a uno de *Editor* a *Libro*, cuando esto es exactamente lo contrario de la interpretación correcta. Un editor puede editar varios libros y no al revés, un libro editado por varios editores.

Si ambos lados de *editar* tienen un valor máximo de 1, la cardinalidad es uno a uno. Si hemos especificado un límite de cardinalidad de 1...* en el extremo izquierdo, estamos diciendo que cada *Editor* debe *editar* al menos un *Libro*.

## 4.6.   Claves primarias

La **clave primaria, PK**, es el atributo que es utilizado para identificar entidades de un conjunto de entidades. Para esta identificación de entidades, puede ser necesario utilizar más de un atributo, o incluso un grupo de atributos.

Se define la **clave de entidad** como un grupo de atributos tales que el mapeo del conjunto de entidades al grupo correspondiente del conjunto de valores posibles es uno a uno. Si no podemos encontrar tal mapeo de uno a uno en los datos disponibles, o si se desea simplicidad en la identificación de las entidades, se puede definir un atributo artificial y un conjunto de valores para que dicho mapeo sea posible. En el caso en que existan varias claves se elige como clave primaria de la entidad a aquella clave cuyo significado semántico se ajuste mejor a las especificaciones de diseño de la base de datos. Esto es lo que ocurre, por ejemplo, cuando en el diseño de una base de datos se decide crear un atributo de clave primaria numérico autoincremental para algunas entidades donde se deja abierta esta posibilidad, o no se especifica claramente una característica que permita definir ese atributo de clave primaria.

El uso de claves primarias no se restringe a las entidades. También pueden utilizarse en las relaciones. De hecho, dado que las relaciones conectan entidades, la clave primaria de una relación se representa mediante las claves primarias de las entidades implicadas en esa relación.

En algunas situaciones las entidades de un conjunto de entidades no pueden ser identificadas de forma única a través de sus propios atributos, de modo que se necesita utilizar una relación para poder ayudar a identificarlas. Por ejemplo, en nuestra base de datos **Librería** tenemos ejemplares de libros como un conjunto de entidades que se ve afectado por esta situación. Es decir, un ejemplar del conjunto de entidades de *Ejemplar* no puede ser identificado únicamente por el atributo *codigo* sin estar referido a un libro; una entidad de *Ejemplar* necesita la clave primaria de la entidad *Libro* para poderse identificar de forma inequívoca, y la forma de vincularse a este identificador es a través de la relación. En la Tabla 4.3 se ilustra esta situación.

| Codigo_E | ISBN | ID_cesta | Codigo_A |
|----------|------|----------|----------|
| 1 | 816187908-7 | NULL | 12 |
| 1 | 987785988-2 | NULL | NULL |
| 2 | 276440712-2 | NULL | NULL |
| 2 | 733374337-3 | 923 | NULL |
| 3 | 276440712-2 | NULL | NULL |
| 3 | 733374337-3 | 05 | NULL |
| 4 | 733374337-3 | NULL | NULL |
| 5 | 733374337-3 | NULL | NULL |
| 6 | 733374337-3 | 01 | NULL |

**Tabla 4.3**   Entidad dependiente de otra: ejemplar de un libro.

Nótese que según la muestra en esa misma Tabla 4.3, si no existiera la columna sobre fondo gris correspondiente al atributo *ISBN*, no sería posible identificar de forma inequívoca un ejemplar a través del uso de solo el atributo *Codigo_E*, ya que dentro del conjunto de entidades de *Ejemplar* hay varios valores repetidos para ese atributo: hay dos códigos de ejemplar(*Codigo_E*) con valor 1, dos con valor 2 y otros dos con valor 3, aparte del resto de códigos, que no presentan valores repetidos. Sin embargo, cada uno de los ejemplares con código 1 corresponde a un

*ISBN* diferente. Ocurre lo mismo con cualquiera de los ejemplares con código repetido y no repetido. Esto quiere decir que un libro puede tener ninguno, uno o varios ejemplares, o que la existencia de un ejemplar concreto siempre estará sujeta o asociada a la existencia de un libro concreto, y no podría existir si no hay un libro al que esté asociado. Esta asociación necesaria entre *Ejemplar* y *Libro* se realiza a través de una relación, que en este caso se utiliza para identificar entidades.

Aunque en la Tabla 4.3 aparece el atributo *ISBN* es preciso señalar que en realidad este no es un atributo propio de la entidad *Ejemplar*. Es una clave foránea que *Ejemplar* toma de *Libro* para formar una clave primaria más consistente.

A las entidades como *Ejemplar*, que necesitan asociarse a otra entidad para poderse identificar, se las conoce como **entidades débiles**. Las entidades de apoyo de las entidades débiles se conocen como **entidades fuertes**. En general, cualquier entidad que no sea débil es una entidad fuerte. A las relaciones que asocian entidades débiles con entidades fuertes se las conoce como **relaciones de identificación**. Son binarias y tienen una cardinalidad 1:n de la entidad fuerte a la entidad débil, lo que supone que la existencia de *n* entidades de un lado de la relación(débil) dependen de la existencia de una entidad (fuerte) en el otro lado de esa relación. El **atributo discriminador** en la entidad débil es aquel que acompaña al atributo de clave foránea de la entidad fuerte para formar la clave primaria compuesta para la entidad débil.

Las entidades débiles se representan en el diagrama E-R mediante un rectángulo trazado con doble línea. La relación de identificación entre la entidad débil y la fuerte se representa mediante un rombo de doble línea también; y la línea de conexión entre el rombo y el rectángulo de la entidad débil se representa con doble línea, que indica una participación total de las entidades del conjunto de entidades débiles en ese conjunto de relaciones. En la Fig. 4.14 están ilustrados todos estos detalles.

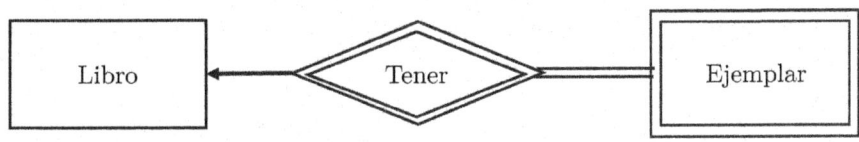

**Figura 4.14** Representación gráfica de una entidad débil.

Como hemos visto, normalmente las entidades de una base de datos se asocian con otras entidades a través de relaciones. Esto supone en el nivel lógico el uso de los atributos de **clave foránea**. Es decir, las claves foráneas se crean siempre que una entidad se relaciona con otra entidad en una relación cualquiera que sea su cardinalidad: de uno a uno o de uno a muchos, o incluso de muchos a muchos. En la sección de transformaciones del modelo E-R al modelo relacional veremos cómo se trasladan estas claves foráneas de unas relaciones a otras.

## 4.7.  Elementos del modelo E-R

En la Fig. 4.15 se recoge a modo de resumen la representación gráfica de los principales elementos y características del modelo E-R siguiendo la notación de Chen.

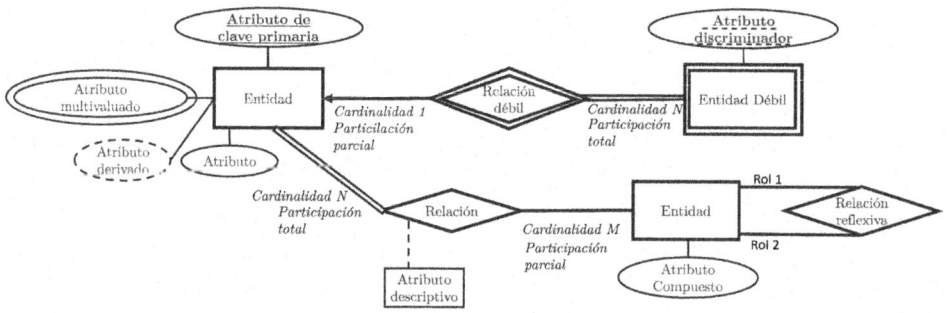

**Figura 4.15**    Representación gráfica de elementos del modelo E-R.

Aplicando el modelo E-R a nuestra base de datos *Librería* hemos obtenido su diagrama conceptual, que se muestra en la Fig. 4.16.

La base de datos *Librería* se ha modelado para contener información sobre los libros, sus autores, sus editores, los clientes que los compran mediante cestas de compra, así como del stock de ejemplares de éstos disponibles en almacenes. El resultado del diseño reflejado en el diagrama es el resultado de la traducción al modelo E-R de una serie de requisitos que se plantean en el enunciado a continuación.

Los clientes se caracterizan por su email, que es único, su nombre, dirección y teléfono. Cada autor se identifica de forma única con su nombre. Cada editor también se identifica de forma única con su nombre. En la base de datos se requiere mantener el dato de stock de ejemplares de libros en los almacenes, y el de libros contenidos en las cestas de compra de los clientes.

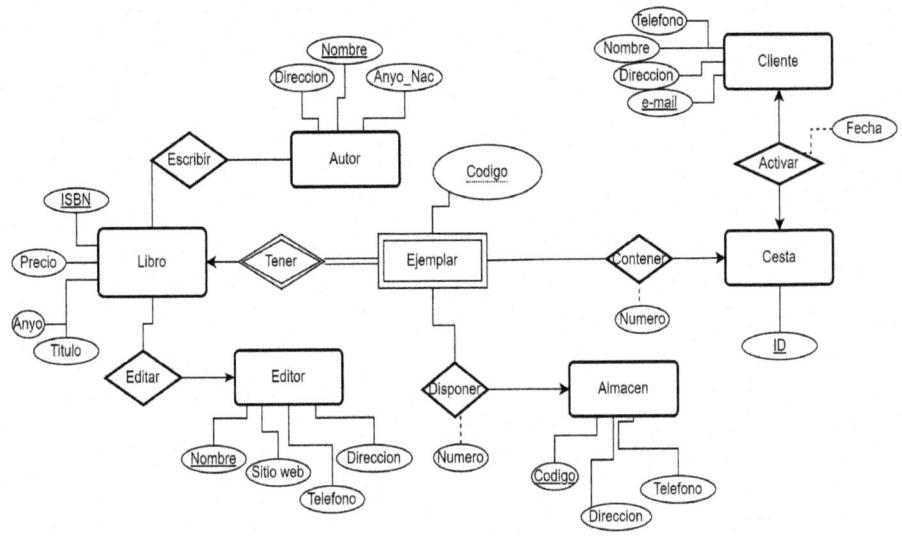

**Figura 4.16**   Diagrama conceptual DB *Librería*.

Los libros se caracterizan por su ISBN, precio, título y el año de publicación. Un libro está escrito por uno o varios autores. Un autor puede escribir uno a varios libros. Un editor puede editar uno o varios libros. Un libro solo puede tener un mismo editor. Un mismo libro puede tener varios ejemplares, y un ejemplar específico puede existir solo si se relaciona con su libro correspondiente. Varios ejemplares de un mismo libro o de distintos libros pueden estar disponibles en un mismo almacén.

Un ejemplar concreto de un libro puede estar en un almacén concreto, pero no en varios a la vez y un almacén puede contener o disponer de varios ejemplares.Un cliente puede activar una cesta de compra y una misma cesta de compra debe pertenecer a un solo cliente. En una cesta puede haber varios ejemplares y un mismo ejemplar puede estar solo en una cesta. En un ejercicio práctico relacionado con el diseño de una base de datos dada, el punto de partida sería un enunciado como el anterior, en el que se establecerían los requisitos de diseño de dicha base de datos. A partir de ese enunciado se aplicarían los pasos necesarios para obtener un diagrama conceptual como el de la Fig. 4.16. Una vez terminada la fase de diseño conceptual de la base de datos, la siguiente fase consiste en crear el esquema relacional correspondiente. Para ello, es necesario realizar una serie de transformaciones. En la siguiente sección veremos en detalle estas transformaciones.

## 4.8. Transformaciones E-R al modelo relacional

### 1. Transformación de entidades fuertes

Cada conjunto de entidades se transforma en una relación. Para cada conjunto de entidades $E$ con atributos $A_1$, $A_2$...$A_n$ se crea una relación o tabla $r$, que tendrá un número de columnas igual al número de atributos. Los atributos calculados o derivados no pasan a las tablas del modelo relacional. Cada fila o tupla del modelo relacional se corresponde con una instancia de la entidad $E$. Y la clave primaria de la tabla $r$ la forman los atributos clave de la entidad $E$. La clave primaria irá subrayada.

*Cliente(<u>ID</u>, nombre, {teléfono})*

¿Y qué ocurre con los atributos complejos: compuestos y multivaluados?

En el caso de los atributos compuestos como un nombre o una dirección, que se compone de: *primer_apellido, segundo_apellido* y *nombre*, lo que aparece en el esquema de la relación será precisamente cada uno de los componentes del atributo compuesto, sustituyéndolo.

*Cliente (ID, nombre, apellido_1, apellido_2, teléfono)*

Cuando tengamos atributos multivaluados, se generará una nueva tabla con este atributo, acompañado del atributo de clave primaria de la entidad de referencia. En esta nueva tabla, la clave primaria será compuesta por el atributo multivaluado combinado con el atributo de PK de la tabla de referencia. La entidad de referencia se queda sin el atributo multivaluado. Por ejemplo:

*Cliente (ID, nombre, apellido_1, apellido_2, telefono)*

se desglosaría en:

*Cliente (<u>ID</u>, nombre, apellido_1, Apellido_2)*

y

*Cliente_Teléfono (<u>ID</u>, <u>teléfono</u>)*

Quedando como clave primaria de esta tabla *Cliente_Teléfono* la PK de *Cliente* y el atributo *Teléfono*, que se ha separado de la entidad original. En esta tabla hay que especificar como clave foránea el *ID* referenciado al esquema de la entidad *Cliente*.

En el caso de que la entidad original consistiera en solo dos atributos, es decir una PK simple acompañada de un atributo multivaluado simple, entonces la nueva relación (tabla) contendría un solo atributo. Podemos descartar esta opción reteniendo en la tabla el atributo multivaluado. De esta forma se simplifica el diseño de la base de datos, aunque esta alternativa supone un problema al no considerar las restricciones de clave foránea necesarias en este tipo de escenarios.

Los atributos obligatorios se transforman en una columna en la que no se admiten valores nulos.

## 2. Transformación de entidades débiles

Las entidades débiles se transforman en relaciones donde: la clave primaria de la entidad fuerte pasa a formar parte de la clave primaria de esta relación resultante junto con el atributo discriminador de la entidad débil. Les acompañan el resto de los atributos de la entidad débil.

## 3. Transformación de los conjuntos de relaciones

La transformación de los conjuntos relaciones del modelo E-R al modelo relacional depende de su cardinalidad. En general las transformaciones se realizan a través asignaciones de claves foráneas entre los conjuntos de entidades, que se asocian mediante dichas conjuntos de relaciones y en función de su cardinalidad.

### 3.1. Transformación de relaciones 1:1

Dependiendo de la cardinalidad la transformación se realiza propagando la clave de la relación que corresponde al conjunto de entidades con cardinalidad (1:1) a la de cardinalidad (0:1). Cuando las cardinalidades son las dos (1:1), la clave se propaga indistintamente a cualquiera de las relaciones. Cuando las cardinalidades son las dos de (0:1), se creará una nueva tabla con clave primaria compuesta por la suma de las claves primarias de las entidades que se interrelacionan, y referenciadas como foráneas a las entidades correspondientes.

### 3.2. Transformación de Relaciones 1:N

Se añade como clave foránea a la tabla del conjunto de entidades que actúa con cardinalidad máxima *N*, la clave primaria del conjunto de entidades que actúa con cardinalidad máxima 1. Si además la interrelación tuviera atributos se importarían también a la entidad que actúa con cardinalidad máxima $N$.

Si tenemos un conjunto de relaciones en el que en un lado la cardinalidad es (0:1) la transformación se realiza creando una nueva tabla para evitar los nulos en la tabla con cardinalidad máxima $N$.

### 3.3. Transformación de relaciones N:M

Se crea una tabla con todos los atributos de clave primaria de los conjuntos de entidades que se asocian a través del conjunto de relaciones. La clave primaria de la tabla generada es la suma de los atributos clave de las entidades relacionadas, incluso puede haber algún atributo de la interrelación que forme parte de la clave. Cada clave incorporada a la tabla será también una clave ajena que se referenciará a la entidad de la que se habrá importado. Cuando la relación es $n$-aria la transformación es igual que en las relaciones binarias.

### 3.4. Transformación de las relaciones reflexivas

#### 3.4.1. Cardinalidad 1:N

Se crearía en el esquema de la relación una clave foránea de la misma clave principal referenciada al mismo esquema. Este atributo de clave se diferencia del original porque estará asociado al rol que la entidad ejerce en ese tramo de la interrelación. Tendrá un descriptor asociado al rol que ejerce la entidad en la interrelación. En el ejemplo, tendremos *ID_EMP_Supervisor* como clave foránea referenciada al mismo esquema.

El esquema sería:

*Empleado (ID_EMP, nombre, ID_EMP_Supervisor)*

#### 3.4.2. Cardinalidad N:M

Se crearía una nueva tabla correspondiente a la interrelación que tendría como clave principal la clave primaria dos veces, una por cada lazo de la relación, tal y como se puede ver en la siguiente expresión continuando nuestro ejemplo con la entidad *Empleado*.

$$Supervisar(\underline{ID\_EMP}, \underline{ID\_EMP\_Supervisor})$$
$$Empleado(\underline{ID\_EMP}, nombre)$$

## 4.9. Normalización

El diseño de una base de datos no termina con la transformación del diagrama del modelo entidad-relación al esquema del modelo relacional. En algunos casos, hay que realizar sucesivos refinamientos para alcanzar la calidad deseada en el diseño. Uno de los parámetros que mide dicha calidad de una base de datos es la **forma normal** en la que se encuentran las tablas de la base de datos. La **normalización** es el proceso de organizar los datos de una base de datos forzando a los atributos de las relaciones a cumplir ciertas normas llamadas formas normales. El objetivo que persigue este proceso es evitar la redundancia de datos, facilitar su actualización, prevenir borrados indeseados y optimizar el espacio de almacenamiento, entre otros.

Su aplicación exige el cumplimiento previo de una serie de requisitos de acuerdo al modelo relacional:

- Cada relación o tabla ha de tener un nombre único.

- No pueden haber dos filas iguales, es decir, que no se permiten duplicados dentro de una relación.

- Todos los datos en una columna deben ser del mismo tipo.

Hay seis formas normales para normalizar las tablas de una base de datos, que se identifican como: primera (1FN), segunda (2FN), tercera (3FN), cuarta (4FN) y quinta (5FN) formas normales, y la forma normal de Boyce-Codd (FNBC). En la práctica se usa hasta la forma normal de Boyce-Codd, aunque en general es fácil que se acepten diseños prácticos que cumplen hasta la tercera forma normal, que coincide con nuestro objetivo en esta obra.

Para aplicar correctamente la normalización es necesario conocer qué son las dependencias funcionales. Estas suponen un conjunto de restricciones que se imponen a determinados atributos de las relaciones de una base de datos. A continuación se describen las principales dependencias que se necesitan analizar para conseguir normalizaciones hasta la 3FN.

### 4.9.1. Dependencias funcionales

Acabamos de introducir las dependencias funcionales como un concepto necesario para entender la normalización. Ahora vamos a describirlas empezando por proporcionar una definición de lo que son.

**Definición de dependencia funcional**

Una **dependencia funcional** es un vínculo entre atributos de una relación o tabla. Se puede definir de la siguiente forma: dados dos atributos $A$ y $B$ de una relación $r$, se dice que $B$ es funcionalmente dependiente de $A$ o que $A$ determina a $B$ si para cada valor de $A$ existe un valor de $B$, y sólo uno, asociado con él. Y se representa mediante una línea dirigida de los atributos $A$ a $B$ según la Fig. 4.17.

**Figura 4.17**   Dependencia funcional entre atributos $B$ y $A$.

Por ejemplo en la relación *Libro* de nuestra base de datos ***Librería***:

$$Libro(\textbf{\textit{ISBN}}, \textit{titulo, precio, fecha})$$

Podemos decir que *titulo* tiene dependencia funcional de *ISBN*, y expresarlo como:

DF:***ISBN*** → ***titulo***,

que también se puede leer como que *ISBN* determina a *título*.

Esto no quiere decir que el conocimiento de *ISBN* implique el conocimiento de *titulo*, sino más bien que un determinado *ISBN* solo puede tener asociado un único *título*. Dicho de otro modo, a través de un *ISBN*, por ejemplo *031539677-6*, se localiza siempre el mismo título (*Late Chrysanthemums (Bangiku)*). Si cambiamos el *ISBN* por otro, por ejemplo *171836924-7*, aparece el *título* que le corresponde, que es *Ironweed*. Nótese que la dependencia funcional de $B$ respecto de $A$ no implica necesariamente la inversa de $A$ respecto de $B$, o sea, que en este ejemplo no existe dependencia funcional a la inversa de *ISBN* respecto de *titulo*, ya que podría darse la casualidad de que un mismo *título* se correspondiera con más de un *ISBN*, que serían distintos en el mundo real.

Volviendo al ejemplo de partida sobre la relación *Libro* podemos ver que el resto de atributos, como son *precio* y *fecha*, también tienen dependencia funcional de *ISBN*, ya que un *ISBN* determina el precio y también la fecha, todo lo cual se podría expresar como:

DF:***ISBN*** → ***titulo***,
DF:***ISBN*** → ***precio***,

DF:***ISBN*** → ***fecha***.

o de forma conjunta:

DF:***ISBN*** → ***titulo***, ***precio***, ***fecha***.

En general, si $A$ es una clave de una relación $r$ entonces $\boldsymbol{A} \to \boldsymbol{B}$ para cualquier subconjunto de atributos $B$ de $r$. Los atributos de clave pueden determinar funcionalmente cualquier otro atributo de la relación.

Un aspecto a tener en cuenta con respecto a estos vínculos o asociaciones entre los atributos es que como tales se les puede atribuir una cardinalidad. Por ejemplo, si en una relación $r$ de dos atributos $A$, $B$ tenemos una dependencia funcional de $\boldsymbol{A} \to \boldsymbol{B}$ y además también se cumple la dependencia funcional inversa $\boldsymbol{B} \to \boldsymbol{A}$, entonces estaríamos en un caso de cardinalidad 1:1 en las asociaciaones entre $A$ y $B$. Si lo que tenemos en esa relación $r$ es la dependencia funcional de $\boldsymbol{A} \to \boldsymbol{B}$ entonces tenemos una situación de cardinalidad 1:$n$. Si entre los atributos $A$ y $B$ no existe ninguna dependencia funcional, entonces la relación es de cardinalidad $n$:$m$. Cuando la cardinalidad es 1:1 entonces decimos que se trata de atributos equivalentes, y deben aparecer juntos en la relación $r$. Este sería el ejemplo de la Tabla 4.4 de códigos provinciales de España, donde los atributos *Código postal*, *Provincia* y *Código Ministerio* tienen dependencias funcionales mutuamente entre sí.

| Código postal | Provincia | Código Ministerio |
|:---:|:---:|:---:|
| 1 | Álava | VI |
| 2 | Albacete | AB |
| 3 | Alicante | A |
| 4 | Almería | AL |
| 5 | Ávila | AV |
| 6 | Badajoz | BA |
| 7 | Baleares | PM |

**Tabla 4.4** Provincias de España por código postal.

Cuando la cardinalidad es de 1:n entonces el atributo de cardinalidad 1 debe ser la clave primaria de la tabla. Cuando la cardinalidad es n:m se crea una relación asociativa como en el caso del estudio de las cardinalidades de las relaciones entre conjuntos de entidades.

## Dependencia funcional completa

Se habla de **dependencia funcional completa** cuando en una dependencia funcional $A \rightarrow B$, siendo $A$ un atributo compuesto, $B$ solo depende de $A$, pero no de ningún subconjunto de $A$. Es decir, por ejemplo si $A$ está compuesto por $A_1, A_2, A_3$ entonces $A \rightarrow B$, significa que $B$ tiene dependencia funcional completa de $A$ siempre que no se dé que $A_1 \rightarrow B$, $A_2 \rightarrow B$ o $A_3 \rightarrow B$.

Veamos un ejemplo con la relación *Edición* compuesta por atributos basados en la relación *Editor* de la base de datos **Librería**, a los que se ha añadido el atributo *Apellido_E*, formando la clave primaria compuesta junto con el atributo *Nombre_E*. Para este ejemplo, se asume una situación en la que el diseñador ha decidido designar este conjunto de atributos como clave primaria y que no puede haber dos apellidos iguales en la base de datos.

*Edicion(<u>Nombre_E, Apellido_E</u>, Sitio_web_E, Telefono_E, Calle_E, N_calle, CodigoPostal, Ciudad_E)(\*);*

Vamos a estudiar las dependencias funcionales de *Edición*.

DF:***Nombre_E, Apellido_E*** $\rightarrow$ ***Sitio_web_E***
DF:***Nombre_E, Apellido_E*** $\rightarrow$ ***Telefono_E***
DF:***Nombre_E, Apellido_E*** $\rightarrow$ ***Calle_E***
DF:***Nombre_E, Apellido_E*** $\rightarrow$ ***N° _calle***
DF:***Nombre_E, Apellido_E*** $\rightarrow$ ***CodigoPostal***
DF:***Nombre_E, Apellido_E*** $\rightarrow$ ***Ciudad_E***

Es decir:

DF:***Nombre_E, Apellido_E*** $\rightarrow$ ***Sitio_web_E, Telefono_E, Calle_E, N° _calle, CodigoPostal, Ciudad_E***.

Podemos ver que cada uno de los atributos: *Sitio_web_E, Telefono_E, Calle_E, N°_calle, CodigoPostal, Ciudad_E* depende completamente de *Nombre_E, Apellido_E*, pero no parcialmente de alguno de los dos.

## Dependencia funcional transitiva

Dada la tabla $r$, con atributos $(A,B,C)$, donde $A \rightarrow B$, y $B \rightarrow C$, pero $C$ no determina a su vez a $A$ ($C \rightarrow |A$), se dice que $C$ depende transitivamente de $A$, o que $A \rightarrow C$.

Veamos un ejemplo a través de la relación *Producto* que se presenta a continuación:

$$Producto(ID\_Producto,\ Nombre\_Producto,\ Fabricante,$$
$$País\_Fabricante)$$

Las dependencias funcionales son:

DF:***ID_Producto → Fabricante***
DF:***Fabricante → País_Fabricante***
DF:***ID_Producto → País_Fabricante***

es decir, *ID_Producto* implica transitivamente a *País_Fabricante* o *País_- Fabricante* depende transitivamente de *ID_Producto*, pero no determina *ID_Producto*.

### Dependencia funcional trivial

Un atributo $B$ tiene **dependencia funcional trivial** del conjunto de atributos $A_1, ..., A_k$ si $B$ es uno de los atributos $A_1..., A_k$.

Por ejemplo, en el esquema:

$$Evaluación(Nombre\_participante,\ materia,\ Dpto,\ Calificación)$$

Las dependencias funcionales son triviales:

DF:***(Nombre_participante, Materia, Calificacion) → Calificacion***
DF:***(Nombre_participante, Materia) → Materia***

### 4.9.2. Formas normales

**1FN. Primera forma normal**

Se dice que una relación se encuentra en su primera forma normal cuando todos sus atributos tienen un dominio atómico, es decir, ninguno de sus atributos puede tomar más de un valor ni estar compuesto por otros atributos.

Para satisfacer la primera forma normal en una relación que no la cumple lo que se hace por un lado es sustituir el atributo compuesto por sus componentes en dicha relación, y por otro lado, eliminar los atributos multivaluados situándolos en otra relación nueva acompañándolos de la

PK de la relación original, y asegurando que no se pierde información en la base de datos a causa de esta descomposición de tablas.

**2FN. Segunda forma normal**

Una relación $r$ está en 2FN si está en 1FN y si todo atributo no primo depende funcionalmente de manera completa de la clave primaria de $r$. Los atributos no primos son aquellos que no son miembros de una clave candidata.

Vamos a ver un ejemplo basado en el caso anterior con la relación *Edición*(\*) :

> *Edicion(Nombre_E, Apellido_E, Sitio_web_E, Telefono_E, Calle_E, Nº_calle, CodigoPostal, Ciudad_E);*

Según se presenta podemos decir que está en 1FN porque no tiene atributos compuestos ni multivaluados, si consideramos que un editor solo puede tener un único número de teléfono. También cumple con la 2FN al ser todos los atributos completamente dependientes de la clave primaria compuesta tal y como se vio en el ejemplo anterior:

DF:***Nombre_E, Apellido_E → Sitio_web_E, Telefono_E, Calle_E, Nº_calle, CodigoPostal, Ciudad_E***

En el siguiente ejemplo veremos el caso de una relación que no satisface la 2FN. Se trata de la relación *Escritura* que se expone a continuación:

> *Escritura(<u>ISBN</u>, <u>Nombre_A</u>, <u>Apellido_A</u>, Año_Nac_A, precio_L, Titulo_L, Año_L, calle_A, nº, ciudad_A)*

Analizando dicha relación se puede ver que tiene una clave primaria compuesta que es *ISBN, Nombre_A, Apellido_A* y que, sin embargo, los atributos no clave tienen dependencias funcionales parciales:

DF:***ISBN → precio_L, Titulo_L, Año_L***
DF:***Nombre_A, Apellido_A → Año_Nac_A, calle_A, nº, ciudad_A.***

Esto supone que la relación se puede descomponer en dos, *Autor* y *Escribir*, como se muestra a continuación:

> *Autor(<u>Nombre_A</u>,<u>Apellido_A</u>, Año_Nac_A, calle_A, nº, ciudad_A)*
> *Escribir(<u>ISBN</u>, precio_L, Titulo_L, Año_L)*

Con esta descomposición se obtiene una nueva configuración con dos relaciones donde la 2FN se satisface, dado que los atributos no primos de ambas relaciones tienen dependencia funcional con las claves primarias correspondientes. Los atributos de la relación *Autor* tienen dependencia funcional completa de *Nombre_A, Apellido_A*.

### 3FN. Tercera forma normal

Una relación está en 3FN cuando está en segunda formal y además todos los atributos que no son clave primaria no dependen transitivamente de ésta.

Para normalizar una tabla en la 3FN lo que se hace es extraer los atributos que tienen dependencia funcional transitiva y agregarlos a una nueva relación, asignándole una clave primaria, la cual se introducirá en la tabla original como clave foránea. Esta PK será el atributo que define la transitividad.

Como ejemplo, vamos a imaginarnos una versión reducida de la relación *Employees* de la base de datos **Classicmodels** en la que se incluye un nuevo atributo para registrar el salario de los empleados (Tabla 4.5):

*Employees(EmployeeNumber,lastName, firtsName, jobTitle, Salary)*

| employeeNumber | lastName | firstName | jobTitle | Salary |
|:---:|:---:|:---:|:---:|:---:|
| 1002 | Murphy | Diane | President | 200.000 |
| 1056 | Patterson | Mary | VP Sales | 150.000 |
| 1076 | Firrelli | Jeff | VP Marketing | 150.000 |
| 1088 | Patterson | William | Sales Manager (APAC) | 110.000 |
| 1102 | Bondur | Gerard | Sale Manager (EMEA) | 110.000 |
| 1143 | Bow | Anthony | Sales Manager (NA) | 110.000 |
| 1165 | Jennings | Leslie | Sales Rep | 70.000 |
| 1166 | Thompson | Leslie | Sales Rep | 70.000 |

**Tabla 4.5** Empleados con sueldo.

En esta tabla si se asume que todos los empleados con el mismo puesto reciben el mismo salario hay una dependencia funcional transitiva entre *employeeNumber* y *Salary* a través de *jobTitle*, ya que:

DF:***EmployeeNumber*** → ***jobTitle***
DF:***jobTitle*** → ***Salary***

Para satisfacer la 3FN descomponemos la relación *Employees* separando en una tabla adicional los atributos que tienen dependencia transitiva con la clave (*salary*) y estableciendo como clave primaria de la nueva relación el campo que define la transitividad (*jobTitle*), resultando, como puede observarse en las tablas 4.6 y 4.7:

*Employees(EmployeeNumber,lastName, firtsName, jobTitle)*

*Salary(jobTitle, Salary)*

| jobTitle | Salary |
|---|---|
| President | 200.000 |
| VP Sales | 150.000 |
| VP Marketing | 150.000 |
| Sales Manager (APAC) | 110.000 |
| Sale Manager (EMEA) | 110.000 |
| Sales Manager (NA) | 110.000 |
| Sales Rep | 70.000 |

**Tabla 4.6**   Puestos y salarios.

| employeeNumber | lastName | firstName | jobTitle |
|---|---|---|---|
| 1002 | Murphy | Diane | President |
| 1056 | Patterson | Mary | VP Sales |
| 1076 | Firrelli | Jeff | VP Marketing |
| 1088 | Patterson | William | Sales Manager (APAC) |
| 1102 | Bondur | Gerard | Sale Manager (EMEA) |
| 1143 | Bow | Anthony | Sales Manager (NA) |
| 1165 | Jennings | Leslie | Sales Rep |
| 1166 | Thompson | Leslie | Sales Rep |

**Tabla 4.7**   Datos de los empleados.

## 4.10.  Resumen

Como resumen, se indica que el lector que haya trabajado este capítulo posee los siguientes conocimientos en diseño de bases:

- Entiende y domina uno de los métodos más conocidos de modelado de datos, que es el modelo E-R.

- Conoce los atributos de clave primaria utilizados para identificar entidades dentro del conjunto de entidades.

- Entiende y ha profundizado en otras propiedades como son la participación y la cardinalidad.

- Domina el concepto de dependencias funcionales.

- Puede seguir todo el proceso de diseño de bases de datos, desde los requisitos iniciales hasta obtener el esquema de relación e incluso su implementación física en un DBMS.

- Y por último, conoce la normalización y las diferentes formas normales en el proceso de optimizar las bases de datos.

La bibliografía consultada para elaborar este capítulo ha sido la siguiente:

- *MySQL Products website* [32].

- *MySQL Tutorial website* [14].

- *MySQL* [17].

- *Database system concepts* [40].

- *Data management, databases and organizations* [46].

- *Database management systems* [38].

- *VirtualBox.org* [34].

- *Universal Database Tool* [13].

- *Ubuntu Desktop* [27].

- *Database systems: a practical approach to design, implementation, and management* [15].

- *Entity-relationship modeling: foundations of database technology* [42].

- *The design of relational databases* [28].

- *The entity-relationship model—toward a unified view of data* [8].

- *The entity-relationship model: a basis for the enterprise view of data* [9].

- *A sophisticate's introduction to database normalization theory* [4].

- *Fundamentals of data normalization* [19].

## 4.11. Problemas resueltos

### Problema 4.1: primera forma normal

o **Enunciado:** dada la tabla 4.8, indicar si cumple la 1FN, y en caso negativo, proponer una solución para que la cumpla.

| ID | Nombre | Categoría | Crédito | email |
|----|--------|-----------|---------|-------|
| 1 | Luis Gomez | Platino | 2000 | luisg@cliente.com;lg1@cliente.es |
| 2 | Rafael Gutierrez | Platino | 2000 | rafaelg@cliente.com;rg@cliente.es |
| 3 | Lucía Luna | Plata | 1500 | lucial@cliente.com |
| 4 | Alex Maho | Platino | 2000 | alexm@cliente.com |

**Tabla 4.8**   Tabla *Cliente*.

◦ **Solución:** partimos de una relación que tiene el siguiente esquema:

*Cliente(ID, Nombre, Categoría, Crédito, email)*

Una tabla está en 1FN cuando todos sus atributos presentan valores atómicos. En el ejemplo de la tabla 4.8 vemos que no se cumple para el atributo *email*, ya que hay dos tuplas para las que presenta más de un valor. Tampoco se cumple para el atributo *nombre*, que es compuesto.

Para resolver este incumplimiento se elimina el atributo multivaluado *email* de la relación original situándolo en otra tabla nueva que se crea y que podemos llamar *Email*, donde el atributo de clave primaria será la combinación de los atributos *ID* e *email*. Para conservar la información de la base de datos las tablas *Email* y *Cliente* se relacionan con el atributo *ID*, siendo este una FK en *Email*.

| ID | email |
|----|-------|
| 1 | luisg@cliente.com |
| 1 | lg1@cliente.es |
| 2 | rafaelg@cliente.com |
| 2 | rg@cliente.es |
| 3 | lucial@cliente.com |
| 4 | alexm@cliente.com |

**Tabla 4.9**   Tabla *Email*. Descomposición de cliente.

Por otro lado, sería necesario descomponer al atributo *nombre* en nombre y apellido, resultando en dos esquemas de relación, Tabla 4.10 y

| ID | Nombre | Apellido | Categoría | Crédito |
|----|--------|----------|-----------|---------|
| 1 | Luis | Gomez | Platino | 2000 |
| 2 | Rafael | Gutierrez | Platino | 2000 |
| 3 | Lucía | Luna | Plata | 1500 |
| 4 | Alex | Maho | Platino | 2000 |

**Tabla 4.10**   Tabla *Cliente* descompuesta y en 1FN.

*Cliente(ID, email, Nombre, Categoría, Crédito)*

## Problema 4.2: segunda forma normal

o **Enunciado:** se requiere verificar si cumple la normalización 2FN de la tabla 4.11 donde *ID* y *email* forman la clave primaria.

| ID | email | Nombre | Categoría | Crédito |
|----|-------|--------|-----------|---------|
| 1 | luisg@cliente.com | Luis Gomez | Platino | 2000 |
| 1 | lg1@cliente.es | Luis Gomez | Platino | 2000 |
| 2 | rafaelg@cliente.com | Rafael Gutierrez | Platino | 2000 |
| 2 | rg@cliente.es | Rafael Gutierrez | Platino | 2000 |
| 3 | lucial@cliente.com | Lucía Luna | Plata | 1500 |
| 4 | Alexm@cliente.com | Alex Maho | Platino | 2000 |

**Tabla 4.11** Tabla *Cliente2*.

o **Solución:** construimos el esquema de la relación a partir de la tabla 4.11 presentada:

*Cliente(ID, email, Nombre, Categoria, Crédito)*

La tabla satisface la 1FN, ya que no hay atributos multivaluados. Asumimos los datos del atributo *Nombre* como atómicos.

Estudiamos las dependencias funcionales:

DF1:**ID → Nombre, Categoría, Crédito**
DF2:**Categoría → Crédito**

La 2FN se cumple cuando todos los atributos no clave tienen una dependencia funcional completa de una clave primaria compuesta. En nuestro ejemplo vemos que los atributos *nombre, categoría, crédito* tienen dependencia funcional de *ID*, lo que supone una dependencia funcional parcial de la clave primaria de la relación. Para poner esta tabla en 2FN, la descomponemos eliminando los atributos con dependencias incompletas de la tabla original y creamos una nueva tabla que llamaremos *Cliente3* con los atributos y la clave de la que dependen. La tabla original la renombramos *ID-email*, quedando ambas tablas 4.12 y 4.13 resultantes normalizadas hasta la 2FN.

## Problema 4.3: tercera forma normal

o **Enunciado:** comprobar si las tablas de resultados del problema 4.2 cumplen la 3FN.

| ID | Nombre | Categoría | Crédito |
|----|--------|-----------|---------|
| 1 | Luis Gomez | Platino | 2000 |
| 2 | Rafael Gutierrez | Platino | 2000 |
| 3 | Lucía Luna | Plata | 1500 |
| 4 | Alex Maho | Platino | 2000 |

**Tabla 4.12**    Tabla *Cliente3*. Descomposición de *Cliente2*.

| ID | email |
|----|-------|
| 1 | luisg@cliente.com |
| 1 | lg1@cliente.es |
| 2 | rafaelg@cliente.com |
| 2 | rg@cliente.es |
| 3 | lucial@cliente.com |
| 4 | Alexm@cliente.com |

**Tabla 4.13**    Tabla *ID-email*. Descomposición de *Cliente2*.

◦ **Solución:** para satisfacer la 3FN una tabla debe estar en 2FN y además no tcner atributos con dependencia funcional transitiva. Obviamente, partiendo del problema 4.2 las tablas ya están en 2FN. La tabla 4.13 está en 3FN. No ocurre, sin embargo, lo mismo con la tabla 4.12.

*Cliente3(ID, Nombre, Categoría, Crédito)*

Estudiamos sus dependencias funcionales para revelar por qué:

DF1:***ID → Nombre, Categoría, Crédito***
DF2:***Categoría → Crédito***
DF3:***ID → Crédito***
NoDF:***Crédito → |ID***

DF2 y DF3 nos revelan una dependencia funcional transitiva entre *crédito* y *ID* a través de *categoría*. Hay que deshacer esta dependencia en *Cliente3*, y para ello se elimina el atributo *Crédito*, situándolo en una nueva tabla que hemos llamado *Categoría-crédito* donde irá acompañado del atributo intermedio *categoría*, como PK, quedando el resultado siguiente (ver Tablas 4.14 y 4.15):

*Cliente3(ID, Nombre, Categoría)*

*Categoría-Credito(Categoría, Crédito)*

| ID | Nombre | Categoría |
|----|--------|-----------|
| 1 | Luis Gomez | Platino |
| 2 | Rafael Gutierrez | Platino |
| 3 | Lucía Luna | Plata |
| 4 | Alex Maho | Platino |

**Tabla 4.14** Descomposición de *Cliente3*.

| Categoría | Crédito |
|-----------|---------|
| Platino | 2000 |
| Plata | 1500 |

**Tabla 4.15** *Categoría-crédito*. Descomposición de *Cliente3*.

## Problema 4.4: diseño diagrama E-R

o **Enunciado:** diseña un diagrama E-R para realizar un seguimiento de las estadísticas de puntuaciones de su equipo de baloncesto favorito. Debe almacenar los partidos jugados, las puntuaciones en cada partido, los jugadores en cada partido y las estadísticas de puntuación de los jugadores individuales para cada partido.

o **Solución:** la solución a este problema se presenta en la Fig. 4.18.

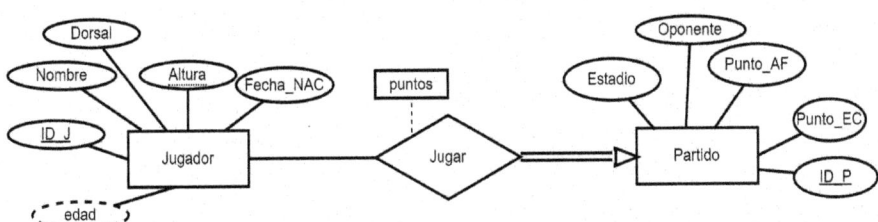

**Figura 4.18** Esquema DB para puntuaciones de un equipo de baloncesto.

## Problema 4.5: entidades y relaciones

o **Enunciado:** identifique las entidades y los atributos necesarios para construir el modelo E-R de la DB del siguiente diseño. Además defina cuáles son las claves primarias (PK) de cada uno de las entidades. Nota: Las PK pueden ser atributos propios del modelo o a veces hay que definirlas a propósito introduciendo un atributo a criterio del diseñador:

**Diseño:** se precisa diseñar una base de datos con un esquema que captura toda la información que unas galerías de arte necesitan mantener. Las galerías guardan información sobre los artistas, sus nombres (que son únicos), lugares de nacimiento, año de nacimiento y estilo de arte (clásico o moderno). Para cada obra de arte, el artista, el año en que se hizo, su título, su tipo de arte (por ejemplo, pintura, litografía, escultura, fotografía), y su precio deben almacenarse.

Las piezas de arte también se clasifican en grupos de diversa índole, por ejemplo, retratos, bodegones, obras de Picasso, u obras del siglo XIX; una pieza dada puede pertenecer a más de un grupo. Cada grupo se identifica con un nombre (como los que se acaban de dar) que describe el grupo. Por último, las galerías guardan información sobre los clientes. Para cada cliente, las galerías mantienen el nombre único de esa persona, dirección, cantidad total de dólares gastados en la galería (¡muy importante!).

Además se guarda la información sobre los artistas y grupos de arte que el cliente tiende a elegir. Asumimos que cada obra de arte ha sido creada por un solo artista. Supongamos también que podemos tener varias obras de arte con el mismo título, por ejemplo: "What is Love?" by Cheryl D. "What is Love?" by Joe Brown, etc.

○ **Solución:** el ejercicio nos pide empezar recordando las fases para el diseño de DB partiendo de la fase de especificación de los requisitos para el negocio que se quiere modelar, que es lo que supone el enunciado que se ha proporcionado.

A partir de aquí, una vez entendidos correctamente dichos requisitos, nuestro objetivo es transformarlo todo en un esquema conceptual de la base de datos utilizando el modelo E-R. Lo que nos piden en el ejercicio 5 es dar los primeros pasos para conseguir este propósito. ¿Cómo identificar las entidades y atributos del modelo?

Las entidades son objetos sobre los que se requiere guardar información y se suelen definir como sustantivos que resultan llamativos en la especificación del problema. Nos fijamos en los sustantivos que van descritos o sobre los que se determinan una serie de características, que serán los atributos.

Tras revisar el enunciado detectamos cuatro entidades: *Artista, Obra de Arte, Grupo y Cliente* (en forma de objetos o sustantivos) sobre las que se hacen descripciones que tienen significado para el negocio que se pretende modelar. El resultado se puede ver en la Fig. 4.19.

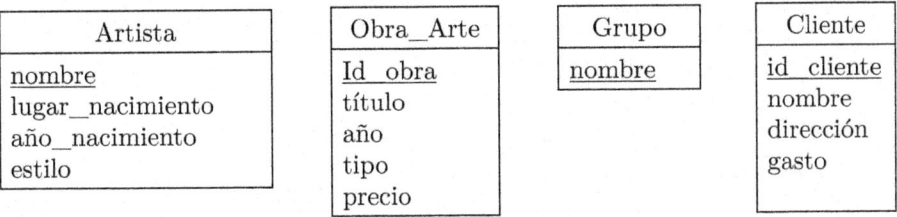

**Figura 4.19** Entidades y atributos. Problema 4.5.

Para la asignación de claves primarias de cada entidad se ha optado por la sencillez, seleccionando los atributos propuestos en el enunciado para cada entidad, y atribuyendo un identificador único en los casos en que se ha considerado necesario: *obra_arte* y *cliente*.

## Problema 4.6: relaciones y cardinalidad

o **Enunciado:** sobre el enunciado del Problema 4.5, represente las relaciones entre las diferentes entidades y construya un esquema del modelo E-R. Aplique la cardinalidad según las restricciones del enunciado y si falta alguna restricción aplique un criterio lógico.

o **Solución:** las relaciones se pueden detectar a través de los verbos que unen dos o más sustantivos. En este ejercicio, hay frases que señalan las relaciones que ponemos en letra negrita, mientras en letra cursiva ponemos las entidades que se relacionan:

- 'Las *piezas de arte* también **se clasifican** en *grupos* de diversa índole'.

- 'Además se guarda la información sobre los *artistas* y *grupos de obras de arte* que el *cliente* **tiende a elegir**'.

- 'A sumimos que cada *obra de arte* **ha sido creada** por un solo *artista*'.

Resultado en la Fig. 4.20

## Problema 4.7: esquema relacional

o **Enunciado:** obtenga el esquema relacional de la base de datos a partir del modelo conceptual del ejercicio anterior.

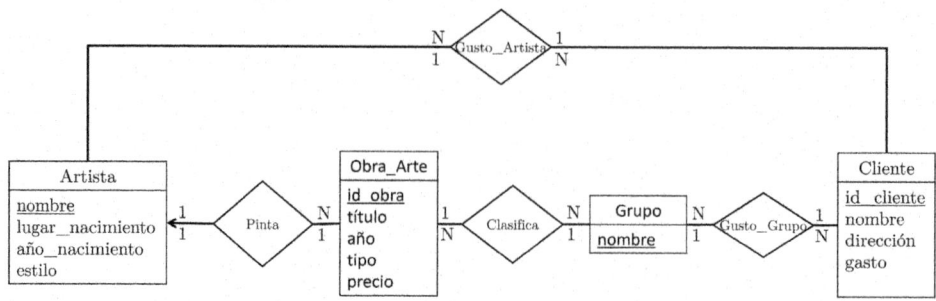

**Figura 4.20**  Relaciones. Problema 4.5.

○ **Solución:** el esquema relacional de la base de datos se obtiene a partir del diagrama conceptual aplicando los criterios para las transformaciones de la sección 4.8. Los esquemas relacionales obtenidos a partir de la transformación de las entidades y relaciones del modelo E-R son:

*Artista(Nombre, lugar_nacimiento, año_nacimiento, estilo)*
*Obra_Arte(id_obra, titulo, año, tipo, precio)*
*Grupo(nombre)*
*Cliente(id_cliente, nombre, dirección, gusto)*
*Clasifica(id_obra, nombre)*
*Gusto_Grupo(nombre, id_cliente)*
*Gusto_Artista(nombre, id_cliente)*

Y el esquema de la base de datos obtenido se puede ver en la Fig. 4.21.

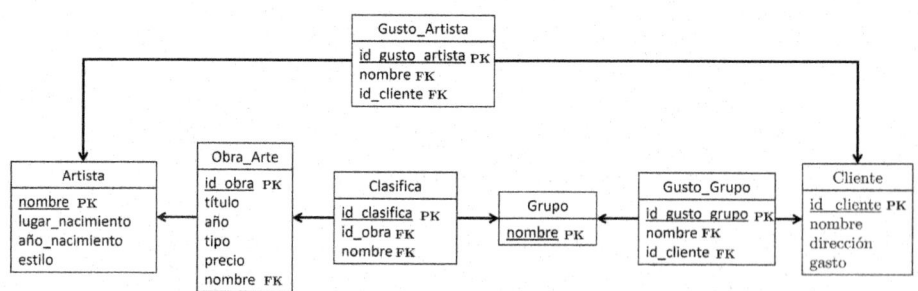

**Figura 4.21**  Esquema relacional. Problema 4.5.

## Problema 4.8: código de creación DB

o **Enunciado:** escriba el código con las sentencias SQL para crear la estructura de la DB.

o **Solución:** para crear la DB se pueden usar sentencias como las que se muestran en el Código 4.2.

```
CREATE DATABASE BBDD_ejercicio8;
SHOW DATABASES;
USE BBDD_ejercicio8;

mysql> SHOW DATABASES;
+
| Database             |
+
| BBDD_ejercicio8      |
| classicmodels        |
| information_schema   |
| mysql                |
| performance_schema   |
| sys                  |
| university           |
+
7 rows in set (0,00 sec)

mysql> USE BBDD_ejercicio8;
Reading table information for completion of table and column
    names
You can turn off this feature to get a quicker startup with -A

Database changed
mysql>
```

**Código 4.2**   Creación de una base de datos. Problema 4.8.

El resto de las sentencias necesarias para crear la estructura de las tablas de la base de datos se muestra en los Códigos del 4.3 al 4.9.

```
DROP TABLE IF EXISTS 'Artista';
CREATE TABLE 'Artista' (
   'nombre' varchar(100) NOT NULL,
   'lugar_nacimiento' varchar(100) DEFAULT NULL,
   'anyo_nacimiento' int DEFAULT NULL,
   'estilo' varchar(100) DEFAULT NULL,
   PRIMARY KEY ('nombre')
) ENGINE=InnoDB;
```

**Código 4.3**   Creación de la tabla *Artista*. Problema 4.8.

```
DROP TABLE IF EXISTS 'Cliente';

CREATE TABLE 'Cliente' (
   'id_cliente' int NOT NULL AUTO_INCREMENT,
   'nombre' varchar(100) DEFAULT NULL,
   'direccion' varchar(100) DEFAULT NULL,
   'gasto' double DEFAULT NULL,
   PRIMARY KEY ('id_cliente')
) ENGINE=InnoDB;
```

**Código 4.4**   Creación de la tabla *Cliente*. Problema 4.8.

```
DROP TABLE IF EXISTS 'Grupo';

CREATE TABLE 'Grupo' (
   'nombre' varchar(100) NOT NULL,
   PRIMARY KEY ('nombre')
) ENGINE=InnoDB;
```

**Código 4.5**   Creación de la tabla *Grupo*. Problema 4.8.

```
DROP TABLE IF EXISTS 'Gusto_Artista';

CREATE TABLE 'Gusto_Artista' (
   'id_gusto_artista' int NOT NULL AUTO_INCREMENT,
   'nombre' varchar(100) DEFAULT NULL,
   'id_cliente' int DEFAULT NULL,
   PRIMARY KEY ('id_gusto_artista'),
   KEY 'Gusto_Artista_FK_1' ('id_cliente'),
   KEY 'Gusto_Artista_FK' ('nombre'),
   CONSTRAINT 'Gusto_Artista_FK' FOREIGN KEY ('nombre') REFERENCES
        'Artista' ('nombre') ON DELETE CASCADE ON UPDATE CASCADE,
   CONSTRAINT 'Gusto_Artista_FK_1' FOREIGN KEY ('id_cliente')
      REFERENCES 'Cliente' ('id_cliente') ON DELETE CASCADE ON
      UPDATE CASCADE
) ENGINE=InnoDB;
```

**Código 4.6**   Creación de la tabla *Gusto-artista*. Problema 4.8.

```
DROP TABLE IF EXISTS 'Obra\_Arte';

CREATE TABLE 'Obra_Arte' (
  'id_obra' int NOT NULL AUTO_INCREMENT,
  'titulo' varchar(100) DEFAULT NULL,
  'anyo' int DEFAULT NULL,
  'tipo' varchar(100) DEFAULT NULL,
  'precio' double DEFAULT NULL,
  'nombre' varchar(100) DEFAULT NULL,
  PRIMARY KEY ('id_obra'),
  KEY 'Obra_Arte_FK' ('nombre'),
  CONSTRAINT 'Obra_Arte_FK' FOREIGN KEY ('nombre') REFERENCES '
     Artista' ('nombre') ON DELETE CASCADE ON UPDATE CASCADE
) ENGINE=InnoDB;
```

**Código 4.7**  Creación de la tabla *Obra-arte*. Problema 4.8.

```
DROP TABLE IF EXISTS 'Clasifica';

CREATE TABLE 'Clasifica' (
  'id_clasifica' int NOT NULL AUTO_INCREMENT,
  'id_obra' int DEFAULT NULL,
  'nombre' varchar(100) DEFAULT NULL,
  PRIMARY KEY ('id_clasifica'),
  KEY 'Clasifica_FK' ('id_obra'),
  KEY 'Clasifica_FK_1' ('nombre'),
  CONSTRAINT 'Clasifica_FK' FOREIGN KEY ('id_obra') REFERENCES '
     Obra_Arte' ('id_obra') ON DELETE CASCADE ON UPDATE CASCADE,
  CONSTRAINT 'Clasifica_FK_1' FOREIGN KEY ('nombre') REFERENCES '
     Grupo' ('nombre') ON DELETE CASCADE ON UPDATE CASCADE
) ENGINE=InnoDB;
```

**Código 4.8**  Creación de la tabla *Clasifica*. Problema 4.8.

```
DROP TABLE IF EXISTS 'Gusto_Grupo';

CREATE TABLE 'Gusto_Grupo' (
  'id_gusto_grupo' int NOT NULL AUTO_INCREMENT,
  'nombre' varchar(100) DEFAULT NULL,
  'id_cliente' int DEFAULT NULL,
  PRIMARY KEY ('id_gusto_grupo'),
  KEY 'Gusto_Grupo_FK' ('nombre'),
  KEY 'Gusto_Grupo_FK_1' ('id_cliente'),
  CONSTRAINT 'Gusto_Grupo_FK' FOREIGN KEY ('nombre') REFERENCES '
     Grupo' ('nombre') ON DELETE CASCADE ON UPDATE CASCADE,
  CONSTRAINT 'Gusto_Grupo_FK_1' FOREIGN KEY ('id_cliente')
     REFERENCES 'Cliente' ('id_cliente') ON DELETE CASCADE ON
     UPDATE CASCADE
) ENGINE=InnoDB;
```

**Código 4.9**  Creación de la tabla *Gusto-grupo*. Problema 4.8.

## Problema 4.9: dependencias funcionales

○ **Enunciado:** analice las dependencias funcionales para las siguientes relaciones del problema 4.7. Haga comentarios sobre los distintos tipos de dependencias funcionales encontrados y proponga la normalización de las relaciones que considere en la forma normal adecuada:

*Artista(<u>Nombre</u>, lugar_nacimiento, año_nacimiento, estilo)*
*Obra_Arte(<u>id_obra</u>, titulo, año, tipo, precio)*
*Grupo(<u>nombre</u>)*
*Cliente(<u>id_cliente</u>, nombre, dirección, gusto)*

○ **Solución:**

DF(*Artista*):
**Nombre → lugar_nacimiento, año_nacimiento, estilo**
**Nombre → Nombre**

DF(*Obra_Arte*):
**id_obra → titulo, año, tipo, precio**
**id_obra → id_obra**

DF(*Grupo*):
**nombre → nombre**

DF(*Cliente*):
**id_cliente → nombre, dirección, gusto**
**nombre → dirección, gusto**
**id_cliente → id_cliente**

Al no haber atributos de PK compuestos en ninguna relación, no se encuentran dependencias funcionales incompletas. Tampoco hay dependencias funcionales transitivas en ninguna de las relaciones.

En el caso de la relación *Cliente*, los atributos *nombre* y *dirección*, al ser compuestos, suponen un riesgo de subversión de la 1FN. Para un mejor diseño, habría que descomponer esos atributos en sus partes más simples transformando la relación en:

*Cliente(<u>id_cliente</u>, nombre_cliente, apellido1, apellido2, nombre_calle, numero, ciudad, cod_postal, gusto)*

Para el atributo *nombre*, y la relación *Artista*, habría que definir el alcance de la solución propuesta. Puede parecer innecesaria la descomposición del nombre en sus partes simples si se tratase de nombres de artistas consagrados y de reconocido prestigio, como se podría deducir de la extensión de la tabla 4.16 de *Artista*:

| Nombre | Lugar Nac | año | Estilo |
|---|---|---|---|
| Charles Ebbets | Estados Unidos | 1910 | moderno |
| Ian Wethered | Francia | 1905 | moderno |
| Leonardo da Vinci | Italia | 1452 | clasico |
| Mark Stevenson | Belgica | 1965 | moderno |
| Miguel Angel | Italia | 1475 | clasico |
| Velazquez | España | 1599 | clasico |

**Tabla 4.16** Tabla *Artista*. Problema 4.9.

Sin embargo, si se adoptase una solución más universal, entonces habría que considerar la descomposición del atributo *Nombre* e incluso del atributo *Lugar_Nac*, resultando:

*Artista(Nombre,Apellido1, Apellido2, ciudad_nac, pais_nac, año_nac, estilo)*

que presenta un atributo compuesto como clave primaria, con la posibilidad de generar cierto tipo de dependencias que pueden hacer que se requiera de normalizaciones. En una situación como esta quizás resulte más sencillo introducir otro tipo de atributo identificador para este conjunto de entidades de *Artista*.

## Problema 4.10: diseño de DB

○ **Enunciado:** obtenga el diagrama E-R del siguiente escenario:

Una empresa de servicios turísticos ofrece a sus clientes actividades de diverso tipo, como visitas turísticas guiadas en la ciudad, senderismo por el campo, descensos de ríos en piraguas, visitas a cuevas, etc. Un cliente puede realizar varias actividades, pero cada actividad debe ser practicada por grupos de entre 6 y 10 personas. Cada actividad que se realiza está supervisada por un monitor aunque en la empresa hay monitores con capacidad para supervisar actividades diferentes. De los clientes se quiere conocer su nombre, fecha de nacimiento (FdN), un código que le identifique y la fecha en que realiza una actividad. Las actividades se caracterizan por su nombre, tipo, lugar y precio. Los monitores se conocen por sus nombres, su edad y su código de identificación.

○ **Solución:** en la Fig. 4.22 se presenta la solución a este problema.

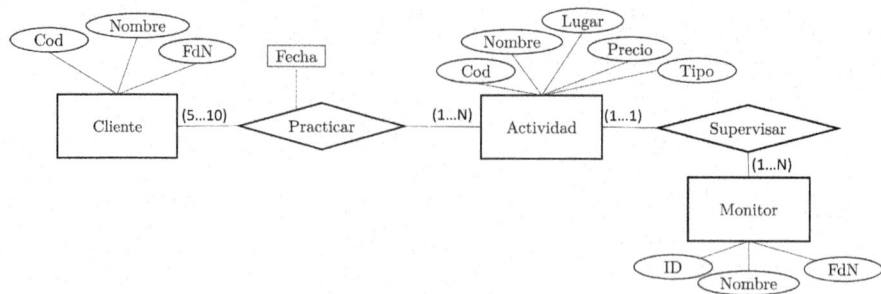

**Figura 4.22**   Diagrama E-R empresa de turismo.

## 4.12.   Actividades recomendadas

### Actividad 4.1

Dada la Tabla 4.17 estudie sus dependencias funcionales y normalícela presentando la tabla o tablas resultantes.

| CodigoPais | NombrePais | Lengua |
|:---:|:---:|:---:|
| ES | España | Español, Catalán, Vasco, Gallego, Valenciano |
| CH | Suiza | Francés, Romanche, Alemán, Italiano |
| FR | Francia | Francés |
| DE | Alemania | Alemán |
| NO | Noruega | Noruego |
| SE | Suecia | Sueco |
| BE | Bélgica | Francés, Alemán, Francés |
| MA | Marruecos | Árabe, Tamazight estándar marroquí |
| CM | Camerún | Frances, Inglés |
| CA | Canadá | Frances, Inglés |
| CN | China | Chino mandarín |
| PE | Perú | Español |
| PH | Filipinas | Filipino, Inglés |

**Tabla 4.17**   Códigos de países y lenguas oficiales.

### Actividad 4.2

Un puesto de feria fabrica varios tipos de bocadillos, y el mismo tipo de ingrediente se puede usar para varios tipos de bocadillos. Esto no significa literalmente que el mismo trozo de queso por ejemplo se use muchas veces, pero sí que el queso se usa en varios tipos de bocadillos. Dibuje el modelo de datos para esta situación.

## Actividad 4.3

Apoyándose en sentencias para consultar la estructura de las tablas de una base de datos (SHOW CREATE TABLE) como en el ejemplo del Código 4.1, dibuje el diagrama conceptual del modelo E-R de la base de datos *Classicmodels* utilizando la notación de Peter Chen.

## Actividad 4.4

El responsable de la universidad le ha pedido que desarrolle un modelo de datos para registrar los detalles de los edificios del campus. Un edificio puede tener muchas habitaciones, pero una habitación puede estar en un solo edificio. Los edificios tienen nombres, y las salas tienen un tamaño y un propósito (por ejemplo, conferencia, laboratorio, seminario). Dibuje un modelo de datos para esta situación y cree la base de datos relacional coincidente.

## Actividad 4.5

Construir un diagrama E-R para una compañía de seguros de automóviles cuyos clientes poseen uno o más coches cada uno. A cada coche se le asocia ninguno (cero) o cualquier número de accidentes registrados. Cada póliza de seguro cubre uno o más coches y tiene uno o más pagos de prima asociados con él. Cada pago es por un período de tiempo determinado, y tiene una fecha de vencimiento asociada, y la fecha en que se recibió el pago.

## Actividad 4.6

Estudie las dependencias funcionales de la relación *Employee* cuyo esquema se presenta a continuación, diga si necesita normalización indicando el tipo, y proponga una solución para dicha normalización:

*Employee(employeeNumber, eName, eDeptID, deptName)*

## Actividad 4.7

Dibuje los modelos de datos para las siguientes situaciones indicando los atributos de clave primaria para cada entidad:

- En un gimnasio se realizan varias actividades deportivas. Cada actividad es coordinada por un monitor que se identifica por su nombre, su edad. Por su parte, las actividades se identifican por su nombre, un turno, la hora y la duración. Un monitor solo puede supervisar un tipo de actividad, pero una actividad, por ejemplo, natación, puede tener varios monitores.

- En un centro comercial de tres plantas hay varios locales donde se pueden ubicar negocios de restauración de distintos tipos. Cada restaurante tiene un aforo que depende de la capacidad del local en el que se ubique, un número de teléfono para reservas y el tipo de cocina que se practica en él y un nombre. Los locales se identifican por su capacidad en metros cuadrados y su ubicación dentro del centro comercial, que se compone de un número de local y la planta donde se sitúa, por ejemplo: local 15B, que indica el local 15 de la planta baja. Cada restaurante tiene empleados entre quienes siempre hay dos que son supervisores del negocio. De los empleados se desea conocer sus nombres, edades, el puesto y el salario.

## Actividad 4.8

Se desea gestionar la actividad de un quiosco de revistas donde se venden publicaciones de distinta temática: tecnología, sociedad, moda, cocina, etc. Cada semana se suministran 5 ejemplares de cada revista para venderse, y se retiran los ejemplares que no se han vendido.

Diseñe un modelo de datos E-R para este enunciado definiendo los identificadores y atributos de cada entidad y dibujando el diagrama conceptual correspondiente.

## Actividad 4.9

Identifique las dependencias funcionales entre los atributos de la tabla 4.18:

| A | B | C | D |
|---|---|---|---|
| a1 | b1 | c1 | d1 |
| a1 | b2 | c1 | d2 |
| a2 | b2 | c2 | d2 |
| a2 | b3 | c2 | d3 |
| a3 | b3 | c2 | d4 |

**Tabla 4.18**  Dependencias funcionales.

## Actividad 4.10

Describa los diferentes tipos de entidades y sus principales características, y escriba tres ejemplos de cada tipo.

# Capítulo 5

# Administración con MySQL y MariaDB

*"Un objetivo sin un plan es solo un deseo".*

**Antoine de Saint-Exupéry**

El capítulo comienza describiendo los gestores de bases de datos comerciales, diferenciando entre gestores de bases de datos relacionales (SQL) y No relacionales (NoSQL), a la vez que se describen los productos comerciales más populares.

Se analiza con suficiente detalle los DBMS MySQL y MariaDB, ya que gozan de gran popularidad y se encuentran en infinidad de sistemas domésticos y comerciales. Posteriormente se describen las operativas de administración más típicas que se realizan en estos gestores.

Se detallan con varios ejemplos prácticos todo lo que es la gestión de usuarios, roles y privilegios. También se analizan las operativas de copias de seguridad, prestando especial atención a la realización de *backup* y *restore*. Este capítulo finaliza con ejemplos de cómo realizar operaciones de administración con entornos gráficos.

## 5.1. Objetivos

Los objetivos que se marcan en este capítulo se resumen en:

- Describir los DBMS comerciales más populares, especialmente en MySQL y MariaDB.

- Analizar las principales operativas sobre un servidor DBMS como son las de parada y arranque.

- Comprender las operativas sobre usuarios, roles y privilegios asociados.

- Conocer las posibilidades que ofrecen las diferentes operativas para realizar copias de seguridad.

- Describir las operativas de administración sobre el entorno gráfico DBeaver.

## 5.2. Gestores comerciales de DB

Como ya se ha definido al comienzo de este libro, un gestor de base de Datos DBMS es un sistema que permite la creación, gestión y administración de bases de datos, así como la elección y manejo de las estructuras necesarias para el almacenamiento y búsqueda de información del modo más eficiente posible. Además permite la gestión de los usuarios que acceden a la misma y realizar todos los procedimiento típicos de mantenimiento dc una DB.

Tal y como se ha explicado, podemos clasificar los DBMS como:

- Relacionales (SQL)

- No relacionales (NoSQL)

En nuestro caso, y dado que este libro va orientado a las bases de datos relacionales, nos centraremos sólo en los SQL. Pues si se realiza una exploración del empleo del DBMS a nivel comercial, encontramos que los más populares son:

- **Oracle:** desde siempre, Oracle ha sido el DBMS por excelencia para las empresas, considerado siempre como el más robusto y de mayores prestaciones.

- **MySQL:** es un DBMS utilizado en la gran parte de las aplicaciones web. También es uno de los más usados en aplicaciones creadas mediante software libre.

- **MariaDB:** aparece cuando Oracle adquiere MySQL para continuar con la filosofía Open Source. Su principal ventaja es que es totalmente compatible con MySQL.

- **SQLite:** se trata de una biblioteca desarrollada en C que implementa un DBMS y que permite transacciones sin necesidad de un servidor ni excesivas configuraciones.

- **PostgreSQL:** se trata de un gestor de base de datos relacional orientado a objetos y de código abierto.

- **Microsoft SQL Server:** es un sistema propietario de Microsoft que usa el lenguaje Transact-SQL y permite poner a disposición de muchos usuarios grandes cantidades de datos de manera simultánea.

En este libro nos centraremos en dos de ellos, MySQL y MariaDB, por su gran popularidad y porque son de acceso libre. En las siguientes secciones se describen las características de cada uno de ellos además de todos los procedimientos de administración que se pueden llevar a cabo con estos DBMS.

## 5.3. Características de MySQL y MariaDB

Los DBMS MySQL y MariaDB son los sistemas más populares en las comunidades de usuarios de bases de datos relacionales. Estos gestores, desde un punto de vista genérico, se podrían usar de manera indistinta para cualquier aplicación de bases de datos, pero es interesante conocer sus prestaciones y las diferencias entre ellos, porque estos gestores son clave en las aplicaciones donde vayan a utilizarse.

En primer lugar, se describen como:

- **MySQL:** es un sistema de gestión de bases de datos relacionales (RDBMS) de código abierto basado en el lenguaje de consulta estructurado SQL. Fue desarrollado y es administrado por Oracle Corporation y su primera versión data de mayo de 1995. Se usa ampliamente en muchas aplicaciones industriales a pequeña y gran escala y es capaz de manejar un gran volumen de datos. Después de la adquisición de MySQL por Oracle, ocurrieron algunos problemas con el uso de la base de datos y, por lo tanto, apareció en el mercado MariaDB.

- **MariaDB:** se trata de un RDBMS también de código abierto y que además es un sustituto compatible para la tecnología de base de datos MySQL que está ampliamente extendida en el campo de las bases de datos. Lo desarrolla la Fundación MariaDB y su primera versión data de octubre de 2009. MariaDB tiene un número significativamente alto de nuevas características, lo que lo hace mejor en términos de rendimiento y orientación al usuario que MySQL.

Por otro lado, desde un punto de vista de sus características a bajo nivel, existen varias diferencias importantes. Describamos primero las características básicas de cualquier DBMS, pues éstas son:

- Lenguajes de desarrollo: lenguajes en los que están desarrollado dichos gestores.

- Sistemas operativos: son los sistemas operativos que pueden tener los servidores para albergar estas bases de datos.

- Velocidad: tiempo de respuesta del gestor ante escrituras, lecturas y acceso concurrente de los usuarios.

- Disponibilidad del código propietario: aunque son gestores de código abierto, no todo el código desarrollado con él tiene por qué estar disponible.

- Enmascarado de datos: proceso mediante el cual se cambian ciertos elementos de los datos, cambiando su información pero consiguiendo que la estructura permanezca similar, de forma que la información sensible quede protegida.

- Columnas dinámicas: la consulta SQL que va a ejecutar no está escrita en ningún procedimiento, sino que se crea cada vez que tenemos que ejecutarla.

- Monitorización: son las herramientas que utilizan los administradores de bases de datos para medir el *performance* y detectar errores.

- Routing: es el elemento que se encarga de comunicar las aplicaciones con el *back-end* de la base de datos.

- Analytics: es la capacidad de realizar en tiempo real analítica con la información de la base de datos.

- Forks: es la posibilidad de realizar adaptaciones del software existente de modo tal forma que pueda ajustarse a las necesidades individuales.

Una vez definidos de principales parámetros de un DBMS, para el caso de MySQL y MariaDB, en la Tabla 5.1 se presentan sus principales características y las diferencias entre ellos.

| Característica | MySQL | MariaDB |
|---|---|---|
| Primera versión | 1995 | 2009 |
| Lenguaje de desarrollo | C y C++ | C, C++, Perl y Bash |
| Sistemas Operativos | FreeBSD | FreeBSD |
| | Linux | Linux |
| | OS X | macOS |
| | Solaris | Solaris |
| | Windows | Windows |
| Velocidad | ++ | +++ |
| Código propietario | Disponible versión empresarial | No disponible |
| Enmascarado de datos | Sí | No |
| Columnas dinámicas | Sí | No |
| Monitorización | MySQL Workbench | SQLyog |
| Routing | MySQL Router | MariaDB MaxScale |
| Analytics | No | MariaDB ColumStore |
| Forks | 1.6k | 868 |
| Compañías que las usan | Airbnb | Nrise |
| | Uber | Accenture |
| | Netflix | Docplanner |
| | Dropbox | Grooveshark |
| | Twitter | Grumman |

**Tabla 5.1**  Principales características de los DBMS MySQL y MariaDB.

Un análisis más detallado de estos dos DBMS puede encontrarse en `ht tps://www.geeksforgeeks.org/difference-between-mysql-and-m ariadb/` y `https://www.guru99.com/mariadb-vs-mysql.html`.

Una vez explicadas las características de los DBMS MySQL y MariaDB, en las siguientes secciones se describirán las operativas de administración de un gestor de bases de datos. En este caso, se describirán para el gestor MySQL, donde los comandos empleados serán similares en la mayoría de los casos, independientemente de si se aplican a un DBMS MariaDB. Además, estos gestores pueden trabajar en diferentes sistemas y realizar estas operativas donde los comandos suelen ser diferentes según el SO que se trate. En nuestro caso, se emplea el entorno Linux con distribución Ubuntu.

```
root@MySQLSERVER:/home/rsocas# service mysql status
mysql.service — MySQL Community Server
    Loaded: loaded (/lib/systemd/system/mysql.service; enabled;
       vendor preset:>
    Active: inactive (dead) since Sun 2022−09−25 00:57:51 CEST;
       22s ago
   Process: 838 ExecStartPre=/usr/share/mysql/mysql−systemd−
       start pre (code=ex>
   Process: 998 ExecStart=/usr/sbin/mysqld (code=exited, status
       =0/SUCCESS)
  Main PID: 998 (code=exited, status=0/SUCCESS)
    Status: "Server shutdown complete"
```

**Código 5.1**    Estado del DBMS.

## 5.4.   Operativas con el DBMS

Las primeras acciones que realiza un administrador de bases de datos en el gestor, sobre todo, durante la instalación, suelen ser: arrancar, parar y reiniciar el DBMS. Veamos a continuación cómo se realizan dichas tareas.

Es importante mencionar que para realizar las operaciones de administración del DBMS MySQL debemos tener un usuarios de administración (**root**) tanto a nivel de sistema operativos como en el gestor DBMS.

Como primer paso antes de arrancar, parar, etc., se debe conocer en qué estado se encuentra el DBMS. Para ello se puede usar el comando de Linux **service mysql status**. En el Código 5.1 muestra un ejemplo de su uso en el caso de que el gestor está parado (campo *Active* tiene el valor *inactive*).

- **Arrancar el DBMS:** pues iniciar el gestor de bases de datos MySQL es tan sencillo como usar el comando **service mysql start** y a continuación comprobar el estado del mismo (ver Código 5.2 donde se observa que el campo *Active* tiene el valor *active*).

```
root@MySQLSERVER:/home/rsocas# service mysql start
root@MySQLSERVER:/home/rsocas# service mysql status
mysql.service — MySQL Community Server
    Loaded: loaded (/lib/systemd/system/mysql.service;
       enabled; vendor preset:>
    Active: active (running) since Sun 2022−09−25 01:17:18
       CEST; 6s ago
   Process: 2971 ExecStartPre=/usr/share/mysql/mysql−
       systemd−start pre (code=e>
  Main PID: 2979 (mysqld)
    Status: "Server is operational"
```

**Código 5.2**    Arrancar el DBMS.

- **Parar el DBMS:** para detener el DBMS, el comando a utilizar es **service mysql stop**. Siempre es conveniente, a continuación, usar el comando **service mysql status** para comprobar que el DBMS queda en el estado deseado. Un ejemplo de esta operativa se muestra en el Código 5.3.

```
root@MySQLSERVER:/home/rsocas# service mysql stop
root@MySQLSERVER:/home/rsocas# service mysql status
mysql.service — MySQL Community Server
     Loaded: loaded (/lib/systemd/system/mysql.service;
         enabled; vendor preset:>
     Active: inactive (dead) since Sun 2022−09−25 01:26:59
         CEST; 7s ago
    Process: 2971 ExecStartPre=/usr/share/mysql/mysql−
         systemd−start pre (code=e>
    Process: 2979 ExecStart=/usr/sbin/mysqld (code=exited,
         status=0/SUCCESS)
   Main PID: 2979 (code=exited, status=0/SUCCESS)
     Status: "Server shutdown complete"
```

**Código 5.3**   Parar el DBMS.

- **Reiniciar el DBMS:** es frecuente realizar tareas de configuración en el DBMS con éste activo. En esta situación, para que los cambios de configuración tengan efecto se debe reiniciar el gestor. La función de reinicio, básicamente, para y arranca el gestor con un mismo comando. También si está parado y se reinicia, el DBMS permanece operativo. El comando para reiniciar es **service mysql restart**. En el Código 5.4 se muestra un ejemplo de su uso.

```
root@MySQLSERVER:/home/rsocas# service mysql restart
root@MySQLSERVER:/home/rsocas# service mysql status
mysql.service — MySQL Community Server
     Loaded: loaded (/lib/systemd/system/mysql.service;
         enabled; vendor preset:>
     Active: active (running) since Sun 2022−09−25 01:36:41
         CEST; 7s ago
    Process: 3237 ExecStartPre=/usr/share/mysql/mysql−
         systemd−start pre (code=e>
   Main PID: 3245 (mysqld)
     Status: "Server is operational"
```

**Código 5.4**   Reiniciar el DBMS.

## 5.5.   Usuarios, roles y privilegios

Otra de las tareas clave de un administrador de base de datos consiste en gestionarla eficientemente. Estas actividades van desde definir los usuarios que pueden acceder y usar las diferentes bases de datos, asignar los privilegios que tienen éstos sobre las DBs, definir roles para gestionar grupos de usuarios, modificar sus password e incluso bloquear su acceso si fuese necesario. En la Tabla 5.2 se muestra un listado de las operaciones más típicas de este tipo.

| Procedimiento | Descripción |
| --- | --- |
| Creación de usarios | Crear nuevos usuarios en el DBMS MySQL. |
| Asignación privilegios | Asignar privilegios a las cuentas de usuarios. |
| Anular privilegios | Quitar privilegios a las cuentas de usuario. |
| Gestión de roles | Definir y asociar roles para asignar privilegios a grupos de usuarios. |
| Mostrar privilegios | Mostrar los privilegios que posee un usuario o un rol. |
| Borrado de usuarios | Borrar usuarios del DBMS MySQL. |
| Cambio de password | Cambiar la password de los usuarios. |
| Mostrar usuarios | Presentar los diferentes usuarios que hay definidos en el DBMS MySQL. |
| Renombrar usuarios | Cambiar el nombre a los usuarios. |
| Bloqueo de usuarios | Bloquear los usuarios del DBMS. |
| Desbloqueo de usuarios | Desbloquear un usuario bloqueado en el DBMS. |

**Tabla 5.2**  Procedimientos de administración sobre usuarios sus roles y privilegios en un DBMS.

A continuación se describirá con detalle cómo realizar cada una de estos procedimientos en un DBMS MySQL. Nuevamente es importante destacar que para realizar estas operaciones en el DBMS se debe tener un usuario de administración, normalmente **root**, cuya forma de acceder se muestra en la Fig. 5.1.

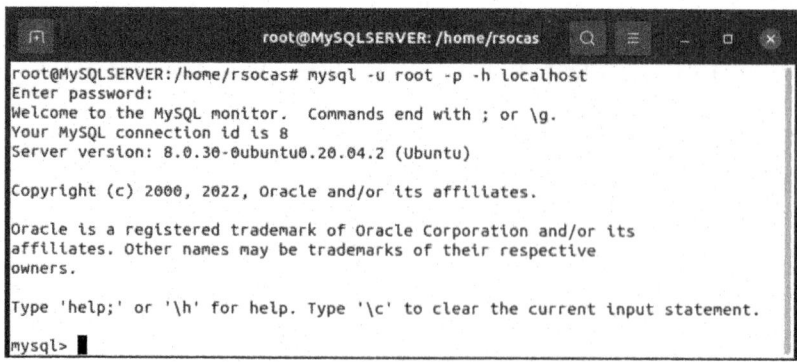

**Figura 5.1**  Acceso al DBMS MySQL con el usuario de administración.

### 5.5.1. Creación de usuarios

Para crear usuarios en un DBMS MySQL se usa el comando **CREATE USER**, donde se debe identificar desde qué host se podrá conectar al DBMS el usuario que se está definiendo. Este usuario se define con la siguiente sintaxis: *nombre_usuario@host*, donde el valor de *host* puede ser **localhost** si el usuario sólo puede conectarse al DBMS desde la misma máquina donde está el DBMS o **%**, si puede hacerlo desde cualquier host local o remoto. Posteriormente se le asigna la password con el comando **IDENTIFIED BY**. En el Código 5.5 se muestra un ejemplo para crear el usuario local *usuario_1* con password *Clavesegura1!* Posteriormente se hace una comprobación en la DB **mysql** del sistema MySQL verificando que el usuario está correctamente creado.

```
mysql> CREATE USER usuario_1@localhost IDENTIFIED BY '
    Clavesegura1!';
Query OK, 0 rows affected (0,03 sec)

mysql> SELECT user FROM mysql.user;
+
| user                |
+
| rsocas              |
| debian-sys-maint    |
| mysql.infoschema    |
| mysql.session       |
| mysql.sys           |
| root                |
| usuario_1           |
+
7 rows in set (0,00 sec)
```

**Código 5.5** Creación de un usuario.

Finalmente, se comprueba que se puede acceder al DBMS con el usuario creado tal y como se muestra en el Código 5.6.

```
root@MySQLSERVER:/home/rsocas# mysql -u usuario_1 -p -h localhost
Enter password:
Welcome to the MySQL monitor.  Commands end with ; or \g.
Your MySQL connection id is 15
Server version: 8.0.30-0ubuntu0.20.04.2 (Ubuntu)

Copyright (c) 2000, 2022, Oracle and/or its affiliates.

Oracle is a registered trademark of Oracle Corporation and/or its
affiliates. Other names may be trademarks of their respective
owners.

Type 'help;' or '\h' for help. Type '\c' to clear the current
    input statement.
```

**Código 5.6** Acceso del *usuario_1* al DBMS.

### 5.5.2. Mostrar usuarios

En el apartado anterior se usó la DB **mysql**, propia del sistema para mostrar los usuarios definidos en el DBMS. Esta DB contiene información útil para conocer, aparte de los usuarios, ciertos parámetros de éstos como por ejemplo el host, estado de su cuenta, estado de la password, etc. En el Código 5.7 se muestra una consulta típica para ver con algo más detalle los usuarios definidos en el DBMS.

```
mysql> SELECT user, host, account_locked, password_expired
    -> FROM mysql.user;
+
| user          | host       | account_locked | password_expired |
+
| rsocas        | %          | N              | N                |
| mysql.session | localhost  | Y              | N                |
| mysql.sys     | localhost  | Y              | N                |
| root          | localhost  | N              | N                |
| usuario_1     | localhost  | N              | N                |
| usuario_2     | localhost  | N              | N                |
| usuario_3     | localhost  | N              | N                |
| usuario_4     | localhost  | N              | N                |
+
10 rows in set (0,00 sec)
```

**Código 5.7**   Listado de usuarios definidos en el DBMS.

Otra operación importante desde un punto de administración es conocer el usuario actual con el que estamos conectados al DBMS. Esto es tan secillo como ejecutar el Código 5.8.

```
mysql> SELECT current_user();
+
| current_user() |
+
| root@localhost |
+
1 row in set (0,10 sec)
```

**Código 5.8**   Mostrar el usuario actual.

Por último, la base de datos del sistema **information_schema** nos permite visualizar los usuarios que están actualmente trabajando en el DBMS y parámetros típicos de su estado, tal y como se muestra en el ejemplo del Código 5.9.

```
mysql> SELECT user , host , db , command
    -> FROM information_schema.processlist ;
+
| user            | host      | db           | command |
+
| root            | localhost | classicmodels | Query   |
| usuario_4       | localhost | classicmodels | Sleep   |
| event_scheduler | localhost | NULL         | Daemon  |
+
3 rows in set (0 ,00 sec)
```

**Código 5.9**  Datos de los usuarios que están usando el DBMS.

### 5.5.3.  Renombrar usuarios

Renombrar usuarios en MySQL es tan sencillo como usar el comando **RENAME USER**, donde se le indica el nombre del usuario que queremos cambiar y el nombre del nuevo usuario con la cláusula **TO**. En el Código 5.10 se muestra un ejemplo de cómo hemos creado los usuarios *usuario_1@localhost* y *usuario_2@localhost*, para posteriormente renombrarlos por *example_1@localhost* y *example_2@localhost*.

```
mysql> CREATE USER ejemplo_1@localhost IDENTIFIED BY 'Clave1!';
Query OK, 0 rows affected (0 ,12 sec)
mysql> CREATE USER ejemplo_2@localhost IDENTIFIED BY 'Clave2!';
Query OK, 0 rows affected (0 ,08 sec)
mysql> RENAME USER
    -> ejemplo_1@localhost TO example_1@localhost ,
    -> ejemplo_2@localhost TO example_2@localhost ;
Query OK, 0 rows affected (0 ,42 sec)
mysql> SELECT user , host
    -> FROM mysql.user ;
+
| user             | host      |
+
| rsocas           | %         |
| debian-sys-maint | localhost |
| example_1        | localhost |
| example_2        | localhost |
| mysql.infoschema | localhost |
| mysql.session    | localhost |
| mysql.sys        | localhost |
| root             | localhost |
| usuario_1        | localhost |
| usuario_2        | localhost |
| usuario_3        | localhost |
| usuario_4        | localhost |
+
```

**Código  5.10**  Renombrado  de  usuarios:  de  *ejemplo_1*,  *ejemplo_2*  a *example_1*, *example_2*.

### 5.5.4. Cambio de password

MySQL ofrece varios métodos para cambiar la password de los usuarios, en este caso veremos los dos más típicos que se emplean:

- Mediante el comando **SET PASSWORD FOR**.

- A través de comando **ALTER USER**.

Para entender su sintaxis y modo de trabajo, emplearemos el ejemplo del Código 5.11. En este caso, al usuario *example_1@localhost* se le pone como nueva password *Password1!* por el método de **SET PASSWORD FOR**. En cambio, para el usuario *example_2@localhost* la password *Password2!* mediante **ALTER USER**.

```
mysql> SET PASSWORD FOR 'example_1'@'localhost' = 'Password1!';
Query OK, 0 rows affected (0,11 sec)

mysql> ALTER USER example_2@localhost IDENTIFIED BY 'Password2!';
Query OK, 0 rows affected (0,11 sec)
```

**Código 5.11**   Cambio de password de los usuarios *example_1@localhost* y *example_2@localhost*.

### 5.5.5. Asignación de privilegios

El comando **CREATE USER** crea los usuarios sin privilegios, es decir, básicamente pueden acceder al gestor, pero no pueden hacer ninguna operación con las bases de datos. Por tanto el siguiente paso consiste en asignar privilegios a los usuarios para que puedan operar con las diferentes bases de datos. Los privilegios que se asignan a los usuarios tienen diferentes jerarquías de aplicación, que se dividen en:

- Global: aplica a todas las bases de datos del DBMS.

- Base de datos: a una base de datos concreta.

- Tabla: a una tabla de una DB.

- Columna: a una columna de la tabla.

En la Fig 5.2 se resume estos niveles de privilegios.

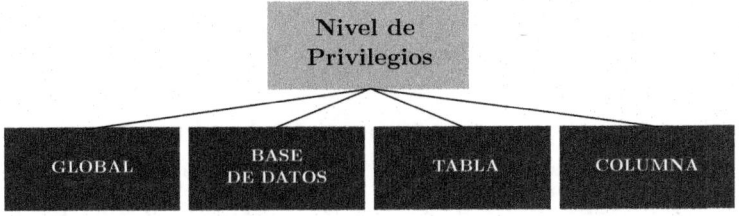

**Figura 5.2**   Jerarquía de privilegios.

Por otro lado, los privilegios que se asignan a los usuarios en los diferentes niveles de jerarquía pueden ser muy variados, desde permitir comandos específicos como SELECT o ALTER a permitir toda la funcionalidad disponible en MySQL con el comando ALL PRIVILEGES. En la Tabla 5.3 se presentan los más importantes para MySQL.

| Privilegio | Función que habilita |
| --- | --- |
| ALL PRIVILEGES | Asignar todos los privilegios. |
| ALTER | Modificar estructura de las tablas. |
| CREATE | Crear DB y tablas. |
| CREATE USER | Crear, borrar, renombrar, etc. usuarios. |
| CREATE VIEW | Crear y modificar vistas. |
| DELETE | Borrar datos de tablas. |
| DROP | Borrado de DB, tablas y vistas. |
| GRANT OPTION | Asignar y quitar privilegios a usuarios. |
| INDEX | Crear y borrar índices. |
| REFERENCES | Crear claves foráneas. |
| RELOAD | Habilita la función FLUSH. |
| SELECT | Permite el comando SELECT. |
| SHOW DATABASES | Mostrar las DB del DBMS. |
| SHOW VIEW | Permite el comando SHOW CREATE VIEW. |
| UPDATE | Actualizar datos en una tabla. |
| USAGE | Equivale a no tener privilegios. |

**Tabla 5.3**   Lista de los principales privilegios que soporta MySQL.

Llegados a este punto, la forma de asignar privilegios a los usuarios se hace mediante el comando **GRANT**. A continuación se presentan algunos ejemplos de su uso. Para ello creamos inicialmente cuatro usuarios diferentes a los que luego les asignaremos diferentes privilegios:

- Crear los usuarios: para poder analizar los diferentes ejemplos creamos cuatro usuarios, *usuario_1* hasta *usuario_4* locales *@localhost*. Esto se menciona en el apartado anterior, por lo que no se mostrará aquí el código para realizar estas tareas y simplemente se muestra que están definidos en DBMS según el Código 5.12.

```
mysql> SELECT user FROM mysql.user;
+
| user              |
+
| rsocas            |
| debian-sys-maint  |
| mysql.infoschema  |
| mysql.session     |
| mysql.sys         |
| root              |
| usuario_1         |
| usuario_2         |
| usuario_3         |
| usuario_4         |
+
10 rows in set (0,00 sec)
```

**Código 5.12**  Creación de los usuarios *usuario_1* a *usuario_4*.

- Privilegios globales: en este caso se asignará el privilegio del comando SELECT al usuario *usuario_1@localhost* de manera global (*.*), es decir, que aplica a todas las DBs del DBMS. Este ejemplo se muestra en el Código 5.13.

```
mysql> GRANT SELECT ON *.* TO usuario_1@localhost;
Query OK, 0 rows affected (0,15 sec)
```

**Código 5.13**  Asignación de privilegios globales.

- Privilegios sobre DB: en este caso se asignará el privilegio del comando UPDATE al usuario *usuario_2@localhost* a la base de datos **Classicmodels**. Para ello nos apoyamos en el comodín *classicmodels.\**, como se presenta en el Código 5.14

```
mysql> GRANT UPDATE ON classicmodels.* TO
    usuario_2@localhost;
Query OK, 0 rows affected (0,19 sec)
```

**Código 5.14**  Asignación de privilegios a una base de datos.

- Privilegios sobre tablas: para el caso de asignar privilegios a los usuarios a nivel de tablas, identificamos la tabla correspondiente dentro de la base de datos. En este caso asignaremos el privilegio del comando DELETE sobre la tabla *Customers* en la DB **Classicmodels** al usuario *usuario_3@localhost*, como se muestra en el Código 5.15.

```
mysql> GRANT DELETE ON classicmodels.customers TO
    usuario_3@localhost;
Query OK, 0 rows affected (0,13 sec)
```

**Código 5.15**  Asignación de privilegios a una tabla.

- Privilegios sobre columnas: finalmente, podemos asignar privilegios a ciertas columnas dentro de una tabla en una base de datos concreta. Como ejemplo, vamos a asignar al usuario *usuario_4@localhost* los privilegios de SELECT sobre las columnas *firstName y lastName* y UPDATE sobre *email* de la tabla *Employees* en la DB **Classicmodels**. Los comandos correspondientes se presentan en el Código 5.16.

```
mysql> GRANT
    -> SELECT (firstName, lastName),
    -> UPDATE (email)
    -> ON classicmodels.employees TO usuario_4@localhost;
Query OK, 0 rows affected (0,05 sec)
```

**Código 5.16**  Asignación de privilegios a ciertas columnas de una tabla.

### 5.5.6. Mostrar privilegios

Una vez que ya se sabe cómo se asignan los privilegios a los usuarios, ahora lo interesante es conocer qué privilegios tiene definido un usuario determinado. Para ello nos apoyamos en el comando **SHOW GRANTS**, como se muestra en en el ejemplo del Código 5.17 para los usuarios *usuario_1@localhost* y *usuario_4@localhost*.

```
mysql> SHOW GRANTS FOR usuario_1@localhost;
Grants for usuario_1@localhost
GRANT SELECT ON *.* TO 'usuario_1'@'localhost'

mysql> SHOW GRANTS FOR usuario_4@localhost;
Grants for usuario_4@localhost
GRANT USAGE ON *.* TO 'usuario_4'@'localhost'
GRANT SELECT ('firstName', 'lastName'), UPDATE ('email') ON '
    classicmodels'.'employees' TO 'usuario_4'@'localhost'
```

**Código 5.17**  Mostrar privilegios de los usuarios.

### 5.5.7.   Anular privilegios

Para anular privilegios a los usuarios hay que apoyarse en el comando **REVOKE**, que tienen una sintaxis muy similar al de asignar privilegios **GRANT**. En este caso, para indicar la DB, tabla, etc., se emplea la cláusula **ON** y al usuario al cual se le quita el privilegio con **FROM**. En el Código 5.18 se muestra un ejemplo de cómo se asignan los privilegios **SELECT**, **INSERT** y **UPDATE** al usuario *usuario_5@localhost* sobre la tabla *Customers* de la DB ***Classicmodels***, para posteriormente anularle el privilegio **INSERT** con el comando **REVOKE** y sus atributos asociados.

```
mysql> CREATE USER usuario_5@localhost IDENTIFIED BY 'Clave5!';
Query OK, 0 rows affected (0,19 sec)

mysql> GRANT SELECT, INSERT, UPDATE
    -> ON classicmodels.customers
    -> TO usuario_5@localhost;
Query OK, 0 rows affected (0,25 sec)

mysql> SHOW GRANTS FOR usuario_5@localhost;
Grants for usuario_5@localhost
GRANT USAGE ON *.* TO 'usuario_5'@'localhost'
GRANT SELECT, INSERT, UPDATE ON 'classicmodels'.'customers' TO '
    usuario_5'@'localhost'
2 rows in set (0,00 sec)

mysql> REVOKE INSERT
    -> ON classicmodels.customers
    -> FROM usuario_5@localhost;
Query OK, 0 rows affected (0,16 sec)

mysql> SHOW GRANTS FOR usuario_5@localhost;
Grants for usuario_5@localhost
GRANT USAGE ON *.* TO 'usuario_5'@'localhost'
GRANT SELECT, UPDATE ON 'classicmodels'.'customers' TO 'usuario_5
    '@'localhost'
2 rows in set (0,00 sec)
```

**Código 5.18**   Anular privilegio INSERT al *usuario_5@localhost* en la tabla *Customers* de la DB ***Classicmodels***.

### 5.5.8.   Gestión de roles

Hasta ahora el asignar y quitar privilegios a los usuarios hay que hacerlo de forma individual a cada uno de ellos con los comandos **GRANT** y **REVOKE**. Pero si tenemos en el sistema grupos de usuarios que tienen los mismos privilegios, situación muy común en DBMS con muchos usuarios, es mucho más eficiente hacerlo a través de roles. La forma de trabajo es muy sencilla con esta facilidad de MySQL donde los pasos son:

1. Crear un rol.

2. Asignarle los privilegios a ese rol.

3. Asignar el rol al grupo de usuarios.

Si se desea posteriormente modificar estos privilegios, basta con modificar únicamente los privilegios del rol y así se aplica de forma automática a todos los usuarios del grupo. En la Fig. 5.3 se presenta el concepto de rol y cómo interactúa éste con el grupo de usuarios al que está asignado.

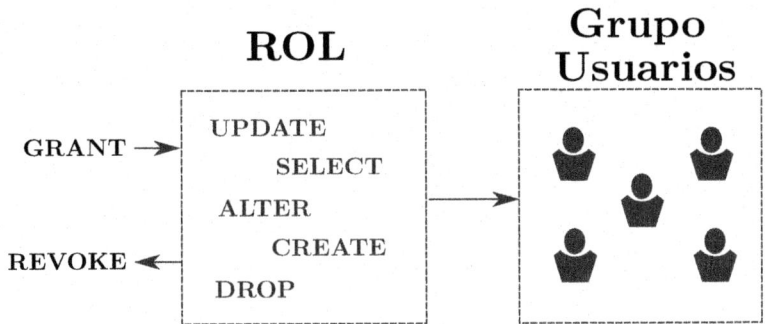

**Figura 5.3** Filosofía de funcionamiento de los roles.

Para poner en práctica estos conceptos se van a crear diferentes roles con privilegios sobre la DB *Classicmodels* asignándolos a diferentes usuarios. Para analizar todos estos aspectos, se analizarán las siguientes operativas:

- **Crear roles:** en este primer caso se crean tres roles de ejemplo, un rol de administrador *rol_adm*, uno para usuarios de lectura *rol_-lectura* y otro para escritura *reol_escritura*. Estos roles se crean con el comando **CREATE ROL**, como se muestra en el Código 5.19. En este código, aparte de crear los roles, se muestran también los usuarios definidos en el DBMS. Como se observa los roles el sistema los identifica como unos usuarios más

```
mysql> CREATE ROLE
    -> rol_adm,
    -> rol_lectura ,
    -> rol_escritura ;
Query OK, 0 rows affected (1,68 sec)

mysql> SELECT User FROM mysql.user ;
+
| User                 |
+
| rol_adm              |
| rol_escritura        |
| rol_lectura          |
| rsocas               |
| debian-sys-maint     |
| example_1            |
| example_2            |
| mysql.infoschema     |
| mysql.session        |
| mysql.sys            |
| root                 |
| usuario_1            |
| usuario_2            |
| usuario_3            |
| usuario_4            |
| usuario_5            |
+
16 rows in sct (0,00 sec)
```

**Código 5.19**   Crear roles.

- **Asignar privilegios a los roles:** una vez se han creado los roles, se les asignan los privilegios correspondientes. En este caso, se usara la DB **classicmoles**, en la que *rol_adm* tendrá todos los privilegios sobre todas las tablas, el *rol_lectura* sólo la operación **SELECT** y el *rol_escritura* las operaciones de **INSERT, UPDATE** y **DELETE**. Para ello, al igual que se hacia para asignar privilegios a los usuarios, se emplea el comando **GRANT**, pero esta vez aplicado al rol. El Código 5.20 muestra este ejemplo.

```
mysql> GRANT ALL
    -> ON classicmodels.*
    -> TO rol_adm ;

mysql> GRANT SELECT
    -> ON classicmodels.*
    -> TO rol_lectura ;

mysql> GRANT INSERT, UPDATE, DELETE
    -> ON classicmodels.*
    -> TO rol_escritura ;
```

**Código 5.20**   Asignación de los privilegios a los roles.

- **Asignar roles a usuarios:** una vez creados los roles con sus correspondientes privilegios, se asignan estos roles a los usuarios del DBMS. En nuestro ejemplo el *usuario_1* tendrá el rol *rol_adm*, el usuario *usuario_2* el rol *rol_lectura* y los usuarios *usuario_3* y *usuario_4* el rol *rol_escritua*. Para ello nos apoyamos nuevamente en el comando **GRANT**, como se muestra en el Código 5.21.

```
mysql> GRANT rol_adm
    -> TO usuario_1@localhost;
Query OK, 0 rows affected (0,02 sec)

mysql> GRANT rol_lectura
    -> TO usuario_2@localhost;
Query OK, 0 rows affected (0,03 sec)

mysql> GRANT rol_escritura
    -> TO usuario_3@localhost,
    ->    usuario_4@localhost;
Query OK, 0 rows affected (0,02 sec)
```

**Código 5.21**   Asignación de los roles a los usuarios.

Una vez llegados a este punto, tendremos que comprobar si los usuarios tienen asignados dichos roles y pueden trabajar según sus privilegios. Un punto previo a tener en cuenta es que MySQL por defecto tiene desactivada una variable de entorno (*activate_all_roles_on_login*) que impide que cuando los usuarios entren el sistema adquieran el rol que tienen asignado. Para que esto suceda, simplemente hay que activar dicha variable con los comandos mostrados en el Código 5.22.

```
mysql> SHOW VARIABLES LIKE 'activate%';
+
| Variable_name              | Value |
+
| activate_all_roles_on_login | OFF   |
+

mysql> SET GLOBAL activate_all_roles_on_login=ON;
Query OK, 0 rows affected (0,00 sec)

mysql> SHOW VARIABLES LIKE 'activate%';
+
| Variable_name              | Value |
+
| activate_all_roles_on_login | ON    |
+
```

**Código 5.22**   Activar variable entorno, que asigna los roles en el proceso de login.

Para comprobar que los usuarios tienen los roles correctamente asignados, se accede al DBMS *usuario_4* y se observa que tiene los permisos de *rol_escritura* tal y como se muestra en el Código 5.23.

```
mysql> SHOW GRANTS;
+
| Grants for usuario_4@localhost                           |
+
| GRANT USAGE ON *.* TO 'usuario_4'@'localhost'            |
| GRANT INSERT, UPDATE, DELETE ON 'classicmodels'.*        |
| TO 'usuario_4'@'localhost'                               |
| GRANT 'rol_escritura'@'%' TO 'usuario_4'@'localhost'     |
+
3 rows in set (0,00 sec)
```

**Código 5.23**    Comprobación de asignación de roles.

- **Quitar privilegios a los roles:** una de las grandes ventajas de trabajar con roles es que, al cambiar los privilegios al rol, estos privilegios se cambian automáticamente en todos los usuarios que tengan ese rol, existan uno o miles de usuarios. Para nuestro ejemplo, el *usuario_3* y *usuario_4* tienen asignado el rol *rol_escritura* con las funciones **INSERT**, **UPDATE** y **DELETE**, pues si al rol le quitamos la operación **DELETE** automáticamente se la quitamos a los dos usuarios a la vez y a todos los que tuvieran asociado este rol. En el Código 5.24 se presenta este ejemplo de uso, donde se observa que la operación **DELETE** ya no la tiene el *usuario_3* ni el *usuario_4*.

```
mysql> REVOKE DELETE
    -> ON classicmodels.*
    -> FROM rol_escritura;
Query OK, 0 rows affected (0,29 sec)

mysql> SHOW GRANTS;
+
| Grants for usuario_3@localhost                              |
+
| GRANT USAGE ON *.* TO 'usuario_3'@'localhost'               |
| GRANT INSERT, UPDATE ON 'classicmodels'.*                   |
| TO 'usuario_3'@'localhost'                                  |
| GRANT 'rol_escritura'@'%' TO 'usuario_3'@'localhost'        |
+
3 rows in set (0,00 sec)

mysql> SHOW GRANTS;
+
| Grants for usuario_4@localhost                              |
+
| GRANT USAGE ON *.* TO 'usuario_4'@'localhost'               |
| GRANT INSERT, UPDATE ON 'classicmodels'.*                   |
| TO 'usuario_4'@'localhost'                                  |
| GRANT 'rol_escritura'@'%' TO 'usuario_4'@'localhost'        |
+
3 rows in set (0,00 sec)
```

**Código 5.24** Quitar privilegios a los roles.

- **Eliminar roles:** finalmente, para eliminar un rol o varios a la vez, basta con usar el comando **DROP ROLE** tal y como se muestra en el Código 5.25. En este ejemplo se elimina *rol_lectura*.

```
mysql> DROP ROLE rol_lectura;

mysql> SELECT User FROM mysql.user;
+
| User              |
+
| rol_adm           |
| rol_escritura     |
| rsocas            |
| debian-sys-maint  |
| example_1         |
| example_2         |
| mysql.infoschema  |
| mysql.session     |
| mysql.sys         |
| root              |
| usuario_1         |
| usuario_2         |
| usuario_3         |
| usuario_4         |
| usuario_5         |
+
```

**Código 5.25** Eliminar roles del DBMS.

### 5.5.9.  Bloqueo de usuarios

Otra de las funciones básicas que realizan los administradores de una DB
es bloquear cuentas de usuario. Esto se puede realizar de dos maneras
diferentes:

- Bloquear el usuario en el momento de la creación. Para ello, tras
  el comando **CREATE USER** se usa la cláusula **ACCOUNT
  LOCK**.

- Bloquear un usuario existente que ya estuviera definido en el sistema. En este caso, apoyándonos en el comando **ALTER USER**
  junto con la cláusula **ACCOUNT LOCK** lo podemos bloquear.

Ambos usos se presentan en el Código 5.26.

```
mysql> CREATE USER user_lock1@localhost
    -> IDENTIFIED BY 'password1!'
    -> ACCOUNT LOCK;

mysql> ALTER USER usuario_1@localhost
    -> ACCOUNT LOCK;

mysql> SELECT user, host, account_locked
    -> FROM mysql.user
    -> WHERE user like 'us%';
+
| user       | host       | account_locked |
+
| user_lock1 | localhost  | Y              |
| usuario_1  | localhost  | Y              |
| usuario_2  | localhost  | N              |
| usuario_3  | localhost  | N              |
| usuario_4  | localhost  | N              |
| usuario_5  | localhost  | N              |
+
```

**Código 5.26**  Bloqueo de usuarios.

Una vez realizada esta operación por parte del administrador, los usuarios
bloqueados no podrán acceder al sistema, como se muestra en el Código
5.27.

```
root@MySQLSERVER:/home/rsocas/Libro_BBDD/Cap5# mysql -u usuario_1
    -p -h localhost
Enter password:
ERROR 3118 (HY000): Access denied for user 'usuario_1'@'localhost
    '. Account is locked.
root@MySQLSERVER:/home/rsocas/Libro_BBDD/Cap5# mysql -u
    user_lock1 -p -h localhost
Enter password:
ERROR 3118 (HY000): Access denied for user 'user_lock1'@'
    localhost'. Account is locked.
```

**Código 5.27**  Acceso denegado a los usuarios bloqueados.

### 5.5.10.  Desbloqueo de usuarios

Para desbloquear los usuarios, el procedimiento es tan simple como usar en el comando **ALTER USER** la cláusula **ACCOUNT UNLOCK**. Como ejemplo de uso se desbloquearán los usuarios *usuario_1* y *user_-lock1* bloqueados en el punto anterior, como se muestra en el Código 5.28.

```
mysql> ALTER USER
    -> user_lock1@localhost ,
    -> usuario_1@localhost
    -> ACCOUNT UNLOCK;
Query OK, 0 rows affected (0,22 sec)

mysql> SELECT user , host , account_locked
    -> FROM mysql.user
    -> WHERE user like 'us%';
+
| user        | host        | account_locked |
+
| user_lock1  | localhost   | N              |
| usuario_1   | localhost   | N              |
| usuario_2   | localhost   | N              |
| usuario_3   | localhost   | N              |
| usuario_4   | localhost   | N              |
| usuario_5   | localhost   | N              |
+
6 rows in set (0,00 sec)
```

**Código 5.28**  Desbloqueo de usuarios.

### 5.5.11.  Borrado de usuarios

Como último punto dentro del ámbito de los usuarios, roles y privilegios está el borrado de usuarios. Para ello simplemente nos apoyamos en el comando **DROP USER**. En el Código 5.29 se muestra un ejemplo donde se borran del DBMS los usuarios *usuario_1@localhost*, *usuario_-2@localhost* y *usuario_3@localhost*.

```
mysql> SELECT user , host
    -> FROM mysql.user
    -> WHERE user like 'us%';
+
| user       | host       |
+
| user_lock1 | localhost |
| usuario_1  | localhost |
| usuario_2  | localhost |
| usuario_3  | localhost |
| usuario_4  | localhost |
| usuario_5  | localhost |
+
6 rows in set (0,00 sec)

mysql> DROP USER
    -> usuario_1@localhost ,
    -> usuario_2@localhost ,
    -> usuario_3@localhost ;
Query OK, 0 rows affected (0,11 sec)

mysql> SELECT user , host
    -> FROM mysql.user
    -> WHERE user like 'us%';
+
| user       | host       |
+
| user_lock1 | localhost |
| usuario_4  | localhost |
| usuario_5  | localhost |
+
3 rows in set (0,00 sec)
```

**Código 5.29**   Borrado de usuarios.

## 5.6.   Copias de seguridad

Otro de los procedimientos fundamentales que hacen los administradores de DB es gestionar las copias de seguridad. El procedimiento se basa en dos tareas principales:

- **Backup**: que consiste en guardar una o varias DB en un fichero en modo texto (en código SQL).

- **Restore**: el proceso de restauración consiste en cargar en el DBMS la DB que está almacenada en el fichero de *backup*. Este fichero de *backup* puede utilizarse para restaurar una DB que haya sufrido alguna incidencia en el DMBS origen o simplemente para trasladar la información a otro DBMS.

En la Fig. 5.4 se muestra de forma esquemática este procedimiento.

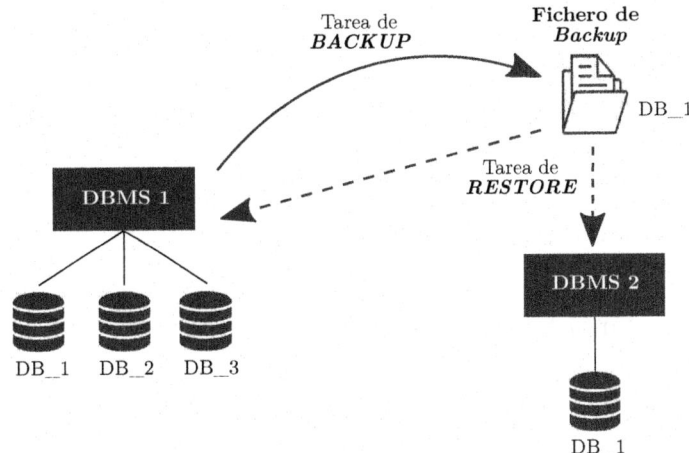

**Figura 5.4** Procedimiento de *backup* y *restore*.

Como se observa la tarea *backup* consiste en guardar en un fichero el contenido o estructura de la DB. En este ejemplo *DB_1*. Posteriormente, con la tarea de *restore*, esta DB puede almacenarse en otro DBMS (*DBMS 2*) o retornarla al DBMS original.

### 5.6.1. *Backup*

Para realizar los *backups* nos apoyaremos en la herramienta **mysqldump**, que se ejecuta sobre la consola de Linux, que dispone de muchas opciones para realizar distintos tipos de *backup*. Con **mysqldump** se puede hacer un *backup* de una base de datos completa, de múltiples DB, de todas las bases de datos del DBMS, de sólo ciertas tablas, únicamente la estructura de la DB o sólo de los datos de ésta, entre otras posibilidades. A continuación se mostrarán seis ejemplos de *backups* diferentes:

1. La base de datos Classicmodel completa en el fichero **backup_-1.sql**:

   *mysqldump -u root -p --result-file=/home/backups/backup_1.sql --databases classicmodels*

2. Dos bases de datos, ***Classicmodels*** y ***University*** en el fichero **backup_2.sql**:

   *mysqldump -u root -p --result-file=/home/backups/backup_2.sql --databases classicmodels university*

3. Todas las bases de datos del DBMS en el fichero **backup_3.sql**:

*mysqldump -u root -p --result-file=/home/backups/backup_3.sql --all-databases*

4. Sólo las tablas *Employees* y *Customers* de la base de datos **Classicmodels** en el fichero **backup_4.sql**:

*mysqldump -u root -p --result-file=/home/backups/backup_4.sql classicmodels employees customers*

5. Guardar sólo la estructura sin los datos de la base de datos **Classicmodels** en el fichero **backup_5.sql**:

*mysqldump -u root -p --result-file=/home/backups/backup_5.sql --no-data --databases classicmodels*

6. Almacenar sólo los datos de la DB **classimodels** en el fichero **backup_6.sql**:

*mysqldump -u root -p --result-file=/home/backups/backup_6.sql --no-create-info --databases classicmodels*

En el Código 5.30 se presentan los ficheros de *backup* resultantes de los seis ejemplos anteriores.

```
root@MySQLSERVER:/home/backups# ls -l
total 2088
1 root root   194643 oct 21 23:56 backup_1.sql
1 root root   210404 oct 21 23:56 backup_2.sql
1 root root  1503079 oct 21 23:56 backup_3.sql
1 root root    22340 oct 21 23:56 backup_4.sql
1 root root     8942 oct 21 23:56 backup_5.sql
1 root root   187176 oct 21 23:56 backup_6.sql
```

**Código 5.30**    Ficheros de *backup* generados con el **mysqldump**.

### 5.6.2.  *Restore*

Una vez se ha visto cómo hacer los *backups*, queda ahora analizar la tarea de *restore*. Para ello, nos apoyaremos en el comando **SOURCE**, con el que restauramos el fichero de *backup* correspondiente. Se entenderá de manera muy sencilla con el siguiente ejemplo. En el ejercicio anterior se hizo un *backup* de la DB *Classicmodels* en el fichero de *backup* /home/backups/backup_1.sql, pues ahora se hará lo siguiente:

- Borrar la DB *Classicmodels*, puesto que ya tenemos hecho el *backup*.

- Comprobamos que la DB ya no existe.

- Finalmente, con el comando **SOURCE**, la restauramos nuevamente en el sistema.

Todo este proceso se presenta en el Código 5.31.

```
mysql> DROP DATABASE classicmodels;
Query OK, 9 rows affected (0,27 sec)

mysql> SHOW DATABASES;
+
| Database           |
+
| BBDD_JOINS         |
| BBDD_MR            |
| BBDD_ejemplo       |
| information_schema |
| mysql              |
| performance_schema |
| sys                |
| university         |
+
8 rows in set (0,00 sec)

mysql> SOURCE /home/backups/backup_1.sql
Query OK, 0 rows affected (0,01 sec)

mysql> SHOW DATABASES;
+
| Database           |
+
| BBDD_JOINS         |
| BBDD_MR            |
| BBDD_ejemplo       |
| classicmodels      |
| information_schema |
| mysql              |
| performance_schema |
| sys                |
| university         |
+
9 rows in set (0,00 sec)
```

**Código 5.31** Procedimiento de *restore*.

## 5.7. Gestión de DB mediante entornos gráficos

Hasta ahora, las operaciones de administración del DBMS se han ejecutado a través de un entorno de comandos (CLI, *Command Line Interface*). Para realizar tareas de administración, hay diferentes entornos gráficos (GUI, *Graphical User Interface*) que permiten hacer estas mismas operaciones de manera mucho más intuitiva, facilitando la interacción entre el administrador y el DBMS.

En este libro, como se ha indicado en capítulos anteriores, nos apoyaremos en DBeaver `https://dbeaver.io/` (ver Apéndice C) para realizar las tareas de administración de forma gráfica. La herramienta DBeaver posee una versión gratuita (CE, *Community Edition*) y otra de pago con muchas más funcionalidades, aunque con la versión CE pueden hacerse la mayoría de los procedimientos de administración descritos anteriormente. Una de las principales ventajas que ofrece esta herramienta, aparte de poder realizar los procedimientos de forma gráfica e intuitiva, es que permite tener integrados varios DBMS en un mismo entorno. Los pasos a seguir para gestionar un DBMS con DBearver son los siguientes:

- Instalar el entorno DBeaver desde la página oficial `https://dbea ver.io/`.

- Realizar una conexión al DBMS que queremos gestionar.

- Finalmente, realizar los procedimientos de administración navegando por los diferentes menús del entorno, principalmente sobre los usuarios y las DB.

En el manual del entorno DBeaver, disponible en `https://github.c om/dbeaver/dbeaver/wiki`, se explica con todo lujo de detalles cómo llevar a cabo estas operaciones. En resumen, con DBeaver se pueden realizar todas las operaciones de administración descritas en este capítulo relacionadas con la creación de los roles y los privilegios de los usuarios, además de los procedimiento típicos de copias de seguridad.

A continuación se muestran algunos ejemplos de cómo con el entorno DBeaver se pueden hacer los diferentes procedimientos de administración descritos sobre un DBMS:

- **Visión general del entorno DBeaver:** como se observa en la Fig. 5.5, hay tres partes importantes de cara a las tareas de administración, y son: conexión al DBMS, administración de los usuarios y finalmente administración de las bases de datos.

- **Conexión al DBMS:** para realizar la conexión al DBMS se necesita conocer el *host* donde está el DBMS, un usuario/password (que generalmente es el **root** para poder hacer tareas de administración), y por supuesto escoger qué motor de DB (MySQL, MariaDB, Oracle, etc.) se va a emplear. En la Fig. 5.6 se muestran los menús que permiten realizar esta conexión con el DBMS.

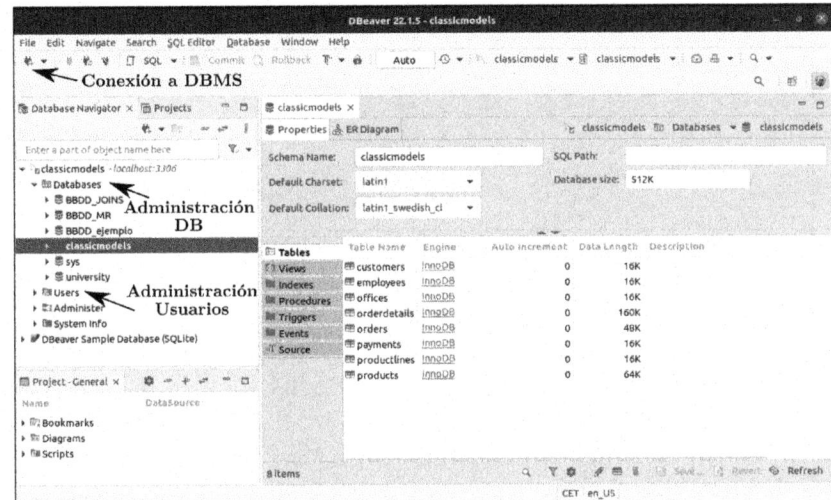

**Figura 5.5**   Entorno DBeaver CE.

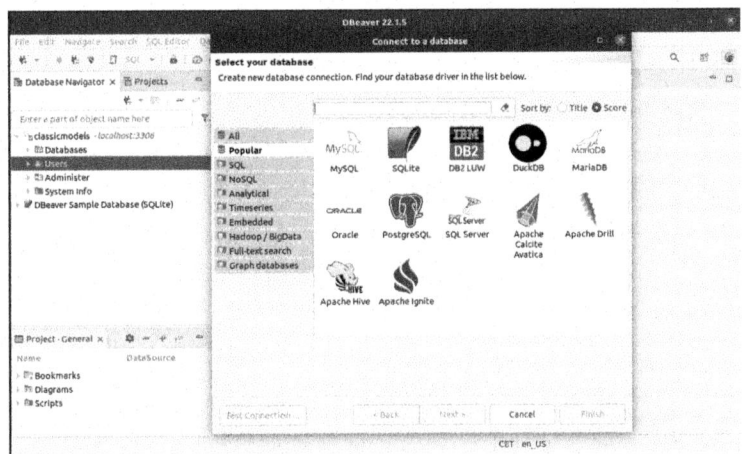

**Figura 5.6**   DBeaver: ejemplo de conexión a DBMS.

- **Administración de usuarios:** para la gestión de los usuarios, nos apoyamos en las facilidades que aparecen en los desplegables correspondientes, con los que crear/borrar usuarios, modificar sus roles y aplicarlos a las DB/usuarios que correspondan. En la Fig. 5.7 se muestra el menú de configuración para analizar y modificar lo que corresponda a *rol_escritura*.

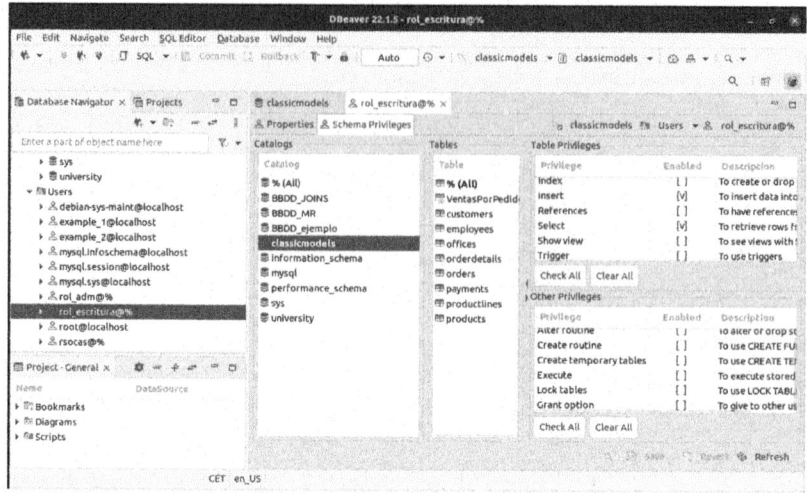

**Figura 5.7**    DBeaver: ejemplo de administración de usuarios.

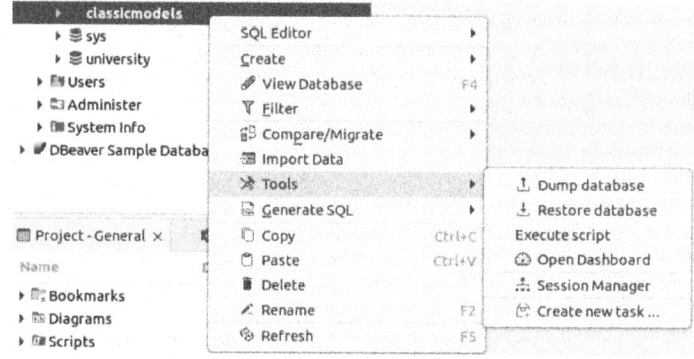

**Figura 5.8**    DBeaver: ejemplo de administración de *backup* y *restore*.

- **Copias de seguridad:** para administrar las copias de seguridad, con el botón derecho del ratón sobre la DB correspondiente, se despliega un menú de aplicaciones que nos permite, entre otras cosas, hacer *backup* y *restore* de la DB. En la Fig. 5.8 se muestran los menús correspondientes sobre la DB ***Classicmodels*** para realizar un *backup* (opción *Dump database*) o un *restore* (opción *Restore database*).

## 5.8. Resumen

Como resumen, se puede indicar que el lector que haya estudiado este capítulo posee las siguientes habilidades sobre administración de bases de datos:

- Ha adquirido nociones generales de los DBMS comerciales.
- Conoce las principales propiedades DBMS MySQL y MariaDB.
- Saber sobre la gestión del DBMS desde el punto de vista de operativo (arranque, parada y reinicio).
- Administra los usuarios y roles definidos en el DBMS a la vez que gestionar sus privilegios.
- Conoce todas las posibilidades que se disponen para realizar *backup* y *restore* de DB.
- Entiende de las principales funciones de administración que pueden realizarse con el entorno gráfico DBeaver.

La bibliografía consultada para elaborar este capítulo ha sido la siguiente:

- *Database management systems* [38].
- *Learning MySQL and MariaDB: Heading in the right direction with MySQL and MariaDB* [20].
- *Amazon web services in action* [49].
- *MySQL 8 administrator's guide: effective guide to administering high-performance MySQL 8 solutions* [30].
- *Introducing the MySQL 8 document store* [5].
- *MySQL 8 Cookbook: Over 150 recipes for high-performance database querying and administration* [1].
- *MySQL Community Server* [31].
- *VirtualBox.org* [34].
- *Universal Database Tool* [13].
- *Ubuntu Desktop* [27].
- *MariaDB Server: The open source relational database* [23].
- *MySQL Workbench* [33].
- *Concepts of Database Management* [41].

## 5.9.   Problemas resueltos

### Problema 5.1: parada del DBMS MySQL

○ **Enunciado:** compruebe si el DBMS está arrancado. Si es así, deténgalo y compruebe que la parada ha sido efectiva.

○ **Solución:** para comprobar el estado del DBMS y su posterior parada nos apoyamos en el comando del SO **service mysql status** y **service mysql stop** tal y como se muestra en el Código 5.32. Se observa que estaba activo y tras el comando de **service mysql stop** el servicio se detiene.

```
root@MySQLSERVER:/# service mysql status;
mysql.service — MySQL Community Server
     Loaded: loaded (/lib/systemd/system/mysql.service; enabled;
         vendor preset:>
     Active: active (running) since Tue 2022−10−25 21:32:25 CEST;
         1h 48min ago
   Main PID: 7201 (mysqld)
     Status: "Server is operational"
      Tasks: 40 (limit: 2280)
     Memory: 408.5M
     CGroup: /system.slice/mysql.service
             7201 /usr/sbin/mysqld

oct 25 21:32:21 MySQLSERVER systemd[1]: Starting MySQL Community
    Server...
oct 25 21:32:25 MySQLSERVER systemd[1]: Started MySQL Community
    Server.

root@MySQLSERVER:/# service mysql stop

root@MySQLSERVER:/# service mysql status
mysql.service — MySQL Community Server
     Loaded: loaded (/lib/systemd/system/mysql.service; enabled;
         vendor preset:>
     Active: inactive (dead) since Tue 2022−10−25 23:21:41 CEST;
         7s ago
    Process: 7201 ExecStart=/usr/sbin/mysqld (code=exited, status
       =0/SUCCESS)
   Main PID: 7201 (code=exited, status=0/SUCCESS)
     Status: "Server shutdown complete"

oct 25 21:32:21 MySQLSERVER systemd[1]: Starting MySQL Community
    Server...
oct 25 21:32:25 MySQLSERVER systemd[1]: Started MySQL Community
    Server.
oct 25 23:21:39 MySQLSERVER systemd[1]: Stopping MySQL Community
    Server...
oct 25 23:21:41 MySQLSERVER systemd[1]: mysql.service: Succeeded.
oct 25 23:21:41 MySQLSERVER systemd[1]: Stopped MySQL Community
    Server.
```

**Código 5.32**   Solución del Problema 5.1.

## Problema 5.2: arranque del DBMS MySQL

○ **Enunciado:** como en el ejercicio del anterior, el DBMS se ha detenido: póngalo nuevamente operativo.

○ **Solución:** para arrancar el DBMS nos apoyamos en el siguiente comando *service mysql start*, que se muestra en el Código 5.33

```
root@MySQLSERVER:/# service mysql start

root@MySQLSERVER:/# service mysql status
mysql.service — MySQL Community Server
    Loaded: loaded (/lib/systemd/system/mysql.service; enabled;
        vendor preset:>
    Active: active (running) since Tue 2022—10—25 23:30:57 CEST;
        6s ago
   Process: 8489 ExecStartPre=/usr/share/mysql/mysql—systemd—
        start pre (code=e>
  Main PID: 8497 (mysqld)
    Status: "Server is operational"
     Tasks: 39 (limit: 2280)
    Memory: 368.7M
    CGroup: /system.slice/mysql.service
            8497 /usr/sbin/mysqld

oct 25 23:30:55 MySQLSERVER systemd[1]: Starting MySQL Community
    Server...
oct 25 23:30:57 MySQLSERVER systemd[1]: Started MySQL Community
    Server.
lines 1—13/13 (END)
```

**Código 5.33** Solución del Problema 5.2.

## Problema 5.3: creación de usuarios

○ **Enunciado:** cree un usuario denominado *usuario_prueba* que pueda conectarse al DBMS desde cualquier host y cuya clave sea *Clave_prueba1!*

○ **Solución:** para ejecutar esta acción nos apoyamos en el comando CREATE USER como se muestra en el Código 5.34.

```
mysql> CREATE USER usuario_prueba@'%' IDENTIFIED BY '
    Clave_prueba1!';
Query OK, 0 rows affected (0,17 sec)

mysql> SELECT user, host FROM mysql.user
    -> WHERE user = 'usuario_prueba';
+
| user           | host |
+
| usuario_prueba | %    |
+
1 row in set (0,00 sec)
```

**Código 5.34**   Solución del Problema 5.3.

## Problema 5.4: mostrar usuarios

o **Enunciado:** muestre todos los usuarios definidos en el DBMS que pueden acceder tanto desde el host local como desde cualquier otro host.

o **Solución:** los usuarios que pueden acceder al sistema tanto desde el host local, como desde cualquier otro host, son aquéllos que tienen definido el host como '%'. En el Código 5.35 se muestra como obtener esta información.

```
mysql> SELECT user, host FROM mysql.user
    -> WHERE host = '%';
+
| user           | host |
+
| rol_adm        | %    |
| rol_escritura  | %    |
| rsocas         | %    |
| usuario_prueba | %    |
+
4 rows in set (0,00 sec)
```

**Código 5.35**   Solución del Problema 5.4.

## Problema 5.5: crear roles

o **Enunciado:** cree dos roles, *rol_nivel1* y *rol_nivel2*.

o **Solución:** para crear roles nos apoyamos en el comando CREATE ROL, como se muestra en el Código 5.36.

```
mysql> CREATE ROLE
    -> rol_nivel1 ,
    -> rol_nivel2 ;
Query OK, 0 rows affected (1,62 sec)
```

**Código 5.36**   Solución del Problema 5.5.

## Problema 5.6: asignar privilegios a los roles

o **Enunciado:** a los roles que se crearon anteriormente, *rol_nivel1* y *rol_nivel2*, se desea asignarles los siguientes privilegios:

- Al rol *rol_nivel1*, el comando SELECT, INSERT y DELETE a todas las DB definidas en el DBMS.

- Por otro lado, al rol *rol_nivel2*, el comando SELECT a todas las tablas de la DB ***Classicmodels***.

o **Solución:** los comandos necesarios para realizar estas asignaciones se muestran en el Código 5.37.

```
mysql> GRANT SELECT, INSERT, DELETE
    -> ON *.*
    -> TO rol_nivel1 ;
Query OK, 0 rows affected (0,02 sec)

mysql> SHOW GRANTS for rol_nivel1 ;
+
| Grants for rol_nivel1@%                                         |
+
| GRANT SELECT, INSERT, DELETE ON *.* TO 'rol_nivel1 '@' %' |
+
1 row in set (0,00 sec)

mysql> GRANT SELECT
    -> ON classicmodels.*
    -> TO rol_nivel2 ;
Query OK, 0 rows affected (0,10 sec)

mysql> SHOW GRANTS for rol_nivel2 ;
+
| Grants for rol_nivel2@%                                         |
+
| GRANT USAGE ON *.* TO 'rol_nivel2 '@' %'                  |
| GRANT SELECT ON 'classicmodels '.* TO 'rol_nivel2 '@' %' |
+
2 rows in set (0,00 sec)
```

**Código 5.37**   Solución del Problema 5.6.

## Problema 5.7: asignar roles a usuarios

○ **Enunciado:** cree un nuevo usuario que se que se llame *usuario_-test@'%'* con password *Clave_test1!*, y a este usuario y al usuario *usuario_prueba@'%'* creado anteriormente debe asignarle el rol *rol_nivel2*

○ **Solución:** para llevar a cabo estas operaciones se usará el comando CREATE USER para crear el nuevo usuario, y el comando GRANT para asignarle el rol. Se muestra la secuencia de comandos en el Código 5.38.

```
mysql> CREATE USER usuario_test@'%' IDENTIFIED BY 'Clave_test1!';
Query OK, 0 rows affected (0,09 sec)

mysql> GRANT rol_nivel2
    -> TO usuario_prueba ,
    ->     usuario_test ;
Query OK, 0 rows affected (0,11 sec)

mysql> SHOW GRANTS FOR usuario_prueba@'%';
+
| Grants for usuario_prueba@%                        |
+
| GRANT USAGE ON *.* TO 'usuario_prueba '@'%'        |
| GRANT 'rol_nivel2'@'%' TO 'usuario_prueba '@'%'    |
+
2 rows in set (0,00 sec)

mysql> SHOW GRANTS FOR usuario_test@'%';
+
| Grants for usuario_test@%                          |
+
| GRANT USAGE ON *.* TO 'usuario_test '@'%'          |
| GRANT 'rol_nivel2'@'%' TO 'usuario_test '@'%'      |
+
2 rows in set (0,00 sec)
```

**Código 5.38**   Solución del Problema 5.7.

## Problema 5.8: modificar roles

○ **Enunciado:** en el ejercicio anterior se asignó el rol *rol_nivel2* a los usuarios *usuario_test@'%'* y *usuario_prueba@'%'*. Como este rol sólo tienen la operación SELECT, estos dos usuarios sólo tienen esa operación habilitada. Ahora se pide que también tengan la operación INSERT.

○ **Solución:** para que estos dos usuarios tengan esta nueva operación sólo es necesario incluirla en rol y automáticamente se asignará a estos dos usuarios. Los comandos necesarios se presentan en el Código 5.39.

```
mysql> GRANT INSERT
    -> ON classicmodels.*
    -> TO rol_nivel2;
Query OK, 0 rows affected (0,13 sec)

mysql> SHOW GRANTS
    -> FOR rol_nivel2;
+
| Grants for rol_nivel2@%                                        |
+
| GRANT USAGE ON *.* TO 'rol_nivel2 '@'%'                        |
| GRANT SELECT, INSERT ON 'classicmodels '.* TO 'rol_nivel2 '@'%' |
+
2 rows in set (0,00 sec)
```

**Código 5.39** Solución del Problema 5.8.

## Problema 5.9: realizar un *backup*

∘ **Enunciado:** realice un *backup* de la DB ***Classicmodels*** y almacénelo en el fichero */home/backups/backup5.9.sql*.

∘ **Solución:** cuando se han explicado los procedimientos de *backup* a lo largo del capítulo, los comandos usados siempre ligan los *backups* a la DB correspondiente. Para hacerlo de forma independiente de la DB para que luego podamos cargar esos datos en una DB diferente, usaremos el **mysqldump** con la siguiente sintaxis:

*mysqldump -u root -p classicmodels >/home/backups/backup5.9.sql*

En el Código 5.40 se muestra como se ha generado el fichero de *backup* correspondiente.

```
root@MySQLSERVER:/home/backups# ls -l
total 2300
194643 oct 21 23:56 backup_1.sql
210404 oct 21 23:56 backup_2.sql
1503079 oct 21 23:56 backup_3.sql
22340 oct 21 23:56 backup_4.sql
194643 oct 26 11:05 backup5.9.sql
```

**Código 5.40** Solución del Problema 5.9.

## Problema 5.10: realizar *restore*

∘ **Enunciado:** en el ejercicio anterio se creo un fichero de *backup* */home/- backups/backup5.9.sql* con el contenido de la DB ***Classicmodels***. Ahora se pide cargar este fichero en el DBMS en una nueva base de datos que se llame NEW_DB.

○ **Solución:** para realizar este ejercicio, primero se tienen que crear la DB NEW_DB y posteriormente restaurarla con el fichero textit/home/-backups/backup5.9.sql. La primera operación se hace dentro del DBMS, y la segunda desde el SO. En el Código 5.41 se presentan los comandos correspondientes para crear la DB.

```
mysql> CREATE DATABASE NEW_DB;
Query OK, 1 row affected (0,02 sec)

mysql> SHOW DATABASES;
+
| Database              |
+
| BBDD_JOINS            |
| BBDD_MR               |
| BBDD_ejemplo          |
| NEW_DB                |
| classicmodels         |
| information_schema    |
| mysql                 |
| performance_schema    |
| sys                   |
| university            |
+
10 rows in set (0,00 sec)
```

**Código 5.41**   Solución del Problema 5.10.

Luego se ejecuta el siguiente comando del SO para cargar los datos en la DB NEW_DB.

*mysql -u root -p NEW_DB </home/backups/backup5.9.sql*

## 5.10.   Actividades recomendadas

Estas actividades recomendadas pueden realizarse sobre el DBMS MySQL o MariaDB. Se recomienda que se hagan en el segundo para adquirir conocimientos en este nuevo DBMS.

### Actividad 5.1

Investigue el DBMS MariaDB (`https://mariadb.com/`) e instálelo en el SO Ubuntu para realizar operaciones de gestión.

## Actividad 5.2

Cree los usuarios *usuari1@localhost* y *usuario2@'%'* y compruebe que el primero sólo puede acceder desde el host local y el otro desde cualquier otra máquina.

## Actividad 5.3

Muestre todos los usuarios definidos en el DBMS indicando el usuario y su host correspondiente.

## Actividad 5.4

Indique qué usuarios tienen la cuenta bloqueada especificando el *user*, *host* y *account_locked*.

## Actividad 5.5

Cree un rol que permita las operaciones SELECT, INSERT en la tabla *Customers* en la DB **Classicmodels**.

## Actividad 5.6

Con el entorno DBeaver haga una conexión al DBMS MySQL o MariaDB, con el que estamos trabajando.

## Actividad 5.7

Borre el usuario *usuario2@%* creado anteriormente con el entorno gráfico DBeaver.

## Actividad 5.8

Apoyándose en la herramienta DBeaver muestre los roles existentes y analice los permisos que tienen definidos.

## Actividad 5.9

Meadiante DBeaver realice una *backup* que sólo guarde la estructura de la DB **Classicmodels**.

**Actividad 5.10**

Haga un *backup* de la DB ***Classicmodels*** en un fichero local de *backup* y luego restáurela en otro DBMS que esté gestionando DBeaver. En resumen, se trata de mover con ayuda de DBeaver una DB de un DBMS a otro diferente.

# Capítulo 6

# Integración SQL en otros lenguajes

*"La mayoría de los buenos programadores programan, no porque esperan que se les pague o por adulación por parte del público, sino porque es divertido programar".*

**Linus Torvalds**

El capítulo comienza haciendo un revisión general de las principales alternativas de acceso directo a bases de datos como son los métodos de consola, mediante scripts y acceso a través de entornos gráficos como: MySQL Workbench, phpMyAdmin y DBeaver Community Edition. Posteriormente se presentan las formas de interactuar con bases de datos relacionales a través de lenguajes de programación, siendo ésta la forma más flexible y que mayores posibilidades ofrece. Finaliza el capítulo haciendo una revisión de cómo llevar a cabo estas acciones a través de los lenguajes de programación más representativos, como son: Python, Apache/PHP y Node.js.

## 6.1. Objetivos

- Identificar los principales argumentos o parámetros que se necesitan para acceder a bases de datos mediante DBMS como MySQL o MariaDB.

- Identificar los conectores como módulos que se utilizan en los programas de cada lenguaje de programación para interactuar con bases de datos.

- Instalar y configurar paquetes software de lenguajes de programación con sus correspondientes conectores para interactuar con bases de datos de MySQL y MariaDB.

- Construir pequeños programas básicos en Python, PHP y Node.js haciendo uso de conectores para consultar bases de datos de MySQL y MariaDB.

- Describir las principales herramientas gráficas para la gestión de bases de datos como DBeaver, MySQL Workbench y phpMyAdmin analizando sus principales características, ventajas y diferencias.

- Instalar herramientas gráficas de gestión de bases de datos.

- Manejar e interpretar especificaciones técnicas de DBMS como MariaDB y MySQL, herramientas de gestión de bases de datos de interfaz gráfica como DBeaver y MySQLWorkbench, procedimientos de instalación y uso de conectores de lenguajes de programación como Python y PHP para MySQL.

- Manejar herramientas gráficas de gestión de bases de datos.

- Crear y ejecutar ficheros ejecutables de SQL por consola.

## 6.2.  Formas de acceso a DB

Hasta ahora prácticamente hemos trabajado con bases de datos:

- Conectando por consola mediante la interfaz de línea de comandos. En el apéndice B se explica el procedimiento para instalar MySQL sobre la plataforma Ubuntu.

- Ejecutando scripts SQL en operaciones, a nivel de sistema operativo, para crear, modificar, consultar o salvar copias de seguridad de bases de datos.

- Utilizando herramientas con interfaz gráficas como MySQL Workbench o DBeaver.

Como decíamos en la introducción en este capítulo queremos ir un poco más allá presentando una nueva forma de acceder a bases de datos, en este caso, mediante conexiones desde clientes que son programas terceros construidos con lenguajes de programación como JavaScript, PHP, Python, etc. Véase la Fig. 6.1.

Pero antes empezaremos con un rápido repaso de las distintas formas de acceso tratadas hasta el momento para terminar posteriormente con las opciones que nos ofrecen Python, PHP, etc. como clientes de MySQL.

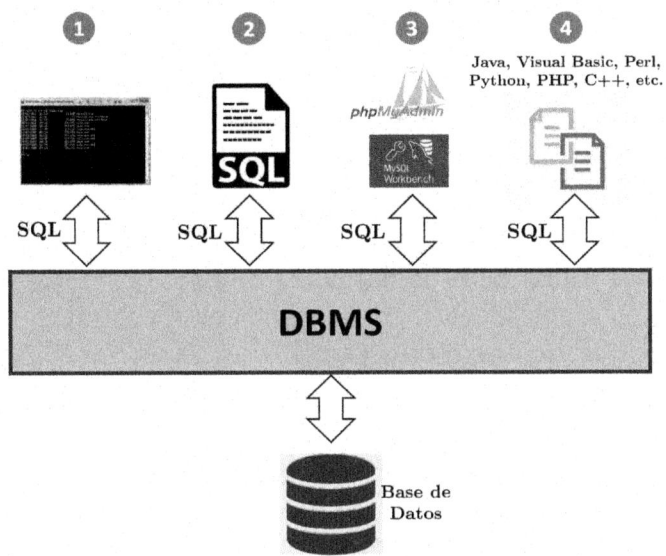

**Figura 6.1**  Formas de acceso a bases de datos relacionales.

## 6.3.  Acceso por consola

Esta forma de acceso es la primera y la más utilizada en este libro. Nos permite conectarnos a las bases de datos a través del servidor desde la línea de comandos de consola del sistema operativo, por ejemplo, cuando estamos ante un servidor remoto al que accedemos por terminal, o cuando no tenemos otra herramienta de interfaz gráfica instalada. Para esta opción, MySQL y MariaDB tienen un programa cliente, que se llama con el mismo nombre (*mysql*), que sirve para acceder a la gestión de la base datos por línea de comandos. Ese programa está disponible en cualquier instalación de MySQL y lo tendremos que usar para conectarnos por línea de comandos. Para poder invocarlo, una vez instalado el programa del DBMS será necesario conocer la ruta del cliente *mysql* en el caso de uso de un sistema operativo Windows, o incluir ese *path* en las variables de entorno del sistema: C:\Archivos de programa\MySQL\MySQL Server 4.1\bin.

En Linux Ubuntu también se puede acceder a MySQL por línea de comandos. Posiblemente desde cualquier directorio podamos acceder a la consola de MySQL, sin necesidad de situarse en el directorio donde esté instalado, ya que, una vez hecho esto, disponemos del comando *mysql* estemos en la carpeta que estemos dentro de nuestro terminal.

En ambos casos la sentencia para conectar con el servidor MySQL en la consola es la que se muestra en la captura de Código 6.1,

```
$ mysql −h Nombre_servidor −u Nombre_usuario −p
```

**Código 6.1**   Acceso al servidor MySQL desde consola Ubuntu.

donde *-h, -u* y *-p* son los argumentos o parámetros básicos necesarios para conectarse a una base de datos:

- *-h*: indica el nombre o dirección IP del servidor.

- *-u*: indica el nombre del usuario.

- *-p*: pide la contraseña de acceso del usuario.

El comando anterior al ejecutarse preguntará la contraseña y el operador la deberá introducir a continuación para acceder al sistema gestor. Sin embargo, esta contraseña podría incluirse directamente junto al parámetro *-p* sin espacios, aunque quedaría en texto plano y visible, lo cual es una práctica muy poco recomendable. Si se desea acceder a un servidor que está en el *host* local donde reside el cliente *mysql*, podemos cambiar el *nombre_servidor* por la palabra clave *localhost* en el Código 6.1 anterior. Sería como se muestra en la captura de Código 6.2. En este caso, sería incluso válido no usar la palabra clave *localhost* como en la captura de Código 6.3, y el acceso seguiría produciéndose.

```
$ mysql −h localhost −u Nombre_usuario −p
```

**Código 6.2**   Acceso al servidor MySQL en *localhost* explícito.

```
$ mysql −u Nombre_usuario −p
```

**Código 6.3**   Acceso al servidor MySQL en *localhost* implícito.

Tras ejecutar el comando, se ingresa al entorno de consola del DBMS MySQL (ver Código 6.4).

```
mysql>
```

**Código 6.4**   Consola servidor MySQL.

Una vez dentro, estamos en disposición de ejecutar las sentencias SQL para trabajar con cualquier base de datos. De hecho, una de las primeras sentencias y más básicas que se suelen usar para trabajar es la selección de la base de datos deseada, que es: USE DATABASE nombre_BBDD, como se muestra en el Código 6.5.

```
mysql>USE DATABASE nombre_BBDD
```

**Código 6.5**  Código SQL para selección de DB en la consola MySQL.

## 6.4.  Interacción mediante *scripts*

Otra forma de interacción con bases de datos consiste en la utilización de un *script* o fichero ejecutable con sentencias SQL ejecutado desde la línea de comandos de consola Windows o Linux, o incluso desde la misma consola de MySQL.

Tal y como se vio en el capítulo anterior, MySQL ofrece la posibilidad de ejecutar sentencias contenidas en un fichero con extensión *.sql* desde la línea de comandos de una consola. Una de las herramientas para hacer esto es el comando **source**, que se utiliza para ejecutar un *script* *.sql* desde la consola de MySQL, como se muestra en el Código 6.6, donde *script.sql*, representa el fichero incluyendo su ubicación, por ejemplo *C:\backup\script.sql*.

Esta fórmula se suele utilizar para cargar o restaurar archivos de *backup* de bases de datos, y dentro de este tipo de ficheros de volcado suele haber habitualmente el código con sentencias SQL necesario para crear una base de datos que aún no existe. No obstante hay que decir que su uso no está limitado a la situación anterior, dado que también se puede utilizar para ejecutar cualquier grupo de sentencias SQL que se desee.

```
mysql>source script.sql
```

**Código 6.6**  Ejecucion *script* desde la consola MySQL en Linux Ubuntu usando **source**.

La otra alternativa para cargar datos en una base de datos que ya existe, en este caso, es mediante la utilización del carácter < en el comando de arranque y acceso al servidor de bases de datos desde la consola de sistema operativo, siguiendo el formato como se expone en la captura de Código 6.7. El fichero origen del volcado se sitúa a la derecha del signo

$<$, mientras que a la izquierda va el nombre de la base de datos destino de dicho volcado.

```
$ mysql −h Nombre_servidor −u Nombre_usuario −p Nombre_BBDD < /
    Ruta_fichero/Nombre_fichero_dump.sql
```

**Código 6.7**  Ejecución *script* desde la consola Ubuntu.

Con esta sentencia lo que se produce es el volcado de datos, si se trata del proceso de creación y inserción de datos de una base de datos, o el resultado de la ejecución de las sentencias SQL contenidas en el fichero *Nombre_fichero_dump.sql* en la base de datos *Nombre_BBDD*. Esto supone que la base de datos *Nombre_BBDD* ya existía previamente en el servidor.

Existe la posibilidad de realizar la operación inversa, es decir, el volcado de una base de datos hacia un fichero de salida, que equivaldría a la realización de su copia de seguridad. Para ello se utiliza la herramienta o comando textbfmysqldump junto con el signo $>$. Este comando permite hacer una copia de seguridad de una o más bases de datos generando un archivo de texto que contiene sentencias SQL que se pueden volver a usar para crear las bases de datos desde cero. Se puede ejecutar según la estructura de la captura de Código 6.8, donde *Nombre_BBDD* es la base de datos a salvar, y *Directorio_destino/Nombre_fichero_destino.sql* es la ruta con el fichero donde se va a almacenar la copia de seguridad.

```
$ mysqldump −p −h Nombre_servidor −u Usuario_BBDD    Nombre_BBDD >
    /Directorio_destino/Nombre_fichero_destino.sql
```

**Código 6.8**  Ejecución *script backup* desde la consola Ubuntu.

## 6.5.  Entornos gráficos

Como ya se ha explicado anteriormente, MySQL se puede utilizar mediante una consola en cualquier plataforma o sistema operativo. Sin embargo, puede ser preferible usarlo por medio de una herramienta de interfaz gráfica, ya que éstas presentan diversas funciones que suelen facilitar la realización de tareas que a veces son menos sencillas de realizar desde el entorno de consola. En este apartado repasaremos algunos de los principales programas o herramientas con interfaz gráfico de usuario para gestionar bases de datos de MySQL.

### 6.5.1. MySQL Workbench

En la presentación de la portada de arranque del propio programa, se dice que MySQL Workbench es la herramienta oficial de interfaz gráfica de usuario para MySQL. Permite diseñar, crear y explorar esquemas de bases de datos, trabajar con objetos de base de datos e insertar datos, así como diseñar y ejecutar consultas SQL para trabajar con datos almacenados. La versión MySQL Workbench Community, que corresponde a la referencia gratuita de este programa, está disponible para los principales sistemas operativos: Microsoft Windows, macOS y Linux. En el sitio web oficial de MySQL se dispone de un espacio con documentación muy completa sobre MySQL Workbench: `https://dev.mysql.com/doc/workbench/en/`, y lo vamos a utilizar como documentación de referencia.

Las principales funcionalidades que ofrece la herramienta son:

- *SQL Development*, para **trabajar con SQL**: consultas, tablas, scripts SQL sobre bases de datos, entre otras opciones.

- *Server Administration*, para **administración del servidor**.

- *Data Modeling (Design)*, para el **diseño y modelado de bases de datos** y diagramas.

- *Data Migration*, que permite hacer **migraciones de bases de datos** de otros DBMS a MySQL. Algunas de estas bases de datos pueden ser de: Microsoft SQL Server, Microsoft Access, PostgreSQL, SQL Anywhere, SQLite, Sybase Adaptative Server Entreprise 15.x y posteriores.

Para trabajar con bases de datos utilizando esta herramienta en una máquina con sistema operativo Linux Ubuntu es necesario descargar e instalar el paquete software correspondiente, y configurar las conexiones. Para instalar MySQL Workbench en una máquina con Windows, en primer lugar, se debe descargar el instalador del sitio web oficial de MySQL Workbench (`https://dev.mysql.com/downloads/workbench/`), ejecutar el archivo de instalación y seguir los pasos del asistente de instalación hasta completar el proceso.

**Descargar e instalar MySQL Workbench para Ubuntu.** De entre las posibilidades que existen para realizar esta tarea presentamos estas dos alternativas:

1. Utilizando la tienda *Ubuntu Software*.
   Desde esta herramienta el proceso de instalación comienza con la localización del paquete software *mysql-workbench-community*, y luego continúa con la instalación, siguiendo los pasos establecidos según el asistente de instalación, desde el mismo interfaz, como se puede apreciar en la Fig. 6.2.

2. Instalando el paquete desde el terminal de consola Ubuntu, mediante la ejecución del comando *sudo snap install mysql-workbench-community* tal y como se muestra en el Código 6.9.

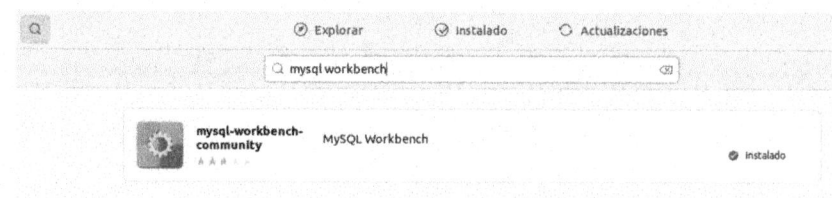

**Figura 6.2**   Paquete *mysql-workbench-community* en Ubuntu.

```
$ sudo snap install mysql—workbench—community
```

**Código 6.9**   Instalación MySQL Workbench desde la consola Ubuntu.

**Configurar las conexiones.** Tras realizar la instalación, el icono de la aplicación aparece en el panel de aplicaciones del sistema listo para ser puesto en marcha. Al abrir la aplicación esta presenta una interfaz gráfica como la que se muestra en la Fig. 6.3, donde lo más importante para nosotros será el apartado de las **conexiones** (*MySQL Connections*). En este campo, la presencia de la conexión **Local Instance:3306** indica que la aplicación MySQL Workbench detecta la existencia del servidor de MySQL en la misma máquina donde está instalada.

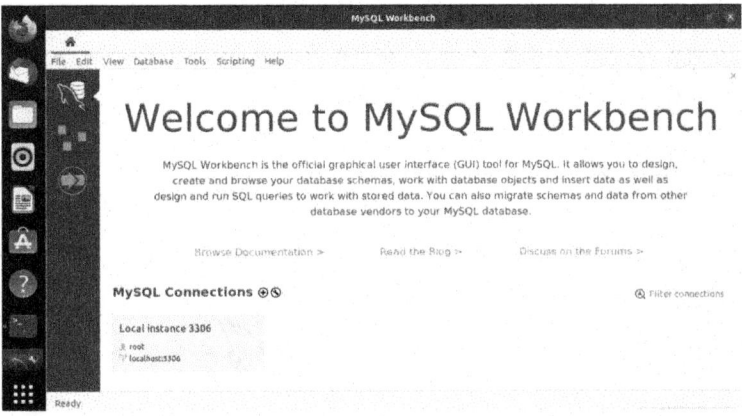

**Figura 6.3** Ventana de inicio de MySQL Workbench.

La Fig. 6.3 representa la ventana de inicio de la herramienta al arrancar. En el panel lateral de esta pantalla hay tres iconos que son accesos rápidos a las **principales funcionalidades** antes comentadas:

- *MySQL Connections*, para **trabajar con SQL**: consultas, tablas, scripts SQL sobre bases de datos, y **administración del servidor**.

- *Models*, para el **diseño y modelado de bases de datos** y diagramas; y

- *MySQL Migration Wizard*, que permite hacer **migraciones de bases de datos** de otros DBMS a MySQL.

Antes de poder utilizar MySQL Workbench para trabajar con SQL es necesario realizar algunas configuraciones relacionadas con las conexiones *(MySQL Connections)*. La posibilidad de trabajar con bases de datos depende de la configuración de dichas conexiones.

De modo que, tras instalar MySQL Workbench de inicio, es necesario habilitar los permisos de los usuarios de MySQL porque, si no, se produce un mensaje de error. Y este problema se demuestra en nuestro ejemplo abriendo la *Local Instance* antes mencionada sin haber realizado las configuraciones necesarias previamente, como puede verse en la Fig. 6.4.

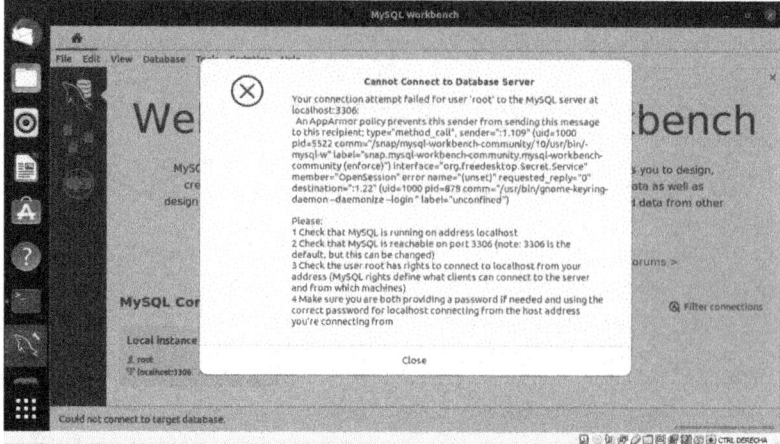

**Figura 6.4**   Error inicial al abrir conexión antes de configurar las claves para usuario **root**.

Para resolver el inconveniente, primero tendremos que habilitar los permisos de los usuarios para la aplicación de Workbench dentro del sistema operativo. Esto se hace recurriendo a la modificación de algunas de las características del paquete software instalado en la tienda de Ubuntu (ver Fig. 6.5). En esta pantalla hay que abrir la opción *Permissions*.

**Figura 6.5**   Activación de permisos para el usuario **root** en MySQL Workbench.

Y activar la opción ***Read, add, change or remove saved passwords*** según se muestra en la Fig. 6.6

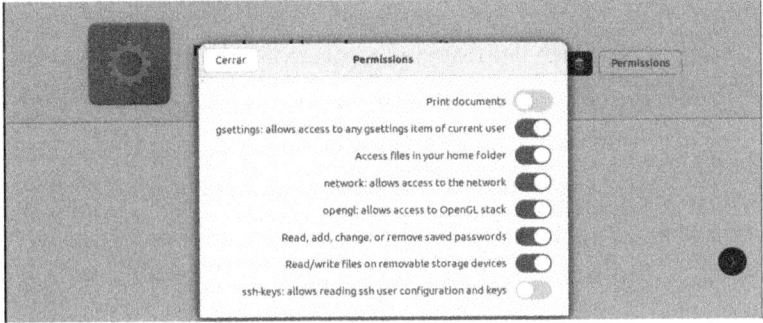

**Figura 6.6**  Activación de opciones de usuario.

Una vez realizada esta operación, si se cierra y se vuelve a arrancar la aplicación y la conexión en cuestión, se puede ver que cambia el tipo de mensaje de error (Fig. 6.7).

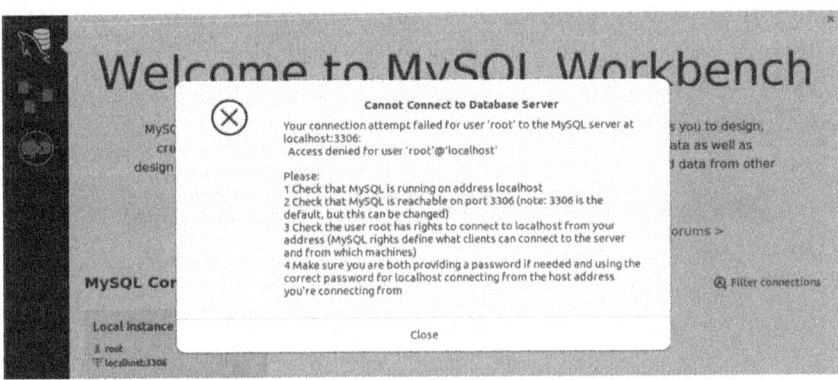

**Figura 6.7**  Nuevo error tras modificar permisos de aplicación en el sistema operativo.

Para resolver esta nueva situación, hay que modificar los permisos del usuario *root* en el servidor de MySQL.

Estos cambios son necesarios porque los servidores MariaDB y MySQL vienen con el usuario *root* configurado para usar el método de autenticación en *auth_socket* por defecto. El *auth_socket* implica que el servidor autentica a los usuarios que se conectan desde el *host* local a través del archivo de *socket Unix*. Esto significa que no puede autenticarse en MySQL Workbench como **root** proporcionando una contraseña de sistema operativo. Aquí no se admite, por eso es necesario deshabilitar el complemento *auth_socket* para ponerlo como *mysql_native_password* o *caching_sha2_password* usando las sentencias SQL, tal y como se especifica en la captura de Código 6.10.

```
mysql> ALTER USER 'root'@'localhost' IDENTIFIED WITH
    mysql_native_password BY 'nueva_contrasenya'
mysql> FLUSH PRIVILEGES;
```

**Código 6.10**  Modificación del modo de acceso a MySQL del usuario **root**.

Una vez realizadas las configuraciones en el servidor MySQL estamos en disposición de terminar la configuración de la primera conexión que nos permitirá acceder a bases de datos. Hay que proporcionar los parámetros: *Connection Name, Username, Password, Default Schema y Hostname*, como puede observarse en la Fig. 6.8. Este *Hostname* será *localhost* si la aplicación se ejecuta sobre la misma máquina donde está instalado el servidor de MySQL, o un nombre de servidor o la correspondiente dirección IP del terminal donde estuviera instalado el servidor en caso de no ser una conexión local.

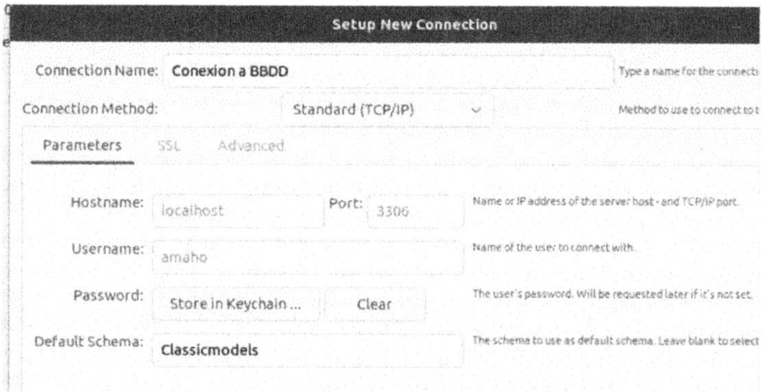

**Figura 6.8**  Configuración de conexión en MySQL Workbench.

Tras configurar esta conexión, podemos acceder a trabajar ya con bases de datos. Para ello simplemente podemos navegar a través de la pestaña *SCHEMAS*, hasta encontrar la base de datos que nos interesa (y tablas que se desean) consultar, seleccionarla y escribir una sentencia SQL en la consola que ofrece la herramienta. En la Fig. 6.9 se muestra el ejemplo de la consulta a la tabla *Employees* de la base de datos ***Classicmodels***.

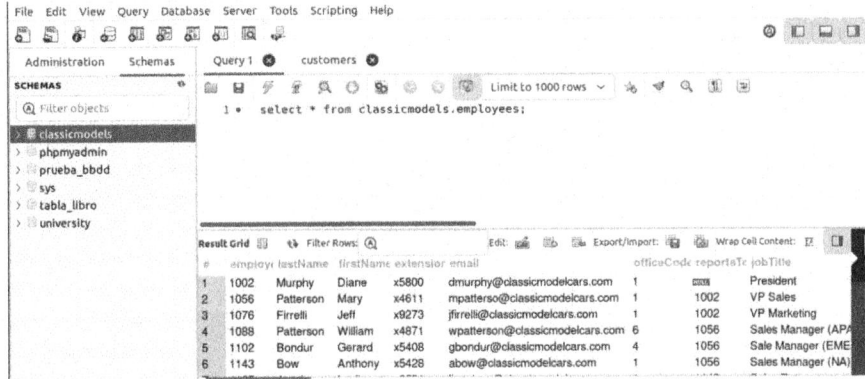

**Figura 6.9** Ejemplo de consulta a la base de datos *Classicmodels* con MySQL Workbench.

## 6.5.2. DBeaver community edition

DBeaver es una herramienta para la gestión de bases de datos multi-plataforma. Es capaz de soportar numerosos DBMS llegando a varias decenas las opciones diferentes con las que es compatible. Entre los más populares están MySQL, PostgreSQL, Oracle, MS SQL Server, MS Access, SQLite y muchos otros más. Contiene varias versiones: Community Edition, DBeaver Enterprise, DBeaver Lite y DBeaver Ultimate, siendo la primera la versión de código abierto y de libre disposición, mientras que las otras tres son comerciales.

**Instalación.** Utilizando un navegador web vamos a la página `https://dbeaver.io/download/`, donde seleccionamos el paquete *Linux Debian package (installer)* y continuamos el proceso, siguiendo los pasos según el asistente de instalación.

**Establecimiento de conexiones.** Una vez instalado, abrimos el programa. Lo primero que tenemos que hacer para trabajar con bases de datos es establecer una conexión. Para ello, en primer lugar, se selecciona el DBMS (sistema de gestión de bases de datos) a través del que manipularemos la base de datos; y en segundo lugar, se introducen los parámetros típicos de una conexión como hemos visto en apartados anteriores: nombre de servidor, usuario, clave y nombre de DB. Las Figs. 6.10 y 6.11 muestran ejemplos de capturas de entornos de selección de DBMS, y de configuración de los parámetros de conexión a una base de datos con DBeaver, respectivamente.

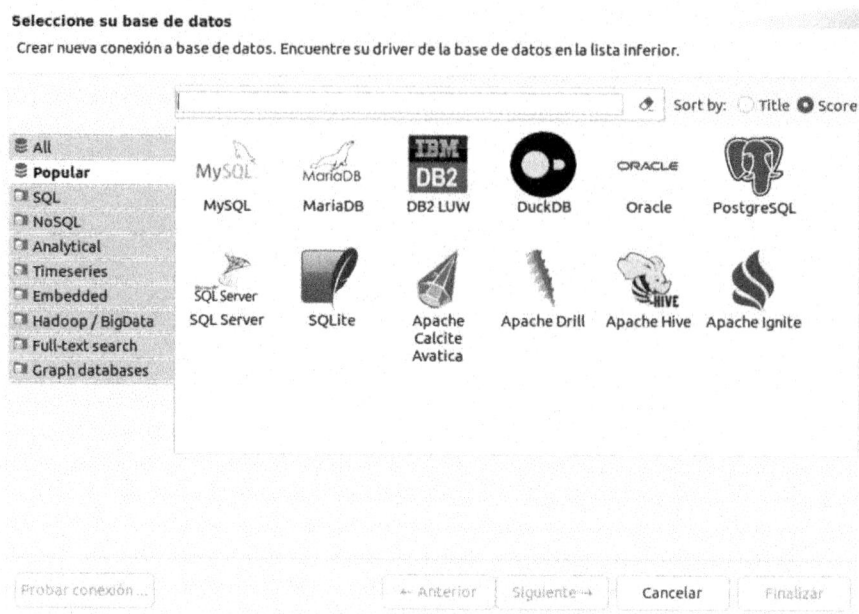

**Figura 6.10**   Panel de selección de algunos RDBMS soportados por DBeaver.

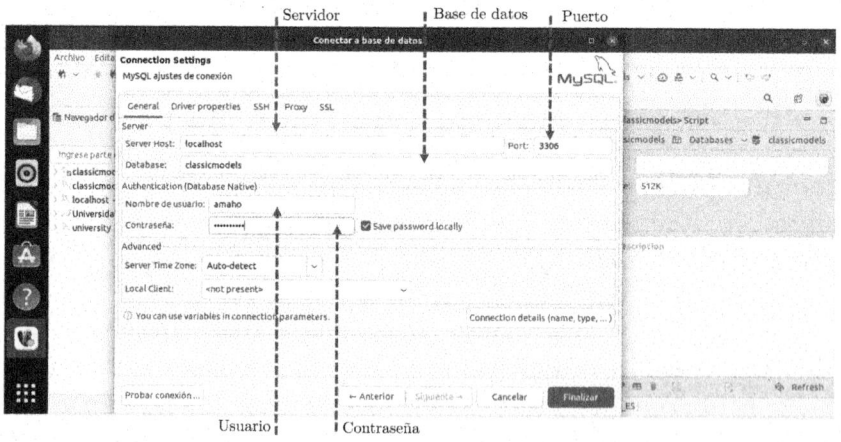

**Figura 6.11**   Parámetros para conectar DB MySQL con DBeaver.

Una vez conectados podemos consultar ya cualquier DB utilizando sentencias SQL. Para ello, se selecciona la base de datos, se abre la herramienta para edición de SQL y se ejecuta la consulta, obteniéndose un resultado como el que se muestra en la Fig. 6.12.

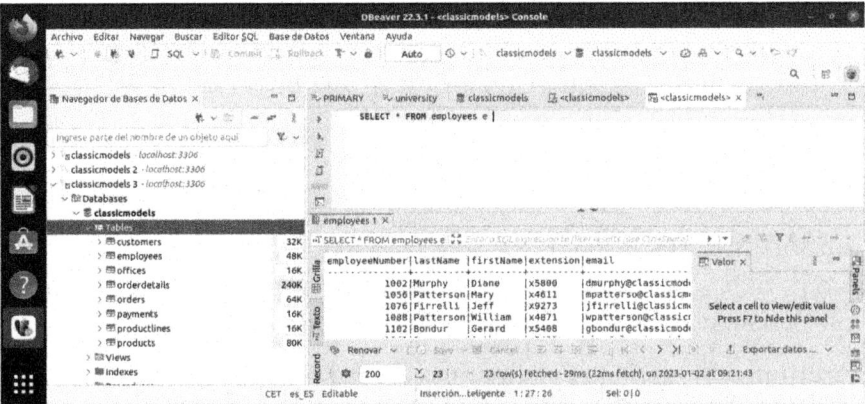

**Figura 6.12**   Consulta de tablas de una DB.

Las posibilidades de trabajo que ofrece DBeaver son muchísimas, sin embargo, llegados a este punto, consideramos suficiente para este resumen si ponemos también en consideración los contenidos tratados en el Capítulo 5.

### 6.5.3.  phpMyAdmin

Como se recoge en su propia web oficial (`https://www.phpmyadmin.net/`) phpMyAdmin es una herramienta de software libre en lenguaje de programación PHP destinada al manejo de bases de datos MySQL y MariaDB a través de una interfaz gráfica de usuario basada íntegramente en un navegador web. PhpMyAdmin soporta una amplia gama de operaciones en MySQL y MariaDB. Las operaciones de uso frecuente (gestión de bases de datos, tablas, columnas, relaciones, índices, usuarios, permisos, etc.) se pueden realizar a través de dicha interfaz de usuario, mientras que también ofrece la posibilidad de ejecutar directamente sentencias SQL sobre las bases de datos del DBMS.

Las **funciones** son:

- Desponer de una interfaz web intuitiva.

- Soportar la mayoría de las características de MySQL.

- Examinar y analizar bases de datos, tablas, vistas, campos e índices, crear, copiar, eliminar, cambiar el nombre y modificar bases de datos, tablas, campos e índices.

- Disponer de un servidor de mantenimiento, bases de datos y tablas, con propuestas sobre la configuración del servidor. Ejecutar, editar y marcar cualquier instrucción SQL, incluso consultas por lotes.

- Administrar las cuentas de usuario y privilegios de MySQL.

- Gestionar los procedimientos almacenados y desencadenadores.

- Importar datos desde CSV y SQL. Exporte datos a varios formatos: CSV, SQL, XML, PDF, ISO/IEC 26300 - OpenDocument Text and Spreadsheet, Word, LATEX y otros.

- Administrar varios servidores.

- Generación de gráficos del diseño de la base de datos en varios formatos.

- Creación de consultas complejas mediante Query-by-example (QBE).

- Buscar de forma global en una base de datos o en un subconjunto de ella.

- Transformar datos almacenados en cualquier formato mediante un conjunto de funciones predefinidas, como mostrar datos BLOB como imagen o enlace de descarga, etc.

El sitio web del proyecto (`https://www.phpmyadmin.net/`) ofrece varios recursos para usuarios y contiene abundantes aportaciones para cubrir distintos aspectos relacionados con la documentación general, wiki oficial de phpMyAdmin, preguntas frecuentes, etc.

**Instalación.** Según la propia documentación, la forma más fácil de obtener phpMyAdmin para un sistema con Windows es usando productos de terceros como XAMPP, que ya lo incluyen junto con un DBMS y un servidor web.

Para la instalación en Linux Ubuntu o compatibles se recomienda la utilización de los paquetes que ya vienen integrados en las correspondientes distribuciones de Linux. En el siguiente enlace que se ha dispuesto en la web de la herramienta se recogen las recomendaciones específicas: `https://docs.phpmyadmin.net/es/latest/setup.html#linux-dis tributions`.

Sin embargo, para llevar a cabo esta tarea utilizaremos un tutorial de internet para instalar phpMyAdmin en *Ubuntu 22.04 LTS Jammy Jelly-Fish*: `https://www.how2shout.com/linux/how-to-install-phpmyad min-with-apache-on-ubuntu-22-04-lts/`.

**Conexión.** Una vez realizada la instalación y las necesarias actualizaciones en el fichero de configuraciones según el tutorial anterior, se puede acceder a la aplicación. Para ello se abre un navegador web y se introduce la dirección IP de servicio de la máquina donde esté instalado el programa, junto con la cadena */phpmyadmin*. Por ejemplo *https://192.168.1.89/phpmyadmin*.

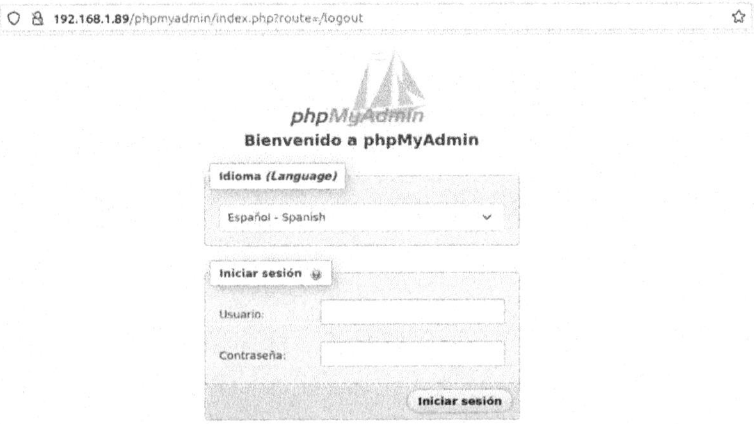

**Figura 6.13** Acceso de phpMyAdmin.

En la Fig. 6.13, se muestra un ejemplo del entorno de acceso a la aplicación una vez se introduce la dirección adecuada en el navegador. Tras introducirse el usuario y clave de *root*, se accede al entorno de trabajo. No hace falta realizar configuraciones específicas sobre conexiones como en el caso de MySQL Workbench y DBeaver. PhpMyAdmin no maneja la administración de usuarios, sino que pasa el nombre de usuario y la contraseña a MySQL, que luego determina si un usuario tiene los permisos para realizar una acción en particular.

Cuando se accede a la aplicación, aparece la página inicial de acceso a la herramienta que se asemeja a la captura de pantalla de la Fig. 6.14.

En el panel izquierdo de la pantalla de la Fig. 6.15 aparecen dos áreas principales bien diferenciadas: en la parte superior, botones con opciones del menú principal de phpMyadmin; y más abajo, un listado de las bases de datos disponibles en el servidor. A partir de ese punto se puede operar sobre cualquier base de datos navegando por el panel y seleccionando la que sea de interés en ese momento.

Finalmente en la Fig. 6.16 se muestra la captuta de un ejemplo de consulta a una tabla de una base de datos con phpMyAdmin.

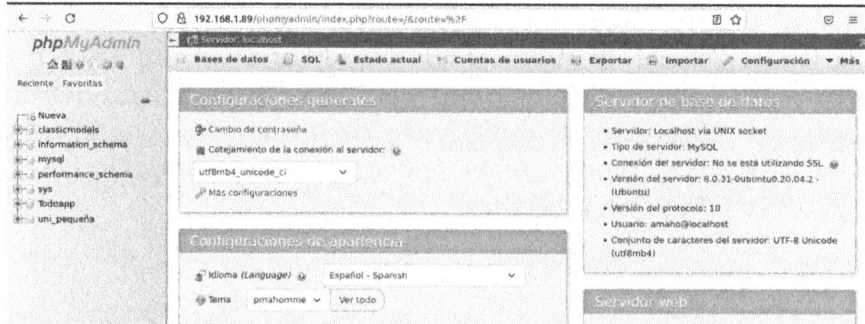

**Figura 6.14**   Página inicial phpMyAdmin.

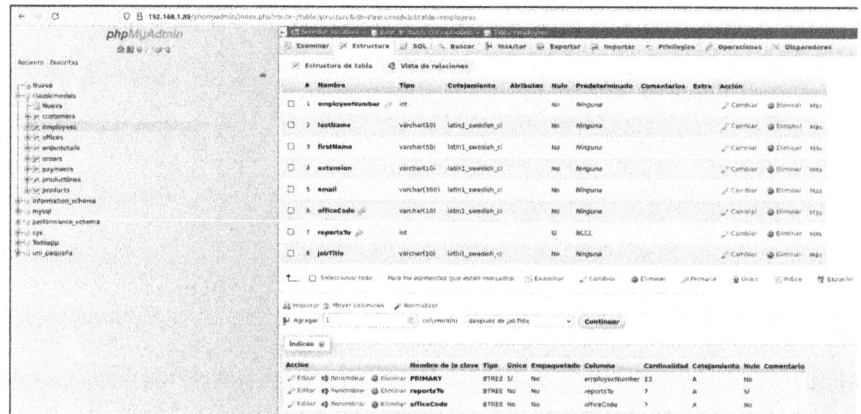

**Figura 6.15**   Visualización de la estructura de una tabla *Employees* con phpMyAdmin.

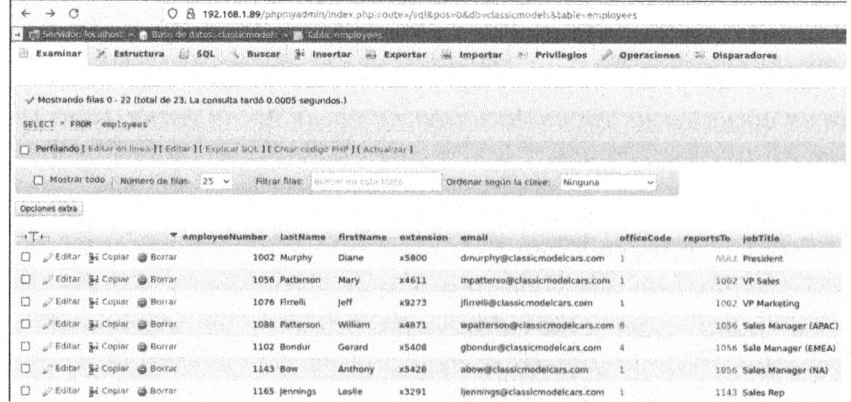

**Figura 6.16**   Resultado de la consulta de la tabla *Employees* en la DB con phpMyAdmin.

Para una consulta más elaborada tendremos que utilizar el editor de SQL abriendo la pestaña *SQL* del menú superior del panel central de la Fig. 6.14. Allí podremos editar el código SQL y ejecutar las consultas aplicando el botón *Continuar* una vez editada la *query*, tal y como se muestra en la Fig. 6.17

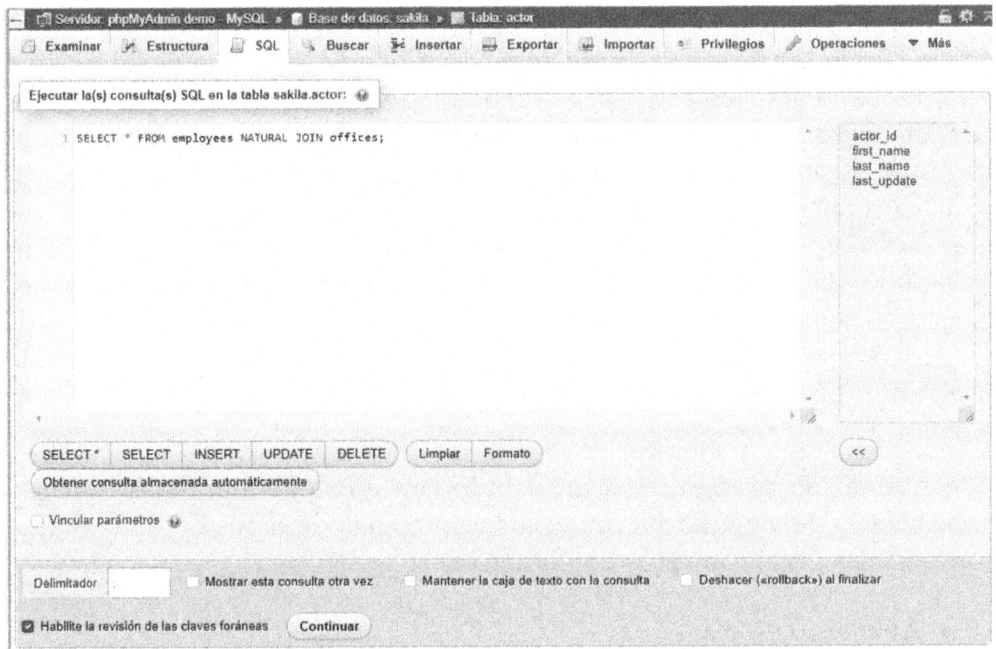

**Figura 6.17** Editor de SQL de phpMyAdmin.

## 6.6. Interacción mediante lenguajes

En esta sección nos vamos a restringir al tratamiento de las cuestiones esenciales necesarias para saber conectar clientes de MySQL construidos a partir de programas de aplicación escritos en lenguajes de programación como Python, PHP y otros lenguajes. Pero antes vamos a enumerar algunas aplicaciones que se sustentan en esta forma de trabajar con bases de datos y que, por su importancia y utilidad, pueden considerarse por eso los argumentos para explicar los beneficios de trabajar de esta manera con bases de datos. ¿Qué beneficios aporta la combinación de MySQL con programas como Python? Podemos usar SQL para extraer la información de una base de datos, y luego usar un programa de aplicación basado en, por ejemplo, Python para realizar el procesamiento de esos datos e implementar una solución a un problema o necesidad determinado. Pues de la combinación de MySQL con estos programas (Python, PHP, etc.) pueden resultar aplicaciones muy útiles e interesantes. En este sentido, trabajar con bases de datos no solo supone ya hacer consultas desde un terminal del servidor, sino también consiste en alimentarlas con información desde de diversas fuentes, archivos de texto, hojas de cálculo, formularios, etc. En la medida en que estas formas de interacción sean más eficientes y consigan sacar mayor rendimiento a los datos, sirven también para aumentar su utilidad. Así, podemos decir que uno de los beneficios generales de combinar lenguajes de programación con lenguajes de bases de datos como SQL es la capacidad de hacer un uso más eficiente de los datos. Este mejor uso de los datos redunda en beneficios para las organizaciones a la hora de definir sus estrategias y tomar decisiones para su negocio. Además, estos lenguajes son de uso muy extendido, de código abierto y muy útiles para crear soluciones tecnológicas avanzadas. Se va a combinar el lenguaje SQL con clientes basados en programas diseñados con los principales y más usados lenguajes de programación, debe funcionar como una suma de los beneficios de cada parte.

A continuación presentamos un listado con ejemplos de algunas de las aplicaciones de vanguardia que usan tecnologías de bases de datos y que son posibles gracias a estas combinaciones:

- Análisis de datos

- Automatizar tareas

- Minería de datos

- Data science

- Inteligencia artificial (IA)

- La base de datos distribuida: blockchain

- Machine learning

- Desarrollo de aplicaciones web

- Juegos y gráficos 3D

- Aplicaciones en tiempo real

Para poder conectar programas cliente con bases de datos de MySQL hay que utilizar conectores y *APIs*, que son *drivers* y librerías creadas para este propósito, y para cada lenguaje de programación. Es decir, cada lenguaje tiene sus propios conectores. En el sitio web de documentación de MySQL `https://dev.mysql.com/doc/index-connectors.html`, se muestran las referencias sobre algunos de los conectores compatibles con MySQL que se ponen a disposición de los usuarios. En la web: `https://www.mysql.com/products/connector/` se muestran enlaces para descargar algunos de estos conectores. Aunque para la instalación en plataforma Linux Ubuntu estos conectores pueden venir precargados en paquetes de la propia distribución que se tenga instalada. Dado que puede haber varias alternativas, veremos en cada caso una forma concreta de realizar la instalación para una máquina con este sistema operativo Ubuntu.

Pero antes vamos a presentar un listado con algunos de los conectores cuyas referencias están publicadas en el sitio oficial de MySQL:

- MySQL Connector/C
- MySQL Connector/C++
- MySQL Connector/J
- MySQL Connector/Node.js
- MySQL Connector/MXJ
- MySQL Connector/NET
- MySQL Connector/ODBC
- MySQL Connector/PHP
- MySQL Connector/Python

En la página web de los conectores mencionada anteriormente, éstos se clasifican en dos categorías: conectores desarrollados por MySQL y conectores desarrollados por la comunidad[1]. Para la primera categoría, en la misma página se ofrece la posibilidad de descargar los paquetes software de cada conector para los distintos sistemas operativos. Para los conectores desarrollados por la Comunidad normalmente nos remiten al entorno web de cada comunidad para poder disponer de ellos. Esto significa que hay conectores que encontraremos en la página de MySQL y hay otros que encontraremos en las páginas de cada lenguaje o comunidad. Por ejemplo, para Python tendremos varios conectores, algunos en `https://www.mysql.com/products/connector/` y otros en sitios como por ejemplo `https://pypi.org/project/MySQL-python/`.

---

[1] Están disponibles bajo la licencia GPL y soportado por una comunidad de desarrolladores de código abierto.

Para cada lenguaje de programación, el objetivo será presentar un pequeño ejemplo de código de cliente centrado en la utilización del conector correspondiente para demostrar una conexión a una base de datos de MySQL, y también una consulta a una tabla de una base de datos presentando los datos de salida en pantalla.

En los siguientes apartados se explica cada lenguaje de programación teniendo en cuenta que, en general, para cada caso, lo que haremos es:

1. Identificar e instalar un conector determinado.

2. Comprobar la conexión, construyendo un *script* donde se realizará:

   2.1 Importar el conector y establecer la conexión entre el programa y MySQL.

   2.2 Tratar los resultados de la conexión.

   2.3 Cierre de la conexión.

3. Realizar alguna actividad, principalmente consultar alguna tabla de la base de datos, construyendo un *script* donde se integren sentencias SQL con el lenguaje de programación, y aprovechando el código del programa creado en el punto anterior.

### 6.6.1.  Python

Python (`https://www.python.org/`) es un lenguaje de programación de alto nivel, de propósito general, que se utiliza para desarrollar aplicaciones de todo tipo. En Python los accesos a bases de datos están estandarizados, de modo que, independientemente del gestor de base de datos que se utilice, los métodos y procesos de conexión, lectura y escritura de datos desde Python siempre serán los mismos con independencia del conector que se emplee. El primer paso para trabajar con Python consiste en instalarlo en la misma máquina donde se encuentra el servidor de MySQL. Una vez hecho, el siguiente paso consiste en descargar e instalar un conector. Como se explicó en la introducción de esta sección, MySQL ofrece un conector para Python, pero sin embargo existen otros conectores. Por ejemplo, los siguientes son algunos de los conectores que se utilizan con Python: *MySQLdb, PyMySQL, mysql-connector-python, MySQL-python*. Para nuestra primera demostración, vamos a utilizar el conector *MySQLdb* en un terminal con sistema operativo Ubuntu.

Una vez instalado el conector, el siguiente paso es probarlo. Para ello hay que configurar los parámetros imprescindibles que lo definen. Los principales son:

- *DB_HOST*

- *DB_NAME*

- *DB_USERNAME*

- *DB_PASSWORD*

**Instalación.** La instalación del paquete se puede hacer de forma manual ejecutando el comando **apt install python3-mysqldb**.

**Comprobación de conector.** Una vez instalado, es necesario probar si dicho conector hace su función. Editando un *script* de Python (*prueba_- conexion.py*) con el contenido mostrado en el Código 6.11 para realizar esta prueba, se obtiene el resultado que se muestra en el Código 6.12.

```
import MySQLdb
print("Conectando a base de datos mediante MySQLdb")
db_connection = MySQLdb.connect(host='localhost', db='
    classicmodels', user='amaho', passwd='xxxxx')
print("Conexion exitosa a la base de datos usando using MySQLdb")
db_connection.close()
```

**Código 6.11**    Conectar una DB desde Python.

```
amaho@amaho-VirtualBox:~/Documentos$ python3 prueba_conexion.py
Conectando BBDD usando MySQLdb
Conexion exitosa a base de datos usando MySQLdb
amaho@amaho-VirtualBox:~/Documentos$
```

**Código 6.12**    Ejecutar *script* de prueba del conector *mysqldb*.

Cuando ya se ha comprobado la funcionalidad del conector, es el momento de realizar una operación sobre una base de datos. Para ello se crea un *script* de Python con extensión *.py* que contendrá el código que permite realizar esta tarea. Tenemos como ejemplo el Código 6.13, donde se presenta un código que consulta a una tabla de una base de datos. La base de datos de prueba se llama ***Universidad***, y la tabla que se consulta se llama *Student*. El código SQL SELECT * FROM student es el que se utiliza como se puede ver en 6.13. El resto de código que aparece es el necesario, en este caso, para presentar los resultados de la consulta por pantalla, y cerrar la conexión. Cabe mencionar que en este apartado no pretendemos analizar el código de los distintos lenguajes de programación que vamos a tratar, sino simplemente se trata de demostrar su funcionamiento mediante el uso de pequeñas estructuras de código en forma de scripts preconfigurados.

```
amaho@amaho-VirtualBox:~/Documentos$ nano BBDD-Python.py
import MySQLdb
DB_HOST = 'localhost'
DB_USER = 'amaho'
DB_PASS = 'xxxxxxx'
DB_NAME = 'universidad'
def run_query(query=''):
    datos = [DB_HOST, DB_USER, DB_PASS, DB_NAME]
    conn = MySQLdb.connect(*datos)
    cursor = conn.cursor()
    cursor.execute(query)
    if query.upper().startswith('SELECT'):
        data = cursor.fetchall()
    else:
        conn.commit()
        data = None
    cursor.close()
    conn.close()
    return data
query = "SELECT * FROM student"
result = run_query(query)
print("Id,name,dept_name,tot_cred")
for row in result:
  id=row[0]
  name=row[1]
  dept_name=row[2]
  credits=row[3]
  print("{0},{1},{2},{3}".format(id,name,dept_name,credits))
```

**Código 6.13**    Conectar una DB desde Python y ejecutar una consulta.

El resultado obtenido con la ejecución del *script* se presenta en la captura de pantalla reflejada en el Código 6.14. Nótese que para ejecutar el *script* una forma es lanzando el comando **python3 BBDD-Python.py** sobre la linea de comandos de consola del sistema operativo, sabiendo que *BBDD-Python.py* es el nombre del *script* de Python que hemos creado.

```
amaho@amaho-VirtualBox:~/Documentos$ python3 BBDD-Python.py
Id,name,dept_name,tot_cred
00128,Zhang,Comp. Sci.,102
98747,GloriaMaho,Music, 77
12345,Shankar,Comp. Sci.,32
19991,Brandt,History,80
23121,Chavez,Finance,110
3003,Green,Finance,None
44553,Peltier,Physics,56
45678,Levy,Physics,46
```

**Código 6.14**    Resultado de conexión a una DB desde Python y ejecutar una consulta.

## 6.6.2. Servidor Apache y PHP

Como se recoge en el sitio web de referencia (`https://httpd.apache.o` `rg/`), Apache es un servidor HTTP de código abierto para sistemas operativos modernos, incluidos UNIX y Windows. El objetivo de este proyecto es proporcionar un servidor seguro, eficiente y extensible que proporcione servicios HTTP sincronizados con los estándares HTTP actuales. Apache soporta diferentes tipos de lenguajes de programación como Perl, PHP y Python. Para nuestra demostración vamos a trabajar con la combinación de Apache con PHP instalados en una máquina virtual con SO Linux, como hemos hecho para Python. Al igual que con Python, la forma de acceder desde un servidor Apache a una base de datos de MySQL es a través de conectores. Hay dos conectores que se pueden utilizar para este fin: *mysqli_connect* y *pdo_mysql*. Para probarlo, utilizaremos el primero: *mysqli_connect*. Los conectores PHP para MySQL generalmente también funcionan con MariaDB.

El escenario para probar este lenguaje será el siguiente: dispondremos de una MV (máquina virtual) con MySQL y otra con un servidor Apache con PHP. Accederemos a una web y es el servidor web quien ejecutará la consulta al servidor MySQL y presentará los datos en la propia web. Para ello tendremos que dar los siguientes pasos, asumiendo que MySQL ya está instalado en una MV:

- **Instalar Apache en la otra MV.** Esto se puede realizar ejecutando el comando **sudo apt install apache2**, ya que Apache está disponible dentro de los repositorios de software predeterminados de Ubuntu, lo que hace posible instalarlo utilizando herramientas convencionales de administración de paquetes. Una vez instalado el servidor se puede verificar su estado con el comando **sudo systemctl status apache2**.

- **Instalar el conector de PHP** en el mismo *host* donde está el servidor Apache utilizando el comando **sudo apt install php libapache2-mod-php php-mysql**.

- **Reiniciar el servicio de Apache** con **sudo systemctl restart apache2**.

- **Comprobar que funciona PHP sobre el servidor Apache.** Para ello hay que editar el fichero *info.php*, que está en el directorio */var/www/html/* incluyendo el siguiente código: **phpinfo();** como se puede observar en el Código 6.15. Esto permite a su vez conocer la configuración del servidor Apache en el *host*, y confirmar que está operativo. Para ver el resultado, hay que escribir en el navegador web la entrada `https://localhost/info.php`, que mostrará un resultado como el de la Fig. 6.18.

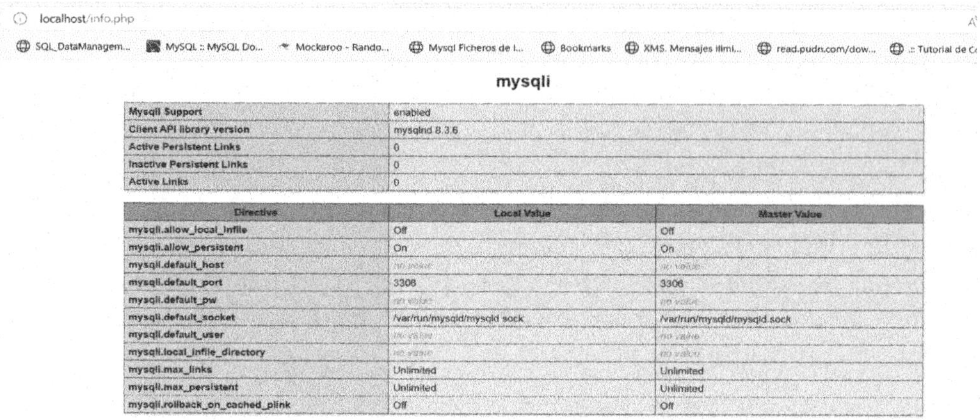

**Figura 6.18**    Servidor Apache con PHP configurado. Disponibilidad del conector *mysqli*.

```php
<?php
phpinfo();
?>
```

**Código 6.15**    *Script* para comprobar las especificaciones del servidor de PHP en un host.

En el caso de la Fig. 6.18 se puede verificar entre sus propiedades aquéllas que suministran información sobre la compatibilidad con los conectores disponibles para MySQL: *mysqli* y *pdo_mysql*. Realizadas estas primeras comprobaciones relacionadas con el servidor Apache y PHP, es el momento de probar la parte que nos ocupa con una consulta a una base de datos con PHP. Para ello hemos construido el *script* con extensión *.php* del Código 6.16 que hemos llamado *Conexion_MySQL_2.php*. Para ejecutar la consulta, procederemos de la misma forma que se ha practicado cuando comprobamos el estado de PHP en el servidor, es decir, poniendo en la barra de direcciones del navegador donde está el servidor Apache el nombre del fichero: `https://localhost/Conexion_MySQL_2.php`. El resultado de la consulta se muestra en la Fig. 6.19.

```php
<?php
        $usuario = "amaho";
        $password = "xxxxxxxx";
        $servidor = "localhost";
        $basededatos = "classicmodels";
    $tabla = "employees";
        $conexion = mysqli_connect( $servidor , $usuario ,
            $password ) or die ("No
 se ha podido conectar al servidor de Base de datos");
        $db = mysqli_select_db( $conexion , $basededatos ) or die
            ( No se ha podido conectar a la base de datos" );
        $consulta = "SELECT lastName , firstName , email , jobTitle
            FROM $tabla";
        $resultado = mysqli_query( $conexion , $consulta ) or die
            ( "Algo ha ido mal en la consulta a la base de datos"
            );
        echo "<table borde='2'>";
        echo "<tr>";
        echo "<th>lastName</th>";
        echo "<th>firstName</th>";
        echo "<th>email</th>";
        echo "<th>jobtitle</th>";
        echo "</tr>";
        while ($columna = mysqli_fetch_array( $resultado ))
        {
                echo "<tr>";
                echo "<td>" . $columna['lastName'] . "</td><td>"
                    . $columna['firstName'] . "</td><td>" .
                    $columna['email'] . "</td><td>". $columna['
                    jobTitle'] . "</td>";
                echo "</tr>";
        }
        echo "</table>";
        mysqli_close( $conexion );
?>
```

**Código 6.16** Ejemplo de *script* PHP para consultar la tabla *Employees* de la base de datos ***Classicmodels***.

La integración entre PHP y MySQL es una de las combinaciones más utilizadas en el desarrollo web para crear aplicaciones dinámicas, robustas y escalables. PHP es un lenguaje de programación ampliamente adoptado para el desarrollo de sitios web y aplicaciones, mientras que MySQL es un sistema de gestión de bases de datos relacional que permite almacenar y administrar grandes volúmenes de información de manera eficiente.

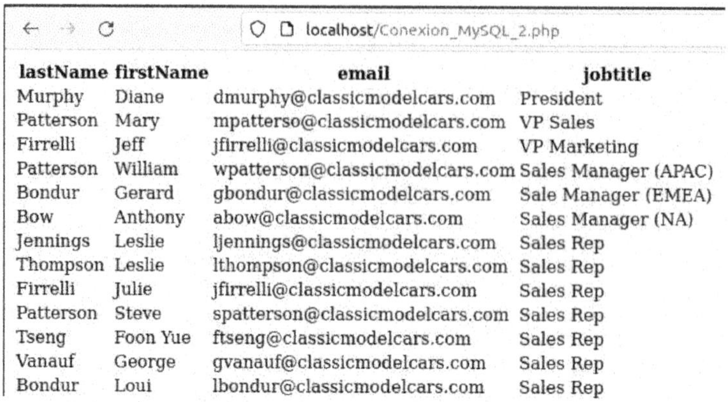


| lastName | firstName | email | jobtitle |
|---|---|---|---|
| Murphy | Diane | dmurphy@classicmodelcars.com | President |
| Patterson | Mary | mpatterso@classicmodelcars.com | VP Sales |
| Firrelli | Jeff | jfirrelli@classicmodelcars.com | VP Marketing |
| Patterson | William | wpatterson@classicmodelcars.com | Sales Manager (APAC) |
| Bondur | Gerard | gbondur@classicmodelcars.com | Sale Manager (EMEA) |
| Bow | Anthony | abow@classicmodelcars.com | Sales Manager (NA) |
| Jennings | Leslie | ljennings@classicmodelcars.com | Sales Rep |
| Thompson | Leslie | lthompson@classicmodelcars.com | Sales Rep |
| Firrelli | Julie | jfirrelli@classicmodelcars.com | Sales Rep |
| Patterson | Steve | spatterson@classicmodelcars.com | Sales Rep |
| Tseng | Foon Yue | ftseng@classicmodelcars.com | Sales Rep |
| Vanauf | George | gvanauf@classicmodelcars.com | Sales Rep |
| Bondur | Loui | lbondur@classicmodelcars.com | Sales Rep |

**Figura 6.19** Consulta a base de datos con PHP.

Esta conexión facilita la creación de soluciones como sistemas de gestión empresarial, plataformas de comercio electrónico y aplicaciones interactivas, proporcionando beneficios clave:

- Fiabilidad y estabilidad: PHP y MySQL han sido utilizados durante décadas en entornos de producción, lo que garantiza su madurez y confiabilidad.
- Eficiencia en costos: ambas tecnologías son de código abierto, reduciendo los costos de licencias y facilitando el acceso a desarrolladores de todo el mundo.
- Escalabilidad y rendimiento: permite manejar grandes volúmenes de datos y tráfico web sin comprometer la velocidad ni la seguridad.
- Compatibilidad y facilidad de uso: PHP cuenta con una amplia documentación y compatibilidad con múltiples servidores, lo que facilita su implementación con MySQL en distintos entornos.

Esta integración es ideal para empresas y emprendedores que buscan desarrollar aplicaciones web accesibles, seguras y con una sólida infraestructura de datos, optimizando costos y tiempos de desarrollo.

### 6.6.3. Node.js

Node.js no es en sí un lenguaje de programación, sino un entorno de ejecución que incluye todo lo necesario para ejecutar un programa escrito en JavaScript fuera del navegador. Es de código abierto y multiplataforma.

**Instalación.** En Ubuntu se puede instalar Node.js mediante comandos de consola como **sudo apt install nodejs** ya que Node.js está disponible en los repositorios predeterminados de la mayoría de las distribuciones de Linux. El conector de Node.js para MySQL soportado y mantenido por Oracle es *Connector/Node.js* (**mysql**). Para su instalación es suficiente con la ejecución del comando **npm install mysql**, en línea de comandos de terminal. Tras instalar el conector, podemos hacer pequeñas comprobaciones como, por ejemplo, **nodejs -v** , **npm -v** y ver las versiones de Node.js y del conector.

**Comprobación del conector.** A partir de este punto, estamos en disposición de editar el *script* para comprobar la conectividad con el gestor de DB MySQL. Utilizamos el ejemplo *cone1.js* cuyo contenido se encuentra en el Código 6.17 y que se ejecuta mediante el comando **node cone1.js** que no ayuda en esta comprobación y que devuelve el mensaje *'Conectado al Servidor de MySQL'*.

```
let mysql = require('mysql');
let connection = mysql.createConnection({
    host: 'localhost',
    user: 'amaho',
    password: 'xxxxxxxx',
    database: 'classicmodels'
});
connection.connect(function(err) {
  if (err) {
    return console.error('error: ' + err.message);
  }
  console.log('Conectado al Servidor de MySQL.');
});
```

**Código 6.17** Código para comprobación de la conectividad con el servidor de DB.

```
let mysql = require('mysql');

let connection = mysql.createConnection({
    host: 'localhost',
    user: 'amaho',
    password: 'xxxxxxxx',
    database: 'classicmodels'
});
let sql = 'SELECT * FROM employees limit 5';
connection.query(sql, (error, results, fields) => {
  if (error) {
    return console.error(error.message);
  }
  console.log(results);
});
connection.end();
```

**Código 6.18** Código JavaScript para consultar tabla *Employees* de la DB
***Classicmodels.***

```
amaho@amaho-VirtualBox:~/node_MY$ node consul.js
[ RowDataPacket {
    employeeNumber: 1002,
    lastName: 'Murphy',
    firstName: 'Diane',
    extension: 'x5800',
    email: 'dmurphy@classicmodelcars.com',
    officeCode: '1',
    reportsTo: null,
    jobTitle: 'President' },
  RowDataPacket {
    employeeNumber: 1056,
    lastName: 'Patterson',
    firstName: 'Mary',
    extension: 'x4611',
    email: 'mpatterso@classicmodelcars.com',
    officeCode: '1',
    reportsTo: 1002,
    jobTitle: 'VP Sales' },
amaho@amaho-VirtualBox:~/node_MY$
```

**Código 6.19** Resultado de la consulta de la tabla *Employees* de la DB
***Classicmodels.***

**Consulta de base de datos desde cliente Node.js**. Para probar la consulta a la base de datos desde un cliente Node.js construimos un *script* de extensión *.js* con el contenido del Código 6.18 llamado *consul.js*. Tras la edición del *script*, es el momento de probarlo. Para ello, ejecutamos el siguiente comando sobre la línea de comandos de terminal **node consul.js** donde en el Código 6.19 se presenta el resultado obtenido.

Por tanto, la conexión entre Node.js y MySQL es una estrategia clave para desarrollar aplicaciones web modernas, eficientes y escalables. Node.js, un entorno de ejecución basado en JavaScript, permite manejar solicitudes de manera rápida y optimizada, mientras que MySQL, una de las bases de datos relacionales más utilizadas en el mundo, garantiza el almacenamiento estructurado y seguro de la información.

Esta integración facilita la creación de aplicaciones interactivas que requieren acceso dinámico a datos, como plataformas de comercio electrónico, sistemas de gestión empresarial y aplicaciones en la nube. La conexión entre ambas tecnologías permite:

- Eficiencia y rendimiento: Node.js maneja múltiples solicitudes simultáneamente sin bloquear procesos, lo que optimiza el acceso y manipulación de datos en MySQL.

- Escalabilidad: permite manejar grandes volúmenes de datos y transacciones sin afectar el rendimiento.

- Flexibilidad: soporta diversas arquitecturas, desde aplicaciones monolíticas hasta soluciones basadas en microservicios.

- Seguridad y confiabilidad: MySQL ofrece robustez en la gestión de datos, con opciones avanzadas de seguridad y respaldo.

Esta sinergia es clave para empresas que buscan innovación, optimización de costos y una infraestructura tecnológica moderna que impulse el crecimiento de los negocios.

## 6.7. Resumen

Una vez estudiado este capítulo, el lector posee los siguientes conocimientos sobre la integración del SQL en otros lenguajes de programación:

- Interaccionar con bases de datos usando MySQL o MariaDB o incluso otros RDBMS mediante cuatro posibilidades: conexión mediante consola, scripts SQL, clientes de interfaz gráfica y clientes basados en programas con SQL incrustado.

- Acceder por consola y por ficheros ejecutables de SQL(*scripts* SQL).

- Acceder a las aplicaciones software cliente de SQL como DBeaver, MySQL Workbench o phpMyAdmin con interfaz gráfica.

- Identificar el SQL integrado como parte del código fuente de un programa escrito en cualquier lenguaje de programación que disponga de los drivers o conectores que lo permitan utilizando MySQL o MariaDB.

- Aplicar métodos para incrustar SQL en programas codificados en Python, PHP, Node.js, Java y C++.

La bibliografía consultada para elaborar este capítulo ha sido la siguiente:

- *Advanced MySQL 8: Discover the full potential of MySQL and ensure high performance of your database* [45].

- *VirtualBox.org* [34].

- *Ubuntu Desktop* [27].

- *Programming Php* [26].

- *Python 3 object-oriented programming* [36].

- *Web Database Applications with PHP and MySQL: Building Effective Database-Driven Web Sites* [48].

- *PHP and MySQL Web development* [47].

## 6.8. Problemas resueltos

**Problema 6.1: MySQL Workbench. Copias de seguridad (/textitbackup) de DB**

◦ **Enunciado:** describa los pasos para realizar un *backup* de una base de datos utilizando MySQL Workbench.

◦ **Solución:** abra una conexión MySQL y seleccione la opción *Server* en el menú de navegación principal como el que se muestra en la Fig. 6.9 y elija la opción *Data Export* para abrir el asistente de exportación de datos. Como alternativa, elija *Data Export* en el panel de administración izquierdo para la conexión de MySQL deseada.

Aquí puede elegir qué bases de datos exportar, si desea incluir o no los datos, volcar a un solo archivo o varios archivos (uno por tabla) y más. Para obtener más información, consulte la Sección 6.5 (Section 6.5, "Data Export and Import") del manual de usuarios de MySQL Workbench disponible en:

https://dev.mysql.com/doc/workbench/en/wb-admin-export-imp
ort.html

## Problema 6.2: DBeaver. Copias de seguridad(/textitbackup) de DB

∘ **Enunciado:** realice el ejercicio anterior aplicado a DBeaver.

∘ **Solución:** este ejercicio se puede realizar de forma sencilla siguiendo los pasos del manual de referencia para el uso de DBeaver: `https://db eaver.com/docs/wiki/Backup-Restore/`

De forma resumida los pasos serían:

- En el panel izquierdo de la ventana principal de DBeaver (Fig. 6.20) explorar la conexión donde sabemos que se localiza la base de datos objetivo de la copia de seguridad que queremos hacer.

- Una vez se ha localizado, seleccionarla y pulsando el botón derecho del ratón, seleccionar la opción del menú contextual *"Herramientas"/"Dump database"* como se muestra en la Fig. 6.20.

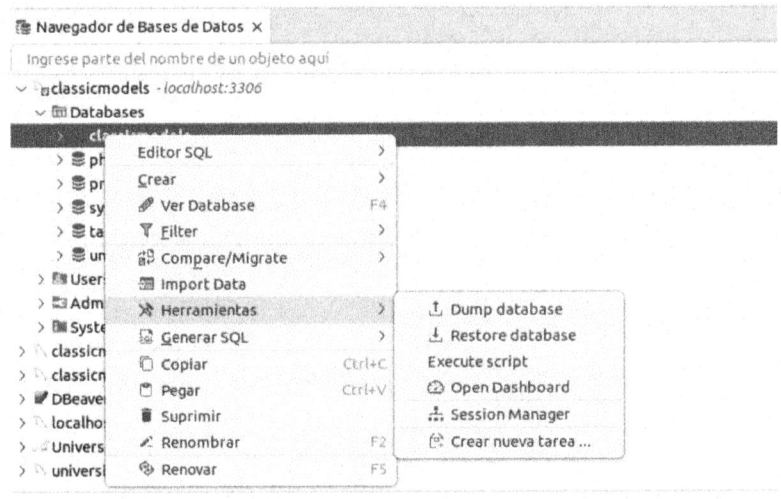

**Figura 6.20** Ventana principal de DBeaver.

A partir de este punto, siguiendo las distintas opciones de menú del asistente que se abre como se ve en la Fig. 6.21:

- Seleccionar los objetos a exportar ("*Choose objects to export*"). Normalmente por defecto viene seleccionada la base de datos y todas sus tablas. Debemos adaptar nuestras selecciones a nuestras necesidades ajustando los campos de este menú.


- Indicar y seleccionar las opciones de exportación (*'Export configuration'*). Supone entre otras cosas, seleccionar la ubicación deseada para el fichero de salida


- Iniciar el proceso de exportación pulsando en la opción *Start* del menú.

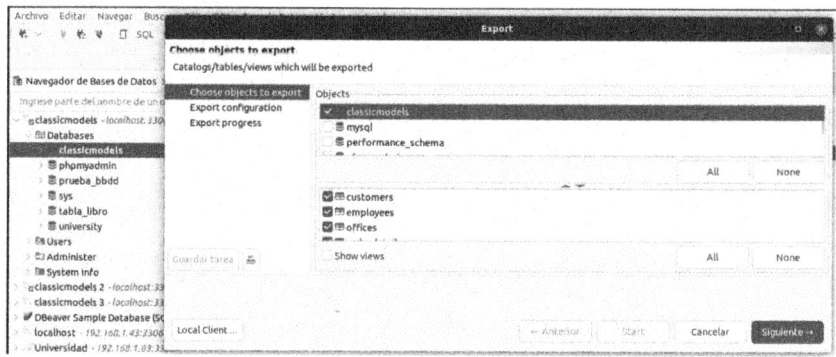

**Figura 6.21**   Opciones de exportación para copias de seguridad en DBeaver.

Para realizar esta tarea es necesario tener hecha previamente la configuración del *cliente nativo de la base de datos*. El cliente nativo es un conjunto de archivos binarios (diferentes para diferentes sistemas operativos) que DBeaver ejecutará para procesar una copia de seguridad y/o restauración real. La configuración del cliente nativo se puede realizar en el cuadro de diálogo del editor de controladores o directamente desde el asistente para copia de seguridad, según se muestra en la captura de la Fig. 6.22.

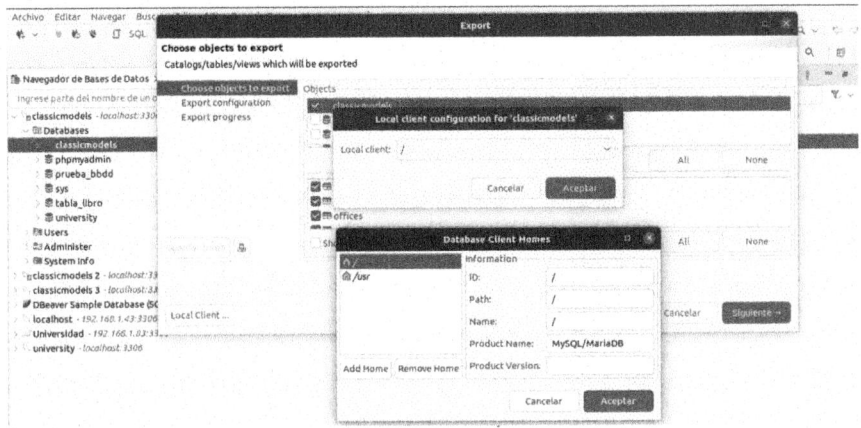

**Figura 6.22** Configuración del cliente nativo de la base de datos.

## Problema 6.3: MySQL Workbench. Herramientas de diseño

o **Enunciado:** una de las funciones importantes del módulo para modelado de bases de datos que ofrece MySQL Workbench es el *Reverse Engeneering Database*, que se utiliza para diseñar bases de datos y crear diagramas del modelo E-R de las bases de datos existentes entre otras cosas. Utilizando la ayuda del siguiente tutorial del sitio oficial de MySQL Workbench, obtenga el diagrama E-R de una base de datos de su DBMS MySQL de su ordenador.
https://dev.mysql.com/doc/workbench/en/wb-reverse-enginee r-live.html

o **Solución:** para obtener el diagrama E-R de una base de datos determinada y que ya existe en el servidor, en el menú principal de MySQL Workbench se selecciona *Database* y luego *Reverse Engineer* para abrir el asistente *Reverse Engeenier Database*. Siguiendo los pasos de dicho asistente (Fig. 6.23) es fácil llegar al diagrama E-R de la base de datos que se haya elegido. Esto supone: (1). Revisar las configuraciones de la conexión a la base de datos y conectar a la misma (*Connection Options, Connect to DBMS*;(2) seleccionar la base de datos(*Select Schemas*); (3) seguir(*Retrieve Objects*); (4) seleccionar los objetos, tablas o vistas que se van a importar para crear el diagrama (*Select Objects*); (5) seguir(*Reverse Engineer*); (6) seguir(*Results*); (7) seguir('*Finish*').

Para el ejercicio, la base de datos elegida ha sido ***Classicmodels***, cuyo diagrama E-R se presenta en la Fig. 6.24.

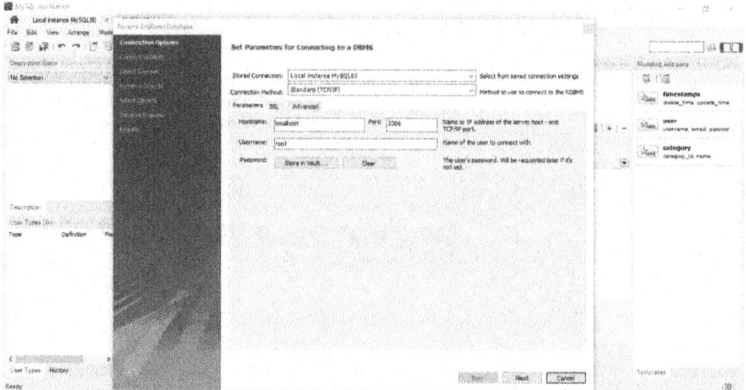

**Figura 6.23**   Asistente Reverse Engineering MySQL Work Bench.

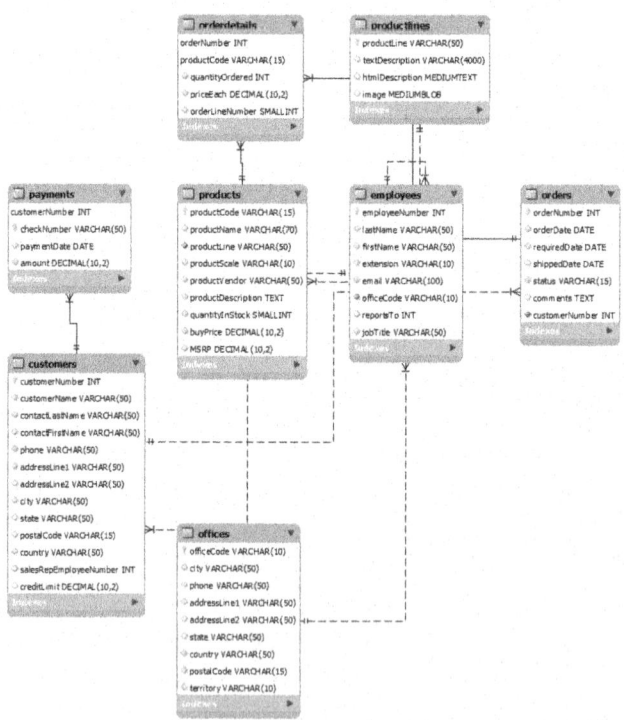

**Figura 6.24**   Diagrama E-R de *Classicmodels* obtenido por Reverse Engineer-MySQL Work Bench.

## Problema 6.4: consulta a una base de datos MySQL mediante Python

o **Enunciado:** utilizando el conector *mysql-connector-python* cuyas referencias se describen en el sitio web de MySQL (`https://dev.mysql.com/doc/connector-python/en/`) construya un código en Python que permita presentar el resultado de la consulta de los nombres y apellidos junto con la identificación de los miembros de la tabla *Employees* de la base de datos ***Classicmodels***: *lastName*, *firstName* y *employeeNumber*
Nota: Puede usar como ayuda el código Python propuesto en el sitio web de MySQL.

`https://dev.mysql.com/doc/connector-python/en/connector-pyt hon-example-cursor-select.html`

o **Solución:** en primer lugar vemos que se trata de un conector que no tenemos instalado, así que el primer paso para poder utilizarlo consiste en cargarlo en el sistema. Utilizamos la captura de Código 6.20, como ejemplo para ilustrar esta fase, donde se instala el conector indicado a través de la ejecución de comando *pip install mysql-connector-python*.

```
amaho@amaho−VirtualBox:~/Documentos$ pip install mysql−connector−
    python
Collecting mysql−connector−python
  Downloading mysql_connector_python−8.0.32−cp38−cp38−
      manylinux1_x86_64.whl (23.5 MB)
 23.5 MB 38 kB/s
Collecting protobuf<=3.20.3,>=3.11.0
  Downloading protobuf−3.20.3−cp38−cp38−manylinux_2_5_x86_64.
      manylinux1_x86_64.whl (1.0 MB)
   1.0 MB 1.8 MB/s
Installing collected packages: protobuf, mysql−connector−python
Successfully installed mysql−connector−python−8.0.32 protobuf
    −3.20.3
```

**Código 6.20** Instalación del conector mysql-connector-python.

Ahora editamos un *script* que llamamos *conn1.py* para probar la conectividad con MySQL, como se muestra en el Código 6.21.

```
import mysql.connector
cnx=mysql.connector.connect(user='amaho', password='xxxxxxxx',
    host='localhost', database='classicmodels')
cnx.close()
```

**Código 6.21** *Script* conn1.py para probar el conector mysql-connector-python.

La ejecución de *script* de prueba de la conexión de Python con MySQL a través de este conector se puede realizar con el Código 6.22.

```
amaho@amaho-VirtualBox:~/Documentos$ python3 conn1.py
amaho@amaho-VirtualBox:~/Documentos$
```

**Código 6.22**  Prueba de conectividad de mysql-connector-python.

Como la ejecución del *script conn1.py* no muestra ningún resultado por pantalla, se asume que la conexión sea ha establecido correctamente, ya que el código de este fichero ejecutable de Python se limita establecer y cerrar una conexión a la base de dato especificada.

Podemos verificar esta prueba indicando en el *script conn1.py* un nombre de base de datos que no existe para ver qué resultado obtenemos. Se deja este ejercicio para el lector.

Una vez hecha esta comprobación, es momento de proceder a la edición del código para consultar la tabla *employees* de la base de datos ***Classicmodels***, en un *script* que llamamos *conn2.py* cuyo contenido se muestra en el Código 6.23.

```
import datetime
import mysql.connector

cnx = mysql.connector.connect(host='localhost', user='amaho',
    password='xxxxxxx', database='classicmodels')
cursor = cnx.cursor()

query = ("SELECT firstName, lastName, employeeNumber FROM
    employees "
        "WHERE employeeNumber > 1100")

cursor.execute(query)

for (firstName, lastName, employeeNumber) in cursor:
  print("{}, {} , {}".format(
    lastName, firstName, employeeNumber))

cursor.close()
cnx.close()
```

**Código 6.23**  Código Python para consulta de tabla *Employees* de ***Classicmodels***.

Tras su edición, procedemos a probarlo, obteniendo el resultado de la captura de pantalla con Código 6.24.

```
amaho@amaho—VirtualBox:~/Documentos$ python3 conn2.py
Bondur, Gerard , 1102
Bow, Anthony , 1143
Jennings, Leslie , 1165
Thompson, Leslie , 1166
Firrelli , Julie , 1188
Patterson , Steve , 1216
Tseng, Foon Yue , 1286
Vanauf, George , 1323
Bondur, Loui , 1337
Hernandez, Gerard , 1370
Castillo , Pamela , 1401
Bott, Larry , 1501
Jones , Barry , 1504
Fixter , Andy , 1611
Marsh, Peter , 1612
King, Tom , 1619
Nishi , Mami , 1621
Kato, Yoshimi , 1625
Gerard , Martin , 1702
amaho@amaho—VirtualBox:~/Documentos$
```

**Código 6.24** Resultado de la ejecución del código Python para la consulta de la tabla *Employees* de **Classicmodels**.

## Problema 6.5: consulta a una base de datos MySQL mediante PHP

o **Enunciado:** apoyándose en la documentación de PHP para conexiones con MySQL de las páginas web https://www.php.net/manual/es/my sqlinfo.concepts.buffering.php y https://www.php.net/manu al/es/mysqlinfo.api.choosing.php, construya un *script* PHP que realice una consulta que permita obtener el código de identificación de los miembros (empleados) de la tabla *Employees* de la base de datos **Classicmodels**, utilizando el conector *pdo_mysql*.

o **Solución:** en Ubuntu el paquete *libapache2-mod-php php-mysql* instala las extensiones para los conectores *mysqli* y *pdo_mysql*, de modo que, para resolver el ejercicio, podemos trabajar directamente sin necesidad de realizar más configuraciones. Esto se puede comprobar consultando el fichero *phpinfo()* en el *host* del servidor PHP. Lo hacemos escribiendo en un navegador web la entrada https://localhost/info.php como se refiere en la Fig. 6.19. Basándose en el código de referencia de la página web recomendada, se construye el *script* llamado *cone-pdo.php* cuyo contenido se observa en la captura de Código 6.25.

```php
<?php
$pdo = new PDO("mysql:host=localhost;dbname=classicmodels", '
    amaho', 'xxxxxxxx');
$pdo->setAttribute(PDO::MYSQL_ATTR_USE_BUFFERED_QUERY, false);

$res_sin_buffer = $pdo->query("SELECT employeeNumber FROM
    employees");
if ($res_sin_buffer) {
    while ($fila = $res_sin_buffer->fetch(PDO::FETCH_ASSOC)) {
        echo $fila['firstName'] . PHP_EOL;
    }
}
?>
```

**Código 6.25** *Script* PHP para consulta de tabla *Employees* de *Classicmodels*.

Invocando este *script* en la línea de direcciones del navegador y escribiendo `https://localhost/cone_pdo.php` en el navegador, se obtiene un resultado como el reflejado en la captura de la Fig. 6.25.

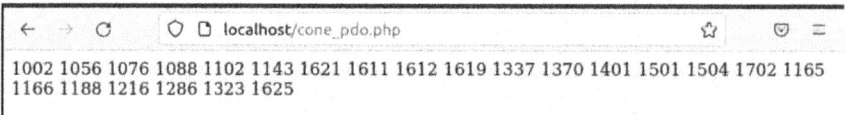

**Figura 6.25** Consulta de la tabla *Employees* mediante el uso de conector PHP *pdo-mysql*.

## Problema 6.6: ventajas del uso de herramientas de interfaz gráfico para acceso a DB

○ **Enunciado:** argumente sobre los beneficios de utilizar herramientas con interfaz gráfico de usuario como MySQL o DBeaver frente al trabajo por línea de comandos de consola.

○ **Solución:** algunos de los argumentos pueden extraerse de las propias características o especificaciones de dichas herramientas. De forma general se puede decir que permiten aunar funciones de diseño, administración de bases de datos y mantenimiento del sistema gestor de una forma fácil, visual, sin necesidad de conocer comandos que serían necesarios para realizar estas tareas, incluyendo además una interfaz de consola para poder trabajar también con sentencias SQL para la gestión de bases de datos. Se pueden resumir algunas de estas funciones en:

- Permite desarrollar E-R.

- Permite crear *script* SQL a partir de un modelo creado y viceversa.

- Edición y navegación por tablas de forma visual.

- Posibilidad de convertir de forma rápida DB desarrolladas con otros sistemas gestores en DB compatibles para trabajar con MySQL.

## Problema 6.7: consulta a una base de datos MySQL mediante Node.js

○ **Enunciado:** se pretende utilizar el *script* de JavaScript del Código 6.26 para consultar la base de datos ***Classicmodels*** en un servidor con MariaDB. Justifique la viabilidad de esta operación teniendo en cuenta el conector que se ha utilizado.

```
let mysql = require('mysql');

let connection = mysql.createConnection({
    host: 'localhost',
    user: 'gloriamaho',
    password: 'xxxxxxxx',
    database: 'classicmodels'
});

let sql = 'SELECT * FROM employees limit 5';
connection.query(sql, (error, results, fields) => {
  if (error) {
      return console.error(error.message);
  }
  console.log(results);
});

connection.end();
```

**Código 6.26**  Código JavaScript para consultar tabla *Employees* de la DB ***Classicmodels***.

○ **Solución:** según la documentación de referencia de MariaDB que se encuentra en: `https://mariadb.com/kb/es/mariadb-vs-mysql-compatibility/`.

"Para todos los propósitos prácticos, MariaDB es un descendiente binario en reemplazo de la misma versión de MySQL...", por lo tanto, todos los conectores MySQL (conectores como los de PHP, Perl, Python, Java, .NET, MyODBC, Ruby, MySQL, C, etc.) trabajan sin cambios con MariaDB.

## Problema 6.8: consulta a una base de datos MySQL mediante Perl

o **Enunciado:** el *script* del Código 6.28 es un ejemplo de código Perl para consultar una tabla (*Employees*) de una base de datos de MySQL. Según el contenido del mismo código, indique el nombre de la base de datos y el conector de Perl.

```
$ vi prueba-perl.pl
```

**Código 6.27** Resultado Python para consulta de tabla *Employees* de *Classicmodels*.

```perl
use DBI;

$source = "DBI:mysql:mycompany:localhost";
$username = "gloriamaho";
$password = "xxxxxxxxxxxx";

$dbc = DBI->connect($source, $username, $password)
or die "Unable to connect to mysql: $DBI::errstr\n";

$sql = $dbc->prepare("select employeeNumber, lastName from
    employees");

$out = $sql->execute()
or die "Unable to execute sql: $sql->errstr";

while (($employeeNumber, $lastName) = $sql->fetchrow_array())
{
  print "Id: $employeeNumber Name: $lastName\n";
}
```

**Código 6.28** Código Perl para consultar la tabla *Employees* de la DB *Classicmodels*.

o **Solución:** para resolver el ejercicio podemos apoyarnos en el tutorial de MySQL: https://www.mysqltutorial.org/perl-mysql/perl-mysql-connect/.

Según esta documentación, cuando queremos conectar Perl con una base de datos MySQL primero tenemos que indicar al interfaz de base de datos (*DBI*) el *DSN(Data Source Name)*. Este *DSN* es el nombre del origen de los datos y especifica el driver o conector y la base de datos que se va a utilizar. Perl requiere que el nombre del origen de datos comience con *dbi:* y el nombre del controlador. Para MySQL, el nombre del controlador es *mysql* seguido de dos puntos ":", por ejemplo, *dbi:mysql:* , y luego el nombre de la base de datos, por ejemplo, *dbi:mysql:perlmysqldb*.

De modo que ahora podemos identificar el *DSN* en nuestro código como: *DBI:mysql:mycompany:localhost* donde:

- *mysql* es el conector.

- *mycompany* es la base de datos.

- *localhost* el *host* donde se aloja la base de datos.

Para saber más sobre Perl puede visitar `https://www.thegeekstuff.c` `om/2013/11/mysql-connect-perl/` o `https://dev.mysql.com/doc/` `refman/8.0/en/apis-perl.html`.

**Problema 6.9: conexión a una base de datos MySQL mediante el objeto JDBC connection**

o **Enunciado:** el Código 6.29 es un ejemplo código útil para conectar Java con una base de datos MySQL. Para realizar una conexión a MySQL desde un cliente Java en primer lugar es necesario importar tres clases: *SQLException*, *DriverManager* y *Connection* desde el paquete *java.sql.\**. Y luego hay que llamar al método *getConnection()* de la clase *DriverManager* para obtener el objeto *Connection*. Hay tres parámetros que debe pasar al método *getConnection()*:

- **url:** la dirección URL de la base de datos con el formato *jdbc:subprotocol:subname*.

  Para MySQL, utiliza *jdbc:mysql://localhost:3306/mysqljdbc*, es decir, se está conectando a MySQL con el **nombre de servidor** *localhost*, el **puerto** *3006* y la **base de datos** *mysqljdbc*.

- **Usuario:** el usuario de la base de datos que se utilizará para conectarse a MySQL.

- **Contraseña:** la contraseña del usuario de la base de datos.

```
import java.sql.Connection;
import java.sql.DriverManager;
import java.sql.SQLException;
Connection conn = null;
...
try {
    conn =
        DriverManager.getConnection(String url, String user,
            String password);


    ...
} catch (SQLException ex) {

    System.out.println("SQLException: " + ex.getMessage());
    System.out.println("SQLState: " + ex.getSQLState());
    System.out.println("VendorError: " + ex.getErrorCode());
}
```

**Código 6.29**   Código Java para conectar con una DB MySQL.

Modifique los argumentos del método *getConnection()* del Código 6.29
para poder acceder a la base de datos ***Classicmodels*** en el host 192.168.1.85,
con usuario *myjava* y clave *myjava1234*.

∘ **Solución:** simplemente modificamos los valores de los string en la línea
de *getConnection()* en el Código 6.29 utilizado de referencia a lo indicado
siguiendo el formato especificado. El resultado de la modificación se puede
observa en la captura de Código 6.30.

```
import java.sql.Connection;
import java.sql.DriverManager;
import java.sql.SQLException;

Connection conn = null;
...

try {
    conn =
        DriverManager.getConnection("jdbc:mysql
            ://192.168.1.85:3306/classicmodels", "myjava","
            myjava1234");


    ...
} catch (SQLException ex) {

    System.out.println("SQLException: " + ex.getMessage());
    System.out.println("SQLState: " + ex.getSQLState());
    System.out.println("VendorError: " + ex.getErrorCode());
}
```

**Código 6.30** Código Java para conectar con la DB *Classicmodels*.

Para pasar a la práctica este ejercicio, se asume que el lector posee conocimientos de programación en Java y en el uso de sus bibliotecas y puede utilizar un entorno de desarrollo existente.

Para saber más sobre Java-MySQL: `https://www.mysqltutorial.or g/connecting-to-mysql-using-jdbc-driver/` y `https://dev.mysq l.com/doc/connector-j/8.0/en/connector-j-usagenotes-connect -drivermanager.html#connector-j-examples-connection-driverm anager`.

**Problema 6.10: conectar y consultar una base de datos de MySQL mediante desde cliente C++**

o **Enunciado:** el Código 6.31 es un ejemplo de código en C++ que se puede utilizar para conectarse y leer datos en una base de datos MySQL mediante la sentencia SQL SELECT. Reemplace los parámetros de *host*, DBName, usuario y contraseña en las líneas correspondientes de dicho código para que la consulta se realice sobre la tabla *Employees* de la base de datos *Classicmodels* almacenda en el host 192.168.1.85, accediendo con usuario *mycpp* y clave *mycpp1234*.

```cpp
#include <stdlib.h>
#include <iostream>
#include "stdafx.h"
#include "mysql_connection.h"
#include <cppconn/driver.h>
#include <cppconn/exception.h>
#include <cppconn/resultset.h>
#include <cppconn/prepared_statement.h>
    using namespace std;

const string server = "tcp://yourservername.mysql.database.com
    :3306";
const string username = "username@servername";
    const string password = "yourpassword";

int main()
{
        sql::Driver *driver;
        sql::Connection *con;
        sql::PreparedStatement *pstmt;
        sql::ResultSet *result;
        try
        {
                driver = get_driver_instance();
                con = driver->connect(server, username, password)
                    ;
        }
        catch (sql::SQLException e)
        {
                cout << "Could not connect to server. Error
                    message: " << e.what() << endl;
                system("pause");
                exit(1);
        }

        con->setSchema("quickstartdb");

        pstmt = con->prepareStatement("SELECT * FROM inventory;")
            ;
        result = pstmt->executeQuery();
        while (result->next())
                printf("Reading from table=(%d, %s, %d)\n",
                    result->getInt(1), result->getString(2).c_str
                    (), result->getInt(3));
        delete result;
        delete pstmt;
        delete con;
        system("pause");
        return 0;
}
```

**Código 6.31**  Programa en C++ para conectar con la DB *Classicmodels*.

∘ **Solución:** lo que se nos pide es localizar los argumentos principales de una conexión a MySQL en el código indicado. Una rápida inspección del mismo nos permite ver que los datos que hay que modificar se sitúan en las líneas 13, 14, 15, 38 y 41 del código. Cada dato se modifica con el valor correspondiente según requisitos del problema:

- (13) *const string server =* **"tcp://192.168.1.85:3306"**;
- (14) *const string username =* **"mycpp"**;
- (15) *const string password =* **"mycpp1234"**;
- (38) *con->setSchema(*"**classicmodels**"*)*;
- (41) *pstmt = con->prepareStatement ("SELECT \* FROM* **employees;"***)*;

**Para saber más sobre C++ y MySQL:** `https://learn.microsof t.com/es-es/azure/mysql/single-server/connect-cpp` y `https://dev.mysql.com/doc/connector-cpp/1.1/en/connector-cpp-exa mples-complete-example-1.html`.

## 6.9. Actividades recomendadas

### Actividad 6.1

Analice las herramientas DBeaver y MySQL Workbench y enumere los siguientes aspectos:

- Características generales
- Capacidad de integración de RDBMS
- Pros o principales ventajas
- Diferencias entre ambos

### Actividad 6.2

Indique la lista de parámetros básicos que es necesario configurar para contectar a una base de datos de MariaDB desde DBeaver.

### Actividad 6.3

En un sistema con tres máquinas A, B y C, indique los parámetros básicos necesarios que hay que considerar para consultar una base de datos de MariaDB llamada *mi_base* que está instalada en A desde la máquina B. ¿Qué característica concreta necesitamos conocer de la máquina A para poder alojar el DBMS y recibir las conexiones? Ponga un ejemplo especificando para esos parámetros unos valores concretos que considere para conectar con DBeaver desde B. Escriba el comando a utilizar en línea de comandos de consola para entrar desde C a dicha base de datos.

### Actividad 6.4

En relación a MySQL Workbench, ¿qué es una conexión MySQL y por qué podría necesitar crear más de una?

### Actividad 6.5

Considerando la documentación del manual de uso de phpMyAdmin `ht tps://docs.phpmyadmin.net/en/latest/`, explique el proceso de realización de *backup* de una base de datos o de una tabla.

### Actividad 6.6

Considere el Código 6.18 como patrón para crear consultas programadas en Node.js sobre una base de datos. Modifique el *script* para obtener de la base de datos **Classicmodels**, el nombre, el identificador de empleado y la ciudad (*firtsName, employeeNumber, city*) de los empleados que trabajan en oficinas con sede en USA.

### Actividad 6.7

Pedro es un experto manejador de bases de datos de MySQL, referente en su organización. Su empresa se ha hecho con un nuevo proyecto en el que se trabaja con bases de datos SQLite y Pedro no tiene tiempo para aprender SQLite. ¿Qué herramienta de interfaz gráfica y qué funcionalidad le recomendarías a Pedro para poder ponerse rápidamente a trabajar con esas bases de datos sin necesidad de aprender SQLite?

### Actividad 6.8

El Código 6.32 representa un pequeño ejemplo de código JavaScript que sirve para insertar una fila en la tabla *Payments* de base de datos **Classicmodels**.

```
let config = {
  host     : 'localhost',
  user     : 'anberupe',
  password : 'xxxxxx',
  database : 'Classicmodels'
};

module.exports = config;


let mysql  = require('mysql');
let config = require('./config.js');
let connection = mysql.createConnection(config);


let sql = 'INSERT INTO payments (customerNumber, checkNumber,
    paymentDate, amount)
          VALUES('103','HQ33633x6','2022-10-19','16066.78' ) ';


connection.query(sql);

connection.end();
```

**Código 6.32** Código JavaScript para insertar una fila en la tabla *Employees* de la DB ***Classicmodels***.

Usando este código como referencia, escriba, modificando las secciones del mismo que considere oportunas, un programa para consultar todos los datos de una tabla *Students* de una base de datos llamada ***University***. Nota: puede utilizar como ayuda el material de referencia del tutorial de MySQL (https://www.mysqltutorial.org/mysql-nodejs/).

## Actividad 6.9

Argumente sobre los beneficios de utilizar SQL integrado en programas cliente construidos con lenguajes como PHP, Python o Node.js frente al trabajo con bases de datos mediante scripts SQL ejecutados en línea de comandos de consola.

## Actividad 6.10

Si se nos presenta un extracto de código como parte de un *script* de un programa cliente de MariaDB como el de la captura de Código 6.33, ¿qué nos están diciendo? Explique el significado de cada parámetro que aparece en el extracto de código. ¿Cuál es el conector? Diga a qué lenguaje de programación pertenece si se puede instalar por línea de comando con *pip install*.

```
conn = oursql.connect(host='127.0.0.1', user='habnabit', passwd='
    foobar', db='example', port=3307)

conn = oursql.connect(db='example', charset=None)
....
....
```

**Código 6.33**  Extracto de código de cliente de MySQL.

# Capítulo 7

# Gestión del almacenamiento e indexado

*"Controlar la complejidad es la esencia de la programación".*

**Brian Kernigan**

Este capítulo comienza describiendo los dispositivos de almacenamiento y los principales parámetros que los describen. Se enumeran las jerarquías de almacenamiento y se presentan sus principales características. Se hace un análisis, con cierto detalle, del almacenamiento en los discos magnéticos (HDD) y los discos estado sólido (SSD), ya que son los medios más ampliamente usados en los sistemas de DB.

Se continúa describiendo el almacenamiento redundantes RAID para posteriormente estudiar los sistemas de almacenamiento DAS, NAS y SAN. Este capítulo concluye con el análisis del concepto de índice en una base de datos y se describen los procedimientos para crearlos y borrarlos a la vez que se analiza con ejemplos prácticos cómo mejoran las consultas en DB mediante su uso.

## 7.1.  Objetivos

Los objetivos de este capítulo son:

- Analizar los diferentes dispositivos de almacenamiento.

- Entender los principales parámetros que miden la volatilidad y el *performance* de los sistemas de almacenamiento.

- Describir las diferentes jerarquías de almacenamiento y sus características.

- Estudiar el almacenamiento RAID y los sistemas de almacenamiento DAS, NAS y SAN.

- Entender y aplicar el concepto de indexado en las bases de datos.

## 7.2. Almacenamiento

El almacenamiento es la capacidad que tienen los sistemas electrónicos para guardar información. Para los sistemas de bases de datos (DBMS) es un elemento clave para que puedan realizar sus funciones. Los tipos de almacenamiento pueden clasificarse según su persistencia o el *performance* que ofrecen.

Desde el punto de vista de la persistencia se puede diferenciar en:

- **Almacenamiento volátil:** se pierde contenido cuando falta la alimentación, normalmente el suministro eléctrico.

- **Almacenamiento no volátil:** el contenido persiste incluso cuando se apaga el sistema. También se incluye aquí el almacenamiento secundario y terciario, así como los sistemas cuya memoria principal está respaldada por baterías.

Por otro lado, desde el punto de vista del *performance*, los parámetros más relevantes que los definen son:

- **Velocidad de acceso:** cuánto tiempo tarda el sistema en leer o escribir la información. Se suele medir en MB/s (megabytes por segundo).

- **Coste de almacenamiento:** es el coste de almacenar la información, normalmente se expresa en €/GB (euros por gigabyte).

- **Fiabilidad:** la fiabilidad se mide mediante el (MTBF) *Mean Time Between Failures* o tiempo medio entre fallos, que normalmente se mide en millones de horas.

## 7.3. Dispositivos y jerarquía de almacenamiento

Los dispositivos de almacenamiento más habituales en los sistemas de bases de datos son:

- **Cache:** es la forma de almacenamiento más rápida, pero también la más cara. Normalmente tiene poco espacio de almacenamiento y la gestiona el sistema operativo y no el DBMS. Se trata de una memoria volátil.

- **Memoria principal:** es la memoria que utiliza el sistema para todas sus operaciones. Es mayor que la cache, pero no lo suficiente como para contener toda la DB, o si la usáramos para esto, sería demasiada cara. Es también volátil y los datos se pierden en caso de falta de energía.

- **Memoria flash:** se trata de una memoria no volátil y con tiempos de lecturas similares a la memoria principal. La principal desventaja respecto a la memoria principal es que los tiempos de escritura son muchos más largos. Hoy en día tienen capacidades suficiente como para almacenar toda la DB en ella.

- **Discos magnéticos:** ha sido por muchos años el medio de almacenamiento por excelencia para las DB. Es una memoria no volátil y dispone de espacio suficiente para albergar toda la información. Es relativamente barata, pero tiene una velocidad de acceso inferior a las anteriores. Téngase en cuenta que, para actuar sobre los datos hay que llevarlos a memoria, hacer las operaciones necesarias y volverlos a guardar en el disco nuevamente. Esta operación se realiza con los otros sistemas de almacenamiento en memoria también, pero en este caso la latencia es muy superior.

- **Discos ópticos:** tienen mucha más capacidad que los discos magnéticos pero, por contra, ofrece peores prestaciones de lectura/escritura. Hay muchas tipos, desde los que permiten una sola escritura (ROM Read Only Memory), hasta los que permiten varias de ellas (RW Read and Write). Como no podría ser de otra forma, son sistemas más económicos que todos los anteriores.

- **Cintas magnéticas:** su principal uso es realizar copias de seguridad, es mucho más barata que los discos, pero el acceso es más lento, ya que hay que acceder de forma secuencial (desde comienzo) y no de forma directa como se hace con los discos.

Por otro lado, estos dispositivos de almacenamiento los podemos agrupar según la siguiente jerarquía:

- **Almacenamiento primario:** es el medio más rápido, pero es volátil. En este grupo estaría la memoria cache y la memoria principal.

- **Almacenamiento secundario:** también se denomina almacenamiento online, es una almacenamiento no volátil y con tiempo de acceso moderado. En esta categoría están la memoria flash y los discos magnéticos.

- **Almacenamiento terciario:** es también un almacenamiento no volátil, pero de baja velocidad de acceso. Se denomina también almacenamiento offline y se usa normalmente para guardar copias de seguridad.

Todos estos conceptos y clasificaciones de los dispositivos de almacenamiento se sintetizan en la Fig. 7.1.

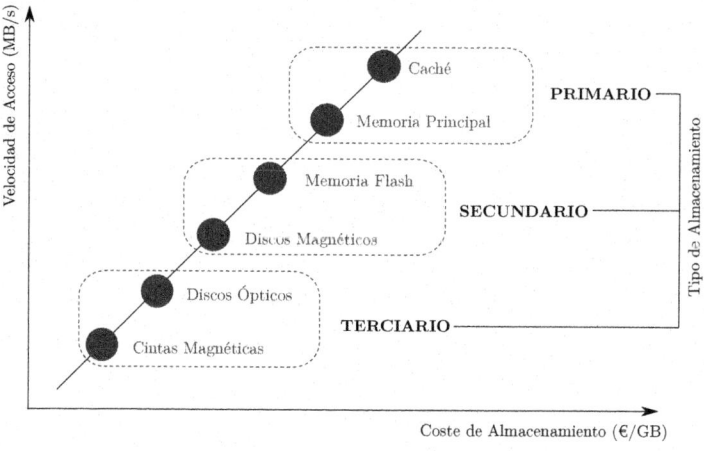

**Figura 7.1** Jerarquía de los dispositivos de almacenamiento.

## 7.4. Discos magnéticos HDD

Los discos magnéticos (HDD, *Hard Disk Drive*) proporcionan la mayor parte del almacenamiento secundario en los sistemas de bases de datos. Las capacidades de almacenamiento de los HDD se han ido incrementando a lo largo de los años a la vez que las necesidades de las grandes aplicaciones (que han experimentado un crecimiento rápido también, superior en algunos casos).

Recientemente, los tamaños de almacenamiento de los discos SSD (*Solid State Drive*, discos basados en memorias flash) han aumentado rápidamente, y el coste de los mismos ha disminuido notablemente. Esto ha dado lugar a que los discos SSD se conviertan cada vez más en un competidor de los HDD debido a su mejor rendimiento. Sin embargo, el hecho de que el coste por byte de en SSD es del orden de siete veces el coste en HDD, los discos magnéticos siguen siendo la opción preferida para almacenar grandes volúmenes de datos en los sistemas de bases de datos.

Volviendo a los HDD sus principales prestaciones son:

- **Tiempo de Acceso:** es el tiempo que transcurre desde que se da una orden de lectura o escritura hasta que comienza la transferencia de datos. Los valores típicos van desde los 5 a los 20 ms (milisegundos).

- **Velocidad de transferencia de datos:** es la velocidad a la que los datos se pueden recuperar o almacenar en el disco. Este parámetro suele ir de 25 a 200 MB/s (Megabytes por segundo).

- **Número operaciones de entrada/salida por segundo (IOPS):** número de lecturas de bloques aleatorios que un disco puede realizar por segundo. En este tipo de discos los valores oscilan entre 50 y 200 IOPS.

- ***Mean Time To Failure*** **(MTTF):** mide el tiempo promedio que se espera que el disco funcione continuamente sin ningún error. Los valores característicos son entre 3 y 5 años. Este valor suele disminuir a medida que aumenta el uso del disco.

## 7.5.  Discos de estado sólido SSD

Los discos de estado sólido (SSD) se construyen con memorias flash. Si se comparan con los discos magnéticos HDD, los SSD proporcionan un acceso aleatorio más rápido y la velocidad de transferencia de datos de los SSD es también mucho mayor que la de los discos magnéticos. Además el consumo de energía de los SSD también es significativamente más bajo que el de los discos magnéticos.

Por otro lado, las escrituras en la memoria flash son algo más complicadas. La escritura de una página de flash suele tardar unos 100 microsegundos. Sin embargo, una vez escrito, una página en la memoria flash no se puede sobrescribir directamente. Para ello, tiene que borrarse y reescribirse. El proceso de borrado suele durar entre 2 y 5 milisegundos. Esto hace que este tipo de almacenamiento sea más ineficiente para la operación de escritura. Además, hay un límite de cuántas veces se puede borrar una página flash. Estos valores oscilan entre los 100.000 y 1.000.000 veces. Una vez que se alcanza este límite, por lo general, el disco empieza a mostrar errores de almacenamiento.

Por tanto, las principales características de los discos SSD los podemos resumir en:

- **Tiempo de Acceso:** los valores típicos van desde los 20 a los 100 $\mu$s (microsegundos).

- **Velocidad de transferencia de datos:** estas velocidades pueden ir desde los 500 MB/s hasta los 3GB/s.

- **Número operaciones de entrada/salida por segundo (IOPS):** aquí se pueden alcanzar para lecturas 350.000 IOPS y para escritura en torno a las 100.000 IOPS.

## 7.6. Almacenamiento RAID

Las necesidades de almacenamiento de los sistemas de bases de datos han ido creciendo tan rápido que son necesarios un gran número de discos para almacenar su información. Disponer de un sistema con un gran número de discos puede mejorar la velocidad a la que se pueden leer o escribir datos. Si los discos están operando en paralelo, además, esta configuración puede también mejorar la fiabilidad del almacenamiento de datos, porque la información redundante se puede almacenar en varios discos. De esta forma, el fallo de un disco no ocasiona la pérdida de datos.

Por tanto, las técnicas de organización de discos denominadas matrices redundantes de discos independientes (RAID, *Redundant Arrays of Independent Disks*) se usan para lograr un mejor rendimiento y fiabilidad de los sistemas de almacenamiento. Por tanto, la filosofía del RAID se basa en:

- **Fiabilidad:** se incrementa aplicando redundancia. El planteamiento más sencillo para introducir redundancia en el sistema es duplicar cada disco. En este caso, tenemos un disco lógico que consta de dos discos físicos, y cada escritura se lleva a cabo en ambos. Si uno de los discos falla, los datos se pueden leer desde el otro.

- **Prestaciones:** se mejoran paralelizando. Si se tiene en cuenta el acceso paralelo a dos discos con información duplicada, la velocidad a la que se pueden manejar las operaciones de lectura y escritura se duplica, ya que éstas se pueden enviar a cualquiera de los discos a la vez. La velocidad de transferencia de cada lectura/escritura es la misma que en un sistema de disco único, pero el número de lecturas por unidad de tiempo se ha multiplicado por dos. Con múltiples discos, también podemos mejorar la velocidad de transferencia mediante la creación de bandas (*striping*) de datos en varios discos. En su forma más simple, el *striping* consiste en dividir los bits de cada byte en varios discos y escribir y leer de forma paralela en todos los discos a la vez.

En este ámbito, para que un sistema RAID pueda operar, se necesita un hardware especial denominado controlador RAID, que es el encargado de gestionar los diferentes discos. En algunos sistemas de bajo coste, esta solución puede implementarse mediante software. Dependiendo de las prestaciones que se requiera al sistema final, existen multitud de configuraciones RAID entre las que se encuentran (más detalles en `https://www.techtarget.com/searchstorage/definition/RAID`):

- **RAID 0:** esta configuración posee bandas (*striping*) pero no redundancia de datos. Ofrece el mejor rendimiento, pero no proporciona tolerancia a los fallos (Fig. 7.2 a)).

- **RAID 1:** se conoce como duplicación de disco. Esta configuración consta de al menos dos unidades que duplican el almacenamiento de datos (no hay *striping*). Se mejora el rendimiento de lectura, ya que cualquiera de los discos se puede leer al mismo tiempo. El rendimiento de escritura es el mismo que para el almacenamiento en disco único (Fig. 7.2 b)).

- **RAID 2:** esta configuración utiliza la creación de bandas en los discos, y algunos discos almacenan información de comprobación y corrección de errores (ECC). RAID 2 también utiliza una paridad de código Hamming. RAID 2 no tiene ninguna ventaja sobre RAID 3 y ya no se utiliza (Fig. 7.2 c)).

- **RAID 3:** este método emplea bandas y dedica una unidad a almacenar información de paridad. La información ECC incrustada se utiliza para detectar errores. La recuperación de datos se logra calculando la información exclusiva registrada en las otras unidades. Debido a que una operación de E/S aborda todas las unidades al mismo tiempo, RAID 3 no puede superponer E/S (Fig. 7.2 d)).

- **RAID 4:** este nivel utiliza bandas grandes, lo que significa que un usuario puede leer registros desde cualquier unidad. Las E/S superpuestas se pueden utilizar para operaciones de lectura. Dado que todas las operaciones de escritura son necesarias para actualizar la unidad de paridad, no es posible la superposición de E/S (Fig. 7.3 a)).

- **RAID 5:** este nivel se basa en la división a nivel de bloque de paridad. La información de paridad se divide en bandas en cada unidad, lo que permite que la matriz funcione incluso si una unidad fallara. La arquitectura del arreglo de discos permite que las operaciones de lectura y escritura abarquen varias unidades. Esto da como resultado un rendimiento mejor que el de una sola unidad, pero no tan alto como una matriz RAID 0. RAID 5 requiere al menos tres discos, pero a menudo se recomienda utilizar al menos cinco discos por razones de rendimiento. Las matrices RAID 5 generalmente se consideran una mala opción para su uso en sistemas de escritura intensiva debido al impacto en el rendimiento asociado con la escritura de datos de paridad. Cuando un disco falla, puede llevar mucho tiempo reconstruir una matriz RAID 5 (Fig. 7.3 b)).

- **RAID 6:** esta técnica es similar a RAID 5, pero incluye un segundo esquema de paridad distribuido entre las unidades de la matriz. El uso de paridad adicional permite que el arreglo de discos continúe funcionando incluso si dos discos fallan simultáneamente. Sin embargo, esta protección adicional tiene un costo. Las matrices RAID 6 a menudo tienen un rendimiento de escritura más lento que las matrices RAID 5 (Fig. 7.3 c)).

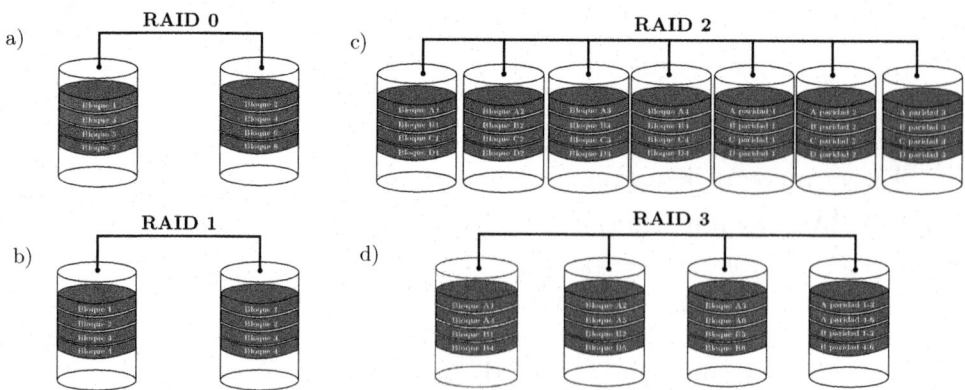

**Figura 7.2**   Configuraciones RAID: a) RAID 0, b) RAID 1, c) RAID 2 y d) RAID 3.

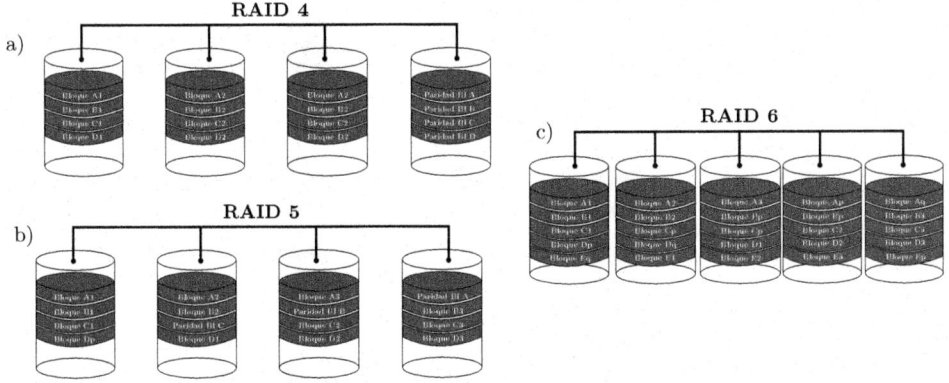

**Figura 7.3** Configuraciones RAID: a) RAID 4, b) RAID 5 y c) RAID 6.

## 7.7. Sistemas de almacenamiento

Llegados a este punto, se deben entender los diferentes dispositivos de almacenamiento (memoria principal, discos SSD, discos HDD, discos ópticos, etc.) y cómo se pueden configurar para obtener mejores prestaciones/redundancia mediante configuraciones RAID. El siguiente paso es analizar qué tipo de sistemas de almacenamiento nos podemos encontrar en el mercado. Se entiendo por sistema de almacenamiento la combinación de dispositivos de almacenamiento junto con elementos de conectividad (redes) para tener sistemas de almacenamiento distribuido.

Los tres sistemas más típicos que nos podemos encontrar son:

- **Sistema DAS (*Directly Attached Storage*):** el concepto es muy sencillo y significa que el sistema de almacenamiento está directamente conectado a un servidor a través de un cable. Este sistema de almacenamiento puede ser desde un único disco hasta un array de múltiples discos en una configuración RAID (Fig. 7.4 a)).

- **Sistema NAS (*Network Attached Storage*):** este sistema tiene la función de trabajar como un disco duro conectado directamente a una red de área local (LAN). Con estos discos en red, los usuarios pueden compartir archivos y trabajar sobre ellos (Fig. 7.4 b)).

- **Sistema SAN (*Storage Area Network*):** se trata de una red de datos de alta velocidad (*Fiber Channel*) que proporciona acceso al almacenamiento a nivel de bloque. Su funcionalidad hace que un conjunto de dispositivos de almacenamiento sea accesible para múltiples servidores (Fig. 7.4 c)).

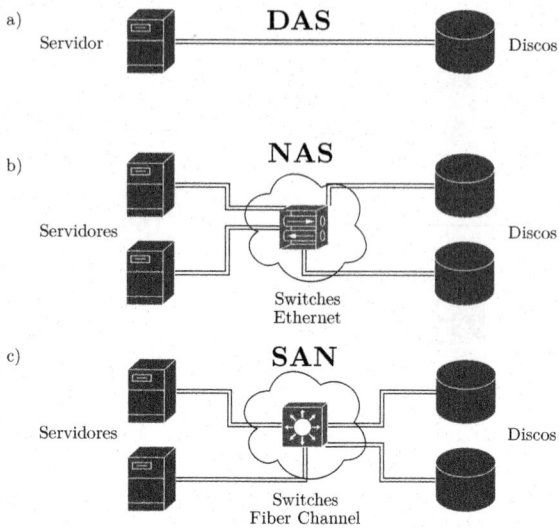

**Figura 7.4**  Sistemas de almacenamiento: a) DAS, b) NAS y c) SAN.

Como se ha explicado, cada uno de ellos tienen una serie de características que los hace más o menos óptimos en función de las necesidades. Como norma general, a medida que los sistemas necesitan más capacidad, redundancia y fiabilidad, se opta por un DAS, luego NAS y finalmente SAN. Por tanto, un DAS se recomienda para sistemas pequeños, normalmente locales, NAS en entorno empresariales intermedios y SAN para grandes sistemas empresariales con grandes requisitos de seguridad, fiabilidad y disponibilidad y con grandes necesidades de tener la información distribuida. En la Tabla 7.1 se muestra, de forma resumida, las características principales de cada uno de ellos.

| Característica | DAS | NAS | SAN |
|---|---|---|---|
| Tipo de almacenamiento | Sectores | Fichero compartido | Bloque |
| Protocolo de almacenamiento | SATA, SAS | SMB, NFS | iSCSI, FiberChannel |
| Protocolo de transmisión | IDE, SCI | Ethernet, TCP/IP | FiberChannel |
| Velocidad | 5-10 ms | 5-10 ms | 20-50 ms |
| Complejidad solución | Baja | Moderada | Alta |
| Coste mantenimiento | Alto | Medio | Bajo |
| Escalabilidad | Baja | Moderada | Alta |

**Tabla 7.1**  Principales características de los sistemas de almacenamiento DAS, NAS y SAN.

## 7.8.  Indexado

Los DBMS utilizan índices para encontrar rápidamente las filas (tuplas) con unos criterios de búsqueda determinados. Sin un índice, el DBMS debe escanear toda la tabla para localizar las filas que cumplan la condición de búsqueda, por tanto, cuanto más grande sea la tabla (más tuplas posea), más lenta será su búsqueda.

Un índice es una estructura de datos como B-Tree (var `https://en.wik ipedia.org/wiki/B-tree`) que mejora la velocidad de recuperación de datos en una tabla a costa de escrituras y almacenamiento adicionales para preservarla. Usando índices se pueden localizar datos rápidamente sin tener que examinar cada fila de una tabla para una consulta determinada. Cuando por ejemplo se crea una tabla con una clave primaria, MySQL crea automáticamente un índice especial denominado PRIMARY o índice agrupado. El índice PRIMARY es especial porque el índice en sí se almacena junto con los datos de la misma tabla. El índice agrupado aplica el orden de las filas de la tabla. Otros índices distintos del índice PRIMARY se denominan índices secundarios o índices no agrupados.

Un aspecto importante a considerar es que evidentemente un índice optimiza las búsquedas en las tablas, pero, por contra, debe almacenar un conjunto de información adicional para que puedan entrar en juego los algoritmo B-tree. En otras palabras, que a medida que incrementamos los índices hay que sacrificar espacio en la DB para almacenar estas nuevas referencias. Por tanto, hay que definir índices sólo en aquellas variables en las que suelan emplearse como criterio de búsqueda.

### 7.8.1.  Creación de índices

Un índice en una tabla se puede crear de dos formas: en el momento de creación de la tabla, o *a posteriori* una vez la tabla ha sido creada. En primer caso se usa el comando **INDEX** y en el segundo **CREATE INDEX**. En el Código 7.1 se muestra un ejemplo de su uso. En el primer caso durante la creación de la tabla se definen como índice, aparte de la clave primaria, los atributos *A1* y *A2*. Una vez creada la tabla, con el comando **CREATE INDEX** se crea como índice el atributo *A2*.

```
mysql> CREATE DATABASE DB_INDICES;
Query OK, 1 row affected (0,99 sec)
mysql> USE DB_INDICES
Database changed
mysql> CREATE TABLE Tabla_1(
    ->            A1 INT PRIMARY KEY,
    ->            A2 VARCHAR(15),
    ->            A3 INT,
    ->            A4 INT,
    ->            INDEX(A3,A4)
    -> );
Query OK, 0 rows affected (0,91 sec)

mysql> CREATE INDEX idx_A2 ON Tabla_1(A2);
Query OK, 0 rows affected (0,24 sec)
Records: 0  Duplicates: 0  Warnings: 0
```

**Código 7.1**   Creación de índices.

## 7.8.2.  Listado de índices

Seguidamente, interesa conocer los índices que tiene una tabla, para ello nos apoyamos en el comando **SHOW INDEXES** tal y como se muestra en el Código 7.2. En este caso se han mostrado sólo algunos campos por simplicidad y entendimiento, pero el comando devuelve mucha más información.

```
mysql> SHOW INDEXES FROM Tabla_1;
| Table   | Key_name | Column_name | Index_type |
| Tabla_1 | PRIMARY  | A1          | BTREE      |
| Tabla_1 | A3       | A3          | BTREE      |
| Tabla_1 | A3       | A4          | BTREE      |
| Tabla_1 | idx_A2   | A2          | BTREE      |
4 rows in set (0,95 sec)
```

**Código 7.2**   Mostrar los índices de una tabla.

## 7.8.3.  Mejora de prestaciones

Como se ha explicado anteriormente, una de las ventajas de utilizar índices es que se optimizan las búsquedas y así no es necesario recorrer todas las filas (tuplas) de una tabla para obtener el resultado deseado. Para entenderlo mejor veamos el siguiente ejemplo. En la tabla *Offices* de la DB **Classicmodels** hacemos una búsqueda por el atributo *city='Sydney'*, que no está indexado. En este caso se tiene que recorrer toda la tabla (7 registros). Esto se aprecia mejor si se emplea el comando **EXPLAIN SELECT** en el campo *rows*. Posteriormente, se define el atributo *city* como índice y volvemos a realizar la misma consulta. En este último caso, una vez definido el índice, la consulta sólo necesita recorrer un fila *rows=1*. En el Código 7.3 se muestra todo el proceso.

```
mysql> SELECT officeCode, city, country
    -> FROM offices;
+
| officeCode | city          | country   |
+
| 1          | San Francisco | USA       |
| 2          | Boston        | USA       |
| 3          | NYC           | USA       |
| 4          | Paris         | France    |
| 5          | Tokyo         | Japan     |
| 6          | Sydney        | Australia |
| 7          | London        | UK        |
+
7 rows in set (0,12 sec)

mysql> EXPLAIN SELECT officeCode, city, country
    -> FROM offices
    -> WHERE city='Sydney';
| id | select_type | table  | key  | rows |
| 1  | SIMPLE      | offices | NULL | 7    |
1 row in set, 1 warning (0,13 sec)

mysql> CREATE INDEX id_city ON offices(city);
Query OK, 0 rows affected (0,32 sec)
Records: 0  Duplicates: 0  Warnings: 0

mysql> EXPLAIN SELECT officeCode, city, country
    -> FROM offices
    -> WHERE city='Sydney';
| id | select_type | table  | key     | rows |
| 1  | SIMPLE      | offices | id_city | 1    |
1 row in set, 1 warning (0,00 sec)
```

**Código 7.3** Mejora de las consultas usando índices.

### 7.8.4. Borrado de índices

Finalmente, para borrar un índice se usa el comando **DROP INDEX** y de esta manera eliminamos el atributo en cuestión del algoritmo B-tree. En el Código 7.4 se muestra el ejemplo inverso al mostrado en el Código 7.1. Como se observa, al suprimir el índice, la consulta nuevamente tiene que recorrer todas las filas de la tabla.

```
mysql> SELECT officeCode , city , country
    -> FROM offices ;
+
| officeCode | city          | country   |
+
| 1          | San Francisco | USA       |
| 2          | Boston        | USA       |
| 3          | NYC           | USA       |
| 4          | Paris         | France    |
| 5          | Tokyo         | Japan     |
| 6          | Sydney        | Australia |
| 7          | London        | UK        |
+
7 rows in set (0,12 sec )

mysql> EXPLAIN SELECT officeCode , city , country
    -> FROM offices
    -> WHERE city='Sydney ';
| id | select_type | table   | key     | rows |
| 1  | SIMPLE      | offices | id_city | 1    |
1 row in set , 1 warning (0,13 sec )

mysql> DROP INDEX id_city ON offices ;
Query OK, 0 rows affected (0,44 sec )
Records : 0  Duplicates : 0  Warnings : 0


mysql> EXPLAIN SELECT officeCode , city , country
    -> FROM offices
    -> WHERE city='Sydney ';
| id | select_type | table   | key  | rows |
| 1  | SIMPLE      | offices | NULL | 7    |
1 row in set , 1 warning (0,00 sec )
```

**Código 7.4**  Borrado de índices.

## 7.9.  Resumen

Una vez estudiado el capítulo, el lector ha adquirido los conocimientos sobre sistemas de almacenamiento e indexado:

- Será capaz de identificar y analizar las principales características y diferencias de los sistemas de almacenamiento.

- Conoce las jerarquías de almacenamiento, sus principales características y usos.

- Comprende las diferentes configuraciones de almacenamiento redundante RAID.

- Entiende los sistemas de almacenamientos DAS, NAS y SAN y sus principales usos.

- Es capaz de aplicar los conceptos de indexado en las DB para optimizar las búsquedas en éstas.

La bibliografía consultada para elaborar este capítulo ha sido la siguiente:

- *Database system concepts* [40].

- *Data management, databases and organizations* [46].

- *VirtualBox.org* [34].

- *Advanced database indexing* [29].

- *Fundamentals of database indexing and searching* [6].

- *Database system implementation* [24].

- *Managing RAID on Linux: Fast, Scalable, Reliable Data Storage* [44].

- *A comparison of RAID storage schemes: Reliability and efficiency* [39].

- *Using SANs and NAS: Help for Storage Administrators* [37].

## 7.10. Problemas resueltos

### Problema 7.1: persistencia en el almacenamiento

○ **Enunciado:** desde el punto de vista de la persistencia, explique cómo pueden clasificarse los dispositivos de almacenamiento.

○ **Solución:** atendiendo a la persistencia de la información en los dispositivos de almacenamiento hay dos tipos:

- Volátil: se pierde el contenido cuando no hay alimentación.

- No volátil: el contenido persiste incluso cuando se apaga el sistema.

### Problema 7.2: parámetros de *performance* en los dispositivos de almacenamiento

○ **Enunciado:** ¿cuáles son los tres parámetros típicos que definen el *performance* de los dispositivos de almacenamiento?

○ **Solución:** generalmente se miden tres, la velocidad de acceso (MB/s), el coste de almacenamiento (€/GB) y la fiabilidad (millones de horas).

## Problema 7.3: jerarquías de almacenamiento

∘ **Enunciado:** dentro de los dispositivos de almacenamiento se definen tres niveles jerárquicos. Indique qué se entiende por almacenamiento secundario.

∘ **Solución:** el almacenamiento secundario, también denominado online, se caracteriza por ser no volátil y con tiempo de acceso moderado. Aquí nos encontramos las memorias flash y los HDD.

## Problema 7.4: discos magnéticos

∘ **Enunciado:** enumere tres características de *performance* de un disco HDD e indique sus valores promedios típicos.

∘ **Solución:** el *performance* de los discos HDD se mide mediante:

- Tiempo de acceso, éste varía entre los 5 y los 20 ms.

- Número de operaciones de entrada/salida por segundo (IOPS), oscilan entre los 50 y los 200.

- *Mean Time To Failure*, en los HDD el valor medio está entre los tres y los cinco años.

## Problema 7.5: discos de estado sólido

∘ **Enunciado:** de manera general los discos SSD tienen una velocidad de acceso mucho mayor que los HDD. Pero ¿cómo se comporta mejor un disco SSD, en lectura o en escritura?

∘ **Solución:** los discos SSD se comportan peor en escritura por las siguientes razones:

- En los discos SSD, una vez se escribe en ellos, no se pueden sobreescribir directamente, sino que hay que borrarlos previamente antes de volver a escribir.

- El proceso de escritura suele durar unos 100 $\mu$s, pero el de borrado es de 2 a 5 ms, lo que provoca un cuello de botella en la fase de escritura del disco.

## Problema 7.6: almacenamiento redundante

∘ **Enunciado:** en los sistemas redundantes RAID, ¿cómo mejoran la fiabilidad y las prestaciones del sistema?

○ **Solución:** en los sistemas RAID existen mecanismos para aumentar su fiabilidad y prestaciones mediante las siguientes técnicas:

- Fiabilidad: se consigue aplicando redundancia. Evidentemente utilizamos más espacio del necesario, ya que el mismo dato lo escribimos en más de un sitio a la vez, pero a cambio aumentamos la robustez del sistema.

- Prestaciones: se mejora paralelizando. La idea es que se escribe la información segmentada y de forma simultánea en más de un dispositivo a la vez. Este tipo de técnicas se conoce como *striping*.

## Problema 7.8: configuraciones RAID

○ **Enunciado:** son muy conocidas las configuraciones RAID 0 hasta la RAID 6, pero, centrándonos en la primera (RAID 0), ¿cuáles son sus ventajas e inconvenientes?

○ **Solución:** el RAID 0 se caracteriza porque distribuye la información en diferentes unidades de disco mediante *striping*. La principal ventaja es que aumenta las velocidades de lectura y escritura al paralelizar. Por contra, como un bloque de información está en una única unidad, ante el fallo de ésta, la información almacenada se pierde. En resumen, su principal inconveniente es que no dispone de redundancia.

## Problema 7.9: sistemas de almacenamiento

○ **Enunciado:** si comparamos un sistema de almacenamiento DAS con un SAN, ¿qué sistema escala mejor?, y ¿cuál es más complejo de configurar?

○ **Solución:** evidentemente el sistema SAN es más escalable que el sistema DAS dado que el primero (SAN) está pensado para grandes sistemas empresariales, en cambio el segundo (DAS) se emplea en sistemas de bajo tamaño y locales. En cambio, el sistema DAS es mucho más sencillo de configurar que el sistema SAN entre otras cosas porque no existe una red de comunicaciones, como sí necesitan los sistemas SAN.

## Problema 7.10: indexado

○ **Enunciado:** suponga que tiene una tabla como la mostrada en el Código 7.5 y realiza dos consultas que devuelven el mismo número de registros. En la primera consulta filtra por el campo *productCode* y en la segunda por el campo *buyPrice*. ¿En cuál de las dos operaciones la consulta recorre todos los registros de la tabla?

```
mysql> describe products;
+
| Field          | Type          | Null | Key | Default | Extra |
+
| productCode    | varchar(15)   | NO   | PRI | NULL    |       |
| productName    | varchar(70)   | NO   |     | NULL    |       |
| productLine    | varchar(50)   | NO   | MUL | NULL    |       |
| productScale   | varchar(10)   | NO   |     | NULL    |       |
| productVendor  | varchar(50)   | NO   |     | NULL    |       |
| productDescri  | text          | NO   |     | NULL    |       |
| quantityInSt   | smallint      | NO   |     | NULL    |       |
| buyPrice       | decimal(10,2) | NO   |     | NULL    |       |
| MSRP           | decimal(10,2) | NO   |     | NULL    |       |
+
9 rows in set (0,15 sec)
```

**Código 7.5** Enunciado del problema 7.10.

○ **Solución:** como se observa en el Código 7.5 el campo *productCode* está indexado, de hecho es la clave primaria, en cambio, el *buyPrice* no es un índice. Según esto, en la segunda consulta, que es la que filtra por un campo no indexado, se tendrán que comprobar todos los registros de la tabla.

## 7.11. Actividades recomendadas

### Actividad 7.1

Investigue cómo han mejorado las prestaciones de los memorias flash en los últimos cinco años. Acompañe la explicación con algunos ejemplos ilustrativos.

### Actividad 7.2

Busque dos discos SSD del mercado con precios diferentes y compare las prestaciones de tiempo de acceso, velocidad de transferencia y MTTF. ¿Coincide que el disco más caro ofrece mejores prestaciones? En caso de que esto no suceda, ¿por qué cree que un disco de menor precio ofrece mejores prestaciones?

## Actividad 7.3

Busque un disco comercial SSD y analice las velocidades de lectura y escritura, ¿se cumple que los tiempos de escritura son superiores a los de lectura?, ¿son iguales?, ¿es mayor el de lectura?

## Actividad 7.4

Acceda a la siguiente página de IBM `https://www.ibm.com/uk-en/stor` `age` y analice las diferentes posibilidades de almacenamiento que ofrecen a las corporaciones. Haga un resumen con las principales características.

## Actividad 7.5

Explique las principales diferencias entre las configuraciones RAID 4 y RAID 5. ¿En qué sistemas piensa que podría utilizarse uno u otro?

## Actividad 7.6

Investigue algún sistema de almacenamiento NAS comercial y describa sus principales características.

## Actividad 7.7

En el siguiente enlace `https://www.hpe.com/es/es/storage/msa-sha` `red-storage.html` se presenta un sistema SAN comercial de la empresa HPE. Analice sus principales características e intente hacer una hoja de precios con diferentes configuraciones de capacidad de almacenamiento, velocidad y fiabilidad.

## Actividad 7.8

Cree una base de datos con una tabla que contenga cinco atributos (incluida la clave primaria), posteriormente incluya datos hasta un total de cincuenta tuplas. Haga un consulta filtrando por la clave primaria y otra por cualquier otro atributo de la tabla. ¿En qué consulta ha recorrido más registros?

## Actividad 7.9

En la tabla anterior, cree un índice en cualquiera de los atributos que no sea la clave primaria. Ahora haga varias consultas filtrando por ese atributo que ha fijado como índice. ¿En alguna consulta se recorren todos los registros?, ¿podría hacer una consulta que recorriera todos los registros?

## Actividad 7.10

Borre el índice que creó en el ejercicio anterior. ¿Cualquier consulta que haga filtrando por este atributo que ya no es un índice recorrerá todos los registros de la tabla? Justifique su respuesta.

# Apéndice A

# Entorno VirtualBox y SO Ubuntu

En este apéndice se describe de forma somera el entorno de trabajo VirtualBox, que nos permite crear máquinas virtuales. En este pueden definirse diferentes máquinas virtuales que pueden actuar como clientes o servidores, y que serán los elementos clave para definir nuestras arquitecturas de red.

## A.1. Entorno VirtualBox

El entorno VirtualBox `https://www.virtualbox.org/` es una solución de virtualización x86 y AMD64/Intel64 de la empresa Oracle para uso empresarial y doméstico. Se trata de un software de código abierto bajo los términos de la Licencia Pública General de GNU (GPL).

VirtualBox puede trabajar en equipos Windows, Linux, macOS y Solaris, y soporta un gran número de sistemas operativos invitados, entre los que se encuentran Windows (NT 4.0, 2000, XP, Server 2003, Vista, Windows 7, Windows 8, Windows 10, Windows 11, etc.), DOS/Windows 3.x, Linux (2.4, 2.6, 3.x y 4.x), Solaris y OpenSolaris, OS/2, y OpenBSD entre otros.

Las principales características del entorno Virtualbox se pueden resumir en:

- Portabilidad: se ejecuta en un gran número de sistemas operativos.
- *Guest additions*: carpetas compartidas, ventanas sin interrupciones, virtualización 3D.

- Soporte de hardware integral: *guest multiprocessing* (SMP), USB *device support, hardware compatibility, multiscreen resolutions*, etc.

- *Multigeneration branched snapshots*: Oracle VM VirtualBox puede guardar instantáneas arbitrarias del estado de la máquina virtual.

- VM *groups*: VirtualBox proporciona una función de grupos que permite al usuario organizar y controlar máquinas virtuales en grupo de forma individual.

- *Clean architecture and unprecedented modularity*: VirtualBox tiene un diseño extremadamente modular con interfaces de programación internas bien definidas y una separación del código cliente y servidor.

En la Fig. A.1 se muestra la interfaz del entorno VirtualBox. Pueden observarse las diferentes opciones disponibles, tales como:

- *New*: este botón sirve para crear una nueva máquina virtual.

- *Settings*: permite configurar una máquina existente.

- *Show/Start*: muestra una máquina ya operativa o permite arrancar una máquina que esté apagada o a la que haya que instalarle el SO.

**Figura A.1**   Interfaz del entorno VirtualBox.

También, en la propia interfaz, pueden verse las diferentes características (*System, Display, Storage, Audio, Network, USB, Shared folder*, etc.) de las máquinas disponibles en el entorno.

### A.1.1. Instalación del entorno VirtualBox

Dependiendo del SO donde se vaya a instalar el entorno VirtualBox, existe un procedimiento diferente. En la página de descargas `https://www.virtualbox.org/wiki/Downloads` (Fig. A.2) puede seleccionarse la versión más apropiada a descargar según las necesidades de uso. Una vez seleccionada, hay que proceder según indica la página o la documentación del producto para instalar la aplicación.

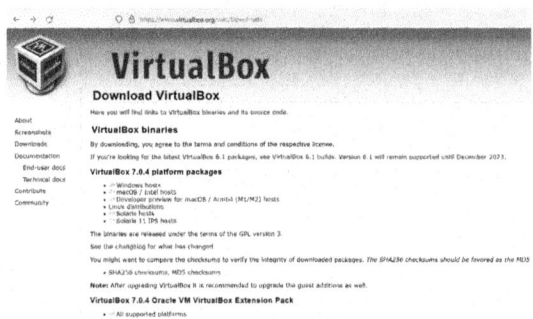

**Figura A.2** Página de descargas VirtualBox.

### A.1.2. Manual de usuario, FAQs, HOWTOs y tutoriales

Toda la documentación que ofrece Oracle para este producto puede consultarse en la página `https://www.virtualbox.org/wiki/End-user_documentation`, donde, aparte del manual de usuario, están diponibles también las FAQs, HOWTOs y diversos tutoriales (Fig. A.3).

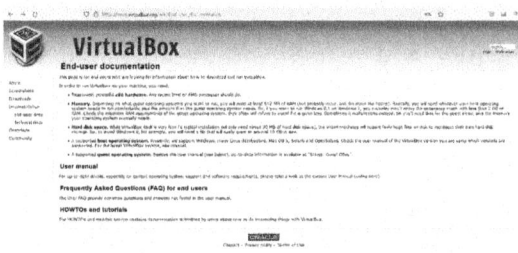

**Figura A.3** Documentación VirtualBox: manual de usuario, FAQs, HOW-TOs y tutoriales.

## A.2.   MV con Ubuntu

Ubuntu `https://ubuntu.com/` es una distribución de Linux basada en Debian y compuesta principalmente de *software* libre y de código abierto. Este SO ofrece tres ediciones: Desktop, Server y Core para dispositivos de Internet de las cosas y robots. Todas las distribuciones se pueden ejecutar en una máquina física o virtual. Este sistema operativo es muy popular para la computación en la nube, con soporte para OpenStack. El escritorio predeterminado de Ubuntu cambió de Unity a GNOME después en 2017 en la versión 17.10.

Ubuntu libera una nueva versión cada seis meses con lanzamientos de soporte a largo plazo (LTS) cada dos años. Este SO ha sido desarrollado por la compañía británica Canonical y por una comunidad de otros desarrolladores bajo un modelo de gobierno meritocrático. Canonical proporciona actualizaciones de seguridad y soporte para cada versión a partir de la fecha de lanzamiento y hasta que la versión alcance su fecha designada de fin de vida (EOL).

### A.2.1.   Descarga e instalación en una máquina virtual

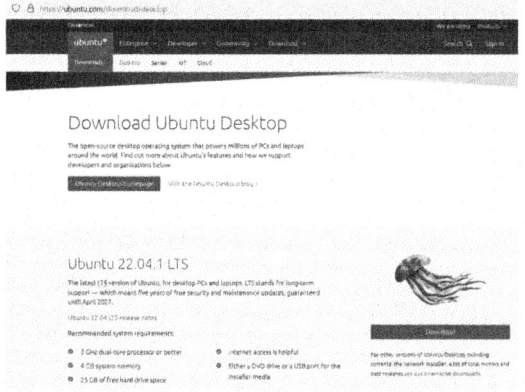

**Figura A.4**   Página de descargas Ubuntu.

Visitamos la página de Ubuntu `https://ubuntu.com/download/desktop` (Fig. A.4), descargamos la versión deseada. Posteriormente, en VirtualBox creamos una nueva máquina virtual mediante el botón *New* (Fig. A.5).

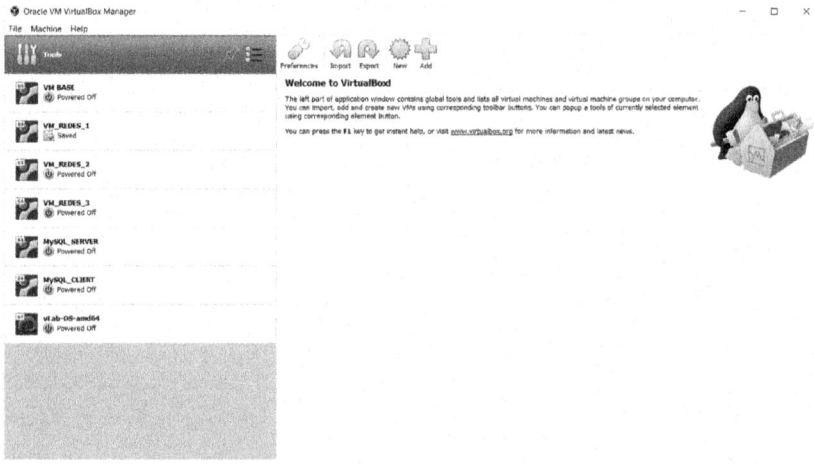

**Figura A.5**  Creación de una nueva máquina virtual.

A continuación, se pedirán los parámetros básicos para configurar dicha máquina virtual, entre los que se encuentran:

- Seleccionar el SO, en nuestro caso Linux Ubuntu de 64 bits, Fig. A.6 a).

- Elegir el tamaño de la memoria RAM; es suficiente con 2.048 MB, Fig. A.6 b).

- Crear un disco duro, Fig. A.6 c).

- Elegir el tipo de HD; recomendable VDI, Fig. A.6 d).

- Seleccionar el modo de almacenamiento, Fig. A.6 e).

- Finalmente, se debe indicar el tamaño del HD; es suficiente con 25 GB, Fig. A.6 f).

Posteriormente, hay que cargar la imagen del SO en la unidad óptica de la MV. Para ello, abrimos la configuración de esta y en la parte de *storage*, seleccionamos la imagen y la asociamos a la unidad óptica (Fig. A.7).

Como último paso, ya solo falta arrancar la MV y comenzará la instalación del SO Ubuntu de forma automática. Aquí hay que seguir todos los pasos para realizar la instalación completa y las configuraciones específicas que requiera el usuario. Una vez finalizado este proceso, la MV tendrá instalado el SO Ubuntu y se podrá trabajar con ella como en cualquier PC con Linux.

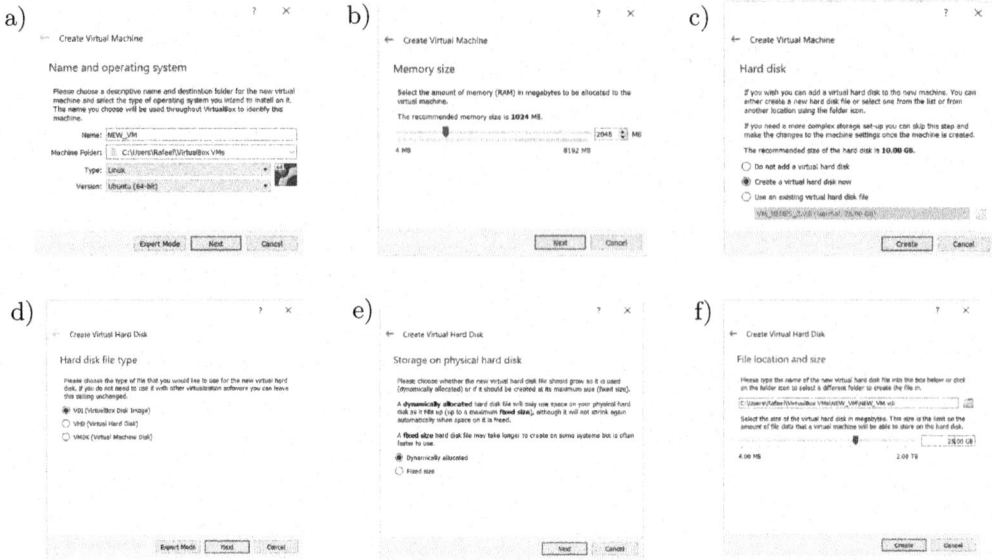

**Figura A.6**  Fases de la creación: a) selección SO, b) tamaño memoria RAM, c) creación de HD, d) elección tipo de HD, e) modo de almacenamiento y f) tamaño del disco.

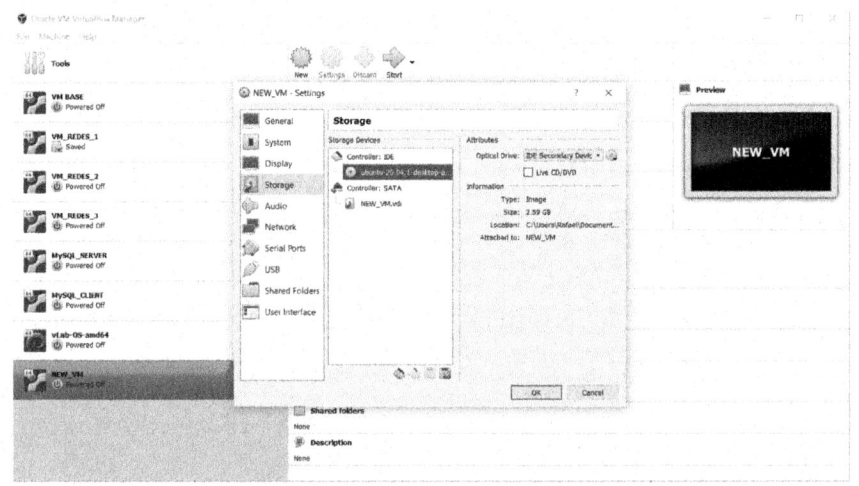

**Figura A.7**  Cargar la imagen del SO Linux en la unidad óptica.

## A.2.2.  Documentación Ubuntu

Toda la documentación del SO Ubuntu puede consultarse en la página oficial de Ubuntu `https://help.ubuntu.com/`, donde está disponible toda la documentación del producto en formato HMTL y en PDF.

# Apéndice B

# DBMS MySQL y MariaDB

En este apéndice se mostrará información de instalación y documentación técnica de los DBMS (MySQL y MariaDB), que son los más populares en el ámbito universitario y por supuesto en el empresarial también. En el Capítulo 5 se explicaron los dos productos y se mostraron las propiedades y diferencias que existen entre ellos. Este apéndice se limitará a indicar las fuentes de donde se pueden descargar estos gestores y como acceder a la documentación e información complementaria de estos productos.

## B.1. MySQL

MySQL es un producto comercial de la empresa Oracle y por tanto sus distribuciones son de pago, aunque existen las versiones de la Community Edition, que son de libre distribución.

### B.1.1. Descarga MySQL

En la página `https://www.mysql.com/` está el acceso a todos los productos MySQL, y si se quieren descargar las distribuciones libres puede visitarse el siguiente enlace `https://dev.mysql.com/downloads/` (ver Fig. B.1).

### B.1.2. Documentación MySQL

Por otro lado, MySQL goza de una extensa documentación de todos sus productos, la cual puede consultarse directamente en línea en la dirección `https://dev.mysql.com/doc/` (Fig. B.2).

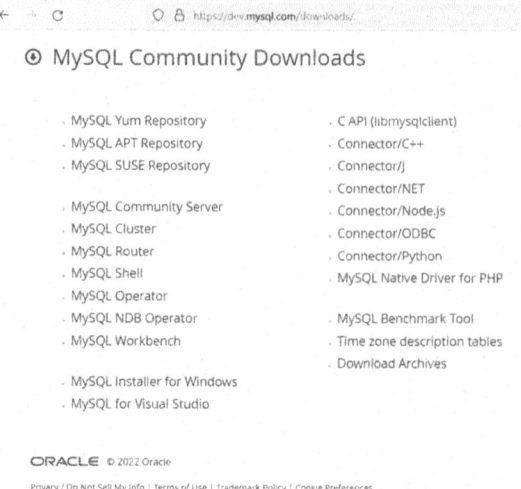

**Figura B.1**   Página de descarga de las versiones MySQL Community Edition.

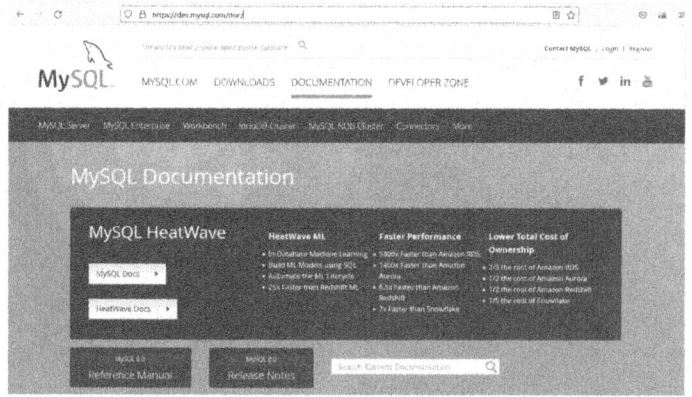

**Figura B.2**   Documentación de los productos MySQL.

Por último, un aspecto interesante para el ámbito universitario es que en la documentación de MySQL se ofrecen varias DB de ejemplo para poder practicar con dicho gestor. Están disponibles en el siguiente enlace `https://dev.mysql.com/doc/index-other.html` (Fig. B.3).

Example Databases

| Title | DB Download | HTML Setup Guide | PDF Setup Guide |
|-------|-------------|------------------|-----------------|
| employee data (large dataset, includes data and test/verification suite) | GitHub | View | US Ltr \| A4 |
| world database | TGZ \| Zip | View | US Ltr \| A4 |
| world_x database | TGZ \| Zip | View | US Ltr \| A4 |
| sakila database | TGZ \| Zip | View | US Ltr \| A4 |
| airportdb database (large dataset, intended for MySQL on OCI and HeatWave) | TGZ \| Zip | View | US Ltr \| A4 |
| menagerie database | TGZ \| Zip | | |

**Figura B.3**  Bases de datos de ejemplo aportadas en la documentación de los productos MySQL.

## B.2.  MariaDB

MariaDB Server es un de los DBMS de bases de datos relacionales de código abierto más populares. Está construido por los desarrolladores originales de MySQL y continua siendo de código abierto, de ahí su éxito en la comunidad universitaria.

### B.2.1.  Descarga MariaDB

Al igual que MySQL, MariaDB está disponible para los OS Windows y Linux y también permite descargar el código fuente. Todo esto es posible realizarlo en el siguiente enlace `https://mariadb.org/download/` (ver Fig. B.4).

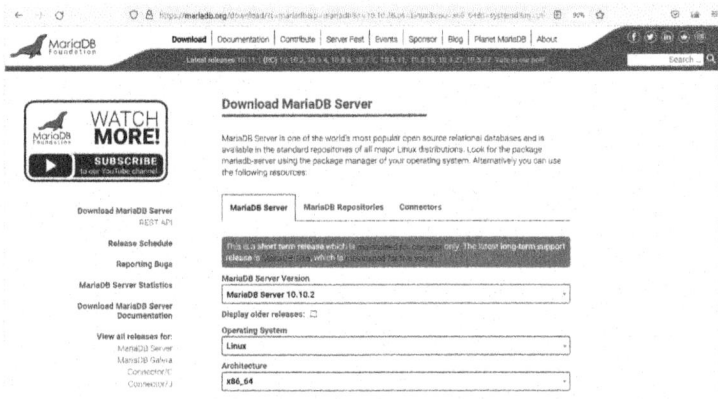

**Figura B.4**  Punto de descarga del DBMS MariaDB.

### B.2.2.  Documentación MariaDB

Como sucedía en MySQL, en el portal de MariaDB `https://mariadb.org/documentation/` (Fig. B.5) hay una extensísima documentación del producto entre las que se encuentran, entre otra valiosa información:

- Manual de usuario
- Vídeos y presentaciones
- Libros
- Cursos

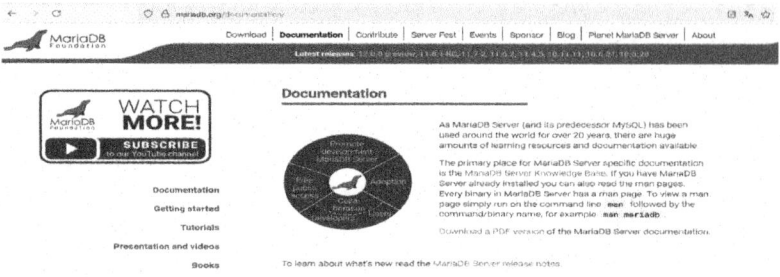

**Figura B.5**  Hub de documentación de MariaDB.

Una parte bastante útil son los tutoriales `https://mariadb.com/kb/e
n/training-tutorials/` (Fig. B.6), que van desde un nivel muy básico
para principiantes hasta avanzados para administradores profesionales de
este producto.

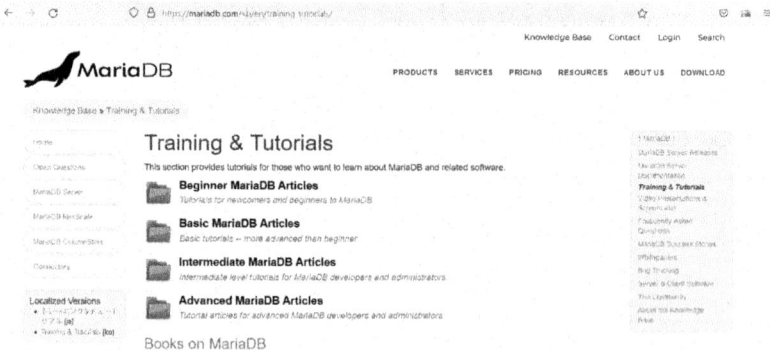

**Figura B.6**  Portal de tutoriales de MariaDB.

Por último, MariaDB es un proyecto desarrollado por la comunidad de código abierto, MariaDB Foundation es el administrador principal del proyecto pero cualquiera puede participar en su desarrollo. Por tanto, un punto de interés dentro de este producto es la comunidad a la que se puede acceder a través de `https://mariadb.com/kb/en/community/`, donde está toda la información disponible de este grupo de trabajo.

# Apéndice C

# DBeaver: entorno gráfico de gestión

DBeaver es un entorno gráfico de base de datos multiplataforma gratuita para desarrolladores, administradores de bases de datos, analistas y para todos los que tengan que trabajar con bases de datos. Como sucede en la mayoría de estos productos, hay licencias de pago (que ofrecen versiones con más funcionalidades además de servicios de consultoría) y otras gratuitas como DBeaver Community Edition, ideales para la comunidad universitaria.

## C.1. Principales característica de DBeaver

Una de las principlaes características de DBeaver es que soporta los gestores de bases de datos más populares, entre las que se encuentran:

- MySQL
- MariaDB
- PostgreSQL
- SQLite
- Oracle
- DB2
- SQL Server
- Sybase

- MS Access

- Teradata

- Firebird

- Apache Hive

- Phoenix

- Presto

Por otro lado, otra de sus grandes virtudes es su entorno gráfico, que es muy amigable y que además permite hacer una gestión integral de diferentes DBMS al mismo tiempom(ver Fig. C.1).

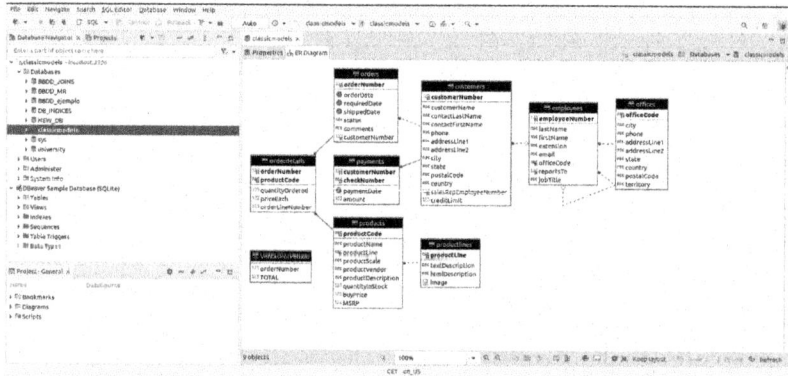

**Figura C.1**   Interfaz del entorno de gestión de DBMS DBeaver.

Por tanto, se pueden resumir sus principales propiedades, aparte de las comentadas anteriormente, en:

- Usabilidad: la interfaz de usuario está diseñada para que sea intuitiva y de fácil uso, además de que incorpora una conjunto elevadísimo de funcionalidades.

- Coste: es gratuita y de código abierto (ASL).

- Sistema operativo: es multiplataforma.

- Código abierto: se basa en el marco de código abierto y permite escribir varias extensiones (complementos).

- Compatibilidad: es compatible con cualquier base de datos que tenga un controlador JDBC.

- Integración: puede manejar cualquier origen de datos externo que puede o no tener un controlador JDBC.

- Plugins: hay un conjunto de plugins para diferentes bases de datos y diferentes utilidades de gestión de bases de datos (por ejemplo, ERD, transferencia de datos, comparación, exportación/importación de datos, generación de datos simulada, etc.).

## C.2.  Instalación y documentación

En la página oficial de DBeaver `https://dbeaver.io/` (ver Fig. C.2) se tiene acceso a todas las versiones y documentación del producto.

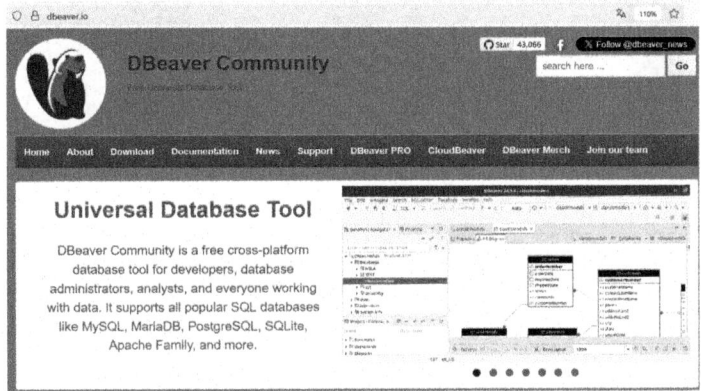

**Figura C.2**  Portal del entorno DBeaver.

Respecto al área de descargas `https://dbeaver.io/download/` (ver Fig. C.3) están disponibles las versiones profesionales a la vez que las DBeaver Community (gratis) tanto para OS como Windows, Mac OS X o Linux.

Además de las versiones compiladas, están disponibles también todas las fuentes de esta aplicación en el hub GitHub `https://github.com/dbeaver/dbeaver` (ver Fig. C.4) por si se desea realizar una compilación en local o realizar modificaciones sobre la versión existente.

El entorno DBeaver también ofrece una versión cloud `https://cloudbeaver.io/` (Fig. C.5) que simplifica su uso y aprovecha todas las ventajas que aportan estas nuevas tecnologías. Como siempre hay versiones Enterprise (de pago) y versiones Community (gratis).

**Figura C.3**    Punto de descarga de las diferentes distribuciones de DBeaver.

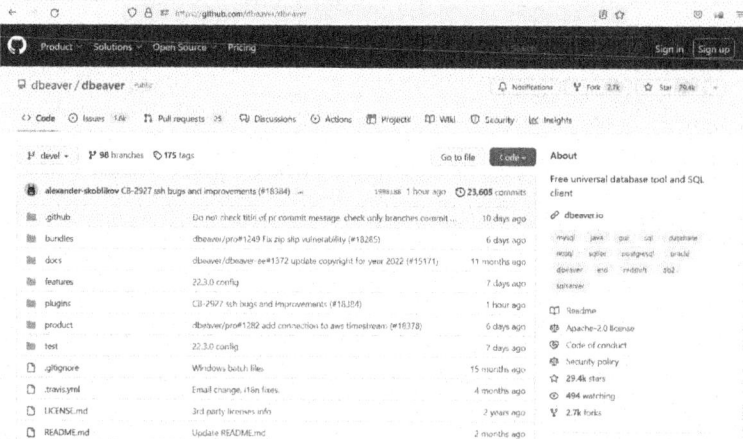

**Figura C.4**    Fuentes del entorno DBeaver en GitHub.

Por último, respecto a la documentación, hay una Wiki `https://gith ub.com/dbeaver/dbeaver/wiki` (ver Fig. C.6), también en el entorno GitHub donde está disponible toda la documentación del producto que contiene los manuales de usuario, guías de administración, tutoriales, guías para desarrolladores, etc.

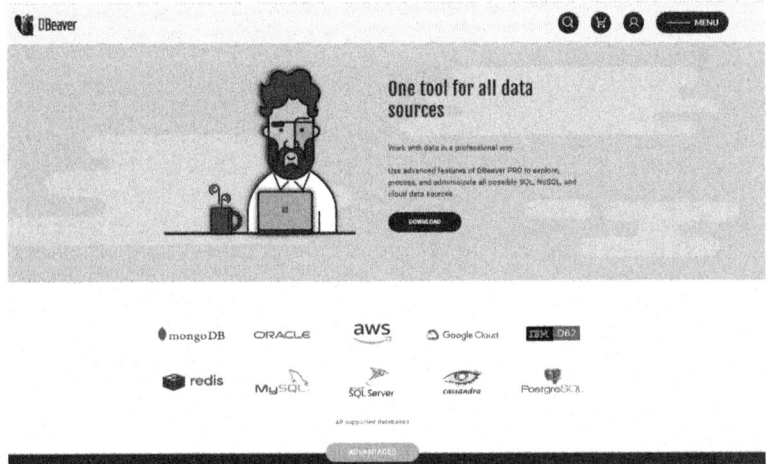

**Figura C.5**   DBeaver en entorno cloud.

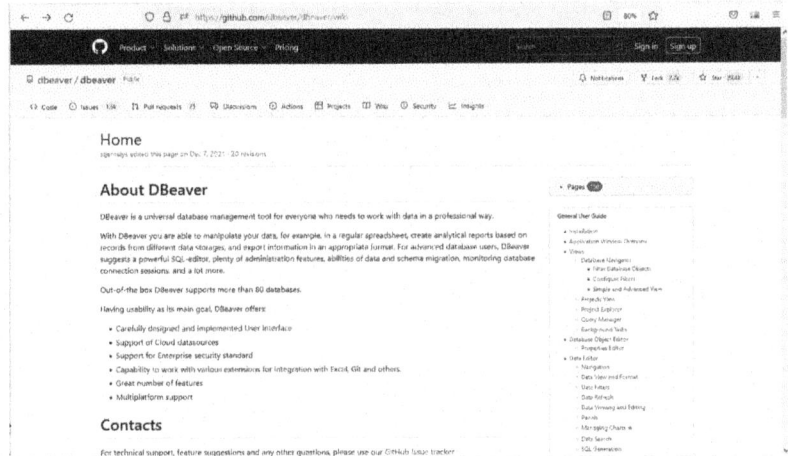

**Figura C.6**   Documentación del entorno DBeaver.

# Índice de figuras

# Índice de tablas

# Índice de códigos

# Bibliografía

[1] Karthik Appigatla. *MySQL 8 Cookbook: Over 150 recipes for high-performance database querying and administration*. Packt Publishing Ltd, 2018.

[2] Paolo Atzeni and Valeria De Antonellis. *Relational database theory*. Benjamin-Cummings Publishing Co., Inc., 1993.

[3] Alan Beaulieu. *Learning SQL: master SQL fundamentals*. O'Reilly Media, Inc., 2009.

[4] Catriel Beeri, Philip A Bernstein, and Nathan Goodman. A sophisticate's introduction to database normalization theory. In *Readings in artificial intelligence and databases*, pages 468–479. Elsevier, 1989.

[5] Charles Bell. *Introducing the MySQL 8 document store*. Springer, 2018.

[6] Arnab Bhattacharya. *Fundamentals of database indexing and searching*. CRC Press, 2014.

[7] Mª Victoria Nevado Cabello. *Introducción a las bases de datos relacionales*. Vision Libros, 2010.

[8] Peter Pin-Shan Chen. The entity-relationship model—toward a unified view of data. *ACM transactions on database systems (TODS)*, 1(1):9–36, 1976.

[9] Peter Pin-Shan Chen. The entity-relationship model: a basis for the enterprise view of data. In *Proceedings of the June 13-16, 1977, national computer conference*, pages 77–84, 1977.

[10] Edgar F Codd. A relational model of data for large shared data banks. *Communications of the ACM*, 13(6):377–387, 1970.

[11] Edgar F Codd. Does your dbms run by the rules. *ComputerWorld*, 21, 1985.

[12] Edgar F Codd. Is your dbms really relational. *ComputerWorld*, 14(10), 1985.

[13] DBeaver Community. Universal Database Tool. `https://dbeaver.io/`, 2022. [Online; accessed 03-Diciembre-2022].

[14] MySQL Tutorial Community. MySQL Tutorial website. `https://www.mysqltutorial.org/`, 2022. [Online; accessed 03-Diciembre-2022].

[15] Thomas M Connolly and Carolyn E Begg. *Database systems: a practical approach to design, implementation, and management*. Pearson Education, 2005.

[16] Ganesh Chandra Deka. *NoSQL: database for storage and retrieval of data in cloud*. CRC Press, 2017.

[17] Paul DuBois. *MySQL*. Pearson Education, 2008.

[18] Paul DuBois. *MySQL Cookbook: Solutions for Database Developers and Administrators*. O'Reilly Media, Inc., 2014.

[19] Alan F Dutka and Howard H Hansen. *Fundamentals of data normalization*. Addison-Wesley Longman Publishing Co., Inc., 1991.

[20] Russell JT Dyer. *Learning MySQL and MariaDB: Heading in the right direction with MySQL and MariaDB*. O'Reilly Media, Inc., 2015.

[21] Fernando Esponda, Eric D Trias, Elena S Ackley, and Stephanie Forrest. A relational algebra for negative databases. *University of New Mexico Technical Report*, 2007.

[22] Robert Fink, Dan Olteanu, and Swaroop Rath. Providing support for full relational algebra in probabilistic databases. In *2011 IEEE 27th International Conference on Data Engineering*, pages 315–326. IEEE, 2011.

[23] MariaDB Foundation. MariaDB Server: The open source relational database. `https://mariadb.org/`, 2022. [Online; accessed 03-Diciembre-2022].

[24] Hector Garcia-Molina, Jeffrey D Ullman, and Jennifer Widom. *Database system implementation*, volume 672. Prentice Hall Upper Saddle River, 2000.

[25] Peter Gray. *Logic, algebra and databases*. John Wiley & Sons, Inc., 1984.

[26] Rasmus Lerdorf, Kevin Tatroe, and Peter MacIntyre. *Programming Php*. O'Reilly Media, Inc., 2006.

[27] Canonical Ltd. Ubuntu Desktop. `https://ubuntu.com/download/desktop`, 2022. [Online; accessed 03-Diciembre-2022].

[28] Heikki Mannila and Kari-Jouko Räihä. *The design of relational databases*. Addison-Wesley Longman Publishing Co., Inc., 1992.

[29] Yannis Manolopoulos, Yannis Theodoridis, and Vassilis Tsotras. *Advanced database indexing*, volume 17. Springer Science & Business Media, 2012.

[30] Chintan Mehta, Ankit K Bhavsar, Hetal Oza, and Subhash Shah. *MySQL 8 administrator's guide: effective guide to administering high-performance MySQL 8 solutions*. Packt Publishing Ltd, 2018.

[31] Oracle. MySQL Community Server. `https://dev.mysql.com/downloads/mysql/`, 2022. [Online; accessed 03-Diciembre-2022].

[32] Oracle. MySQL Products website. `https://www.mysql.com/`, 2022. [Online; accessed 05-Diciembre-2022].

[33] Oracle. MySQL Workbench. `https://www.mysql.com/products/workbench/`, 2022. [Online; accessed 03-Diciembre-2022].

[34] Oracle. VirtualBox.org. `https://www.virtualbox.org/`, 2022. [Online; accessed 03-Diciembre-2022].

[35] Rafael Camps Paré, Dolors Costal Costa, and Carme Martín Escofet. *Bases de datos*. UOC, la Universidad Abierta, 2002.

[36] Dusty Phillips. *Python 3 object-oriented programming*. Packt Publishing Ltd, 2018.

[37] W Curtis Preston. *Using SANs and NAS: Help for Storage Administrators*. O'Reilly Media, Inc., 2002.

[38] Raghu Ramakrishnan, Johannes Gehrke, and Johannes Gehrke. *Database management systems*, volume 3. McGraw-Hill New York, 2003.

[39] Andrew M Shooman and Martin L Shooman. A comparison of raid storage schemes: Reliability and efficiency. In *2012 Proceedings Annual Reliability and Maintainability Symposium*, pages 1–6. IEEE, 2012.

[40] Abraham Silberschatz, Henry F Korth, Shashank Sudarshan, et al. *Database system concepts*, volume 7. McGraw-Hill New York, 2020.

[41] Joy L Starks. *Concepts of Database Management.* Cengage Learning, 2018.

[42] Bernhard Thalheim. *Entity-relationship modeling: foundations of database technology.* Springer Science & Business Media, 2013.

[43] Shashank Tiwari. *Professional nosql.* John Wiley & Sons, 2011.

[44] Derek Vadala. *Managing RAID on Linux: Fast, Scalable, Reliable Data Storage.* O'Reilly Media, Inc., 2002.

[45] Eric Vanier, Birju Shah, and Tejaswi Malepati. *Advanced MySQL 8: Discover the full potential of MySQL and ensure high performance of your database.* Packt Publishing Ltd, 2019.

[46] Richard T Watson. *Data management, databases and organizations.* John Wiley & Sons, 2008.

[47] Luke Welling and Laura Thomson. *PHP and MySQL Web development.* Sams Publishing, 2003.

[48] Hugh E Williams and David Lane. *Web Database Applications with PHP and MySQL: Building Effective Database-Driven Web Sites.* O'Reilly Media, Inc., 2004.

[49] Michael Wittig and Andreas Wittig. *Amazon web services in action.* Simon and Schuster, 2018.